JN171343

親鸞『西方指南抄』現代語訳

新井俊一
Arai Toshikazu

春秋社

序　言

本書は親鸞聖人最晩年の大著『西方指南抄』全三巻の現代語訳である。翻訳の底本としては、『真宗聖教全書』第四巻所収の『西方指南抄』を用い、そのほかに折に触れて『親鸞聖人真蹟集成』第五・六巻（法藏館）と、大橋俊雄著『法然全集』全三巻（春秋社）を参照した。翻訳の正確さに関心のある方は、『真宗聖教全書』第四巻と比較しながら読んでいただきたい。

全般的に言うと、『西方指南抄』（康元二年・一二五七年完成）は、親鸞聖人の編纂による、法然聖人の法語・書簡・門弟との問答・遺誡を中心とした書である。それに加えて、法然聖人の略歴・示寂前の様子・法然聖人示寂前後に多くの人々が見た夢の話などを収めている。

『西方指南抄』は東西両本願寺が出版した『聖典』には含まれていない。学会でも語られることが少なく、法話や講演で断片的に引用されるに過ぎない。以前からこのような状態が続いているのには次のような理由が考えられる。

(1)浄土真宗の人にとっては、『西方指南抄』が法然聖人の言行録としての性格が強いために、親鸞思想の研究にはあまり役立たないと思われてきた。反対に浄土真宗の人にとっては、これは浄土真宗の書として、参考程度にしか扱われてこなかった。

⑵その内容の配列には、『教行証文類』に見られるような明確な論理性が見られない。不用意にこの書を見ると、さまざまな資料が雑然と配列されているような印象を受ける。

⑶『西方指南抄』に記録された法然聖人の言葉には、第十九願による諸行往生や臨終来迎を容認しているところがあり、法然自身が強調し、親鸞が継承した第十八願による念仏往生との矛盾を感じる。

等々の理由で、『西方指南抄』は、親鸞聖人が八十五歳という高齢で心血を注いで完成させたものであるにもかかわらず、浄土真宗の者にとっても扱いにくい文書となってきた。

次に『西方指南抄』の宗教書としての意味を考えてみたい。

第一に、法然聖人の言行録としての意味である。『西方指南抄』所収の法然聖人の書簡や法語は、浄土宗伝来の厭欣沙門了恵集録『黒谷上人語燈録』（文永十二年・一二七五年完成）の中の『漢語燈録』および『和語燈録』の内容と比較してもおおむね一致する。おそらく親鸞聖人も了恵師も同じ原資料を使ったのであろう。従って『西方指南抄』からは、法然聖人の生の声が聞こえるとともに、法然聖人の人となりに触れることができる。この書を読んでまず感じることは、浄土信仰の異なった段階にいる人々を包み込む法然聖人の人格の大きさと慈悲の深さである。次に心を打たれるのは、念仏往生の一点に関しては全く妥協しない法然聖人の強さと厳しさである。おそらく親鸞聖人も、そういう法然聖人に対する感動をこの書によって伝えようとしているのであろう。

第二に、『西方指南抄』が親鸞聖人自身の編集方針に基づいて編纂された書である、という意味である。これは浄土宗系の諸資料との比較の上で明らかになることであるが、『西方指南抄』では、法然聖人の言葉の中でも、念仏往生・本願他力の教えとあまり関係のない部分は省略して、その省略箇所を「乃至」で示している。これから見ても、親鸞聖人は、ただ師の言葉を後世に残そうと思って無批判にこの書を書いたのではなくて、親鸞聖人が法然聖人の教えの神髄と認めることを、法然聖人自身の言葉で伝えようとしているのだと思われる。

第三に、『西方指南抄』全体が親鸞聖人の著作だという意味である。八十代の半ばにあって、子供が慈父を仰ぐように、仏弟子が釈尊を慕うように、ひたすら法然聖人の言葉を記録しようとした親鸞聖人の無私の姿勢は、真実信心のありようを如実に私たちに示してくれる。『西方指南抄』には、『教行証文類』で説かれる往相回向・還相回向、念仏・信心による往生、三願転入、辺地往生・真実報土往生などの原型が法然聖人の言葉の中に現れてくる。その点では親鸞聖人は、『教行証文類』の根拠としての意味を『西方指南抄』に与えたのかも知れない。

第四に、『西方指南抄』には、親鸞聖人自身が語らなかったことを、法然聖人の言葉によって補う役割も持たせているようである。法然聖人は、雲上人、高位の武士、さらに地方武士から一般町民に至るまで、非常に広範囲な人々と関わっていた。法然聖人は高位の人に対しては、通仏教的・平安仏教的な表現を用いる場合もあるが、町民や地方武士に対しては、包み隠さず本音で語っている。従って、法然聖人の言葉には相互に矛盾しているように見えるところもある。それは矛盾しているのではなくて、相手の社会的地位や、資質・経験に合わせてものを言っているからである。しかし大切なことは、法然聖人の言葉の中に、たとえ相互に矛盾しているように見えたり、親鸞聖人の思想と矛盾するようなことが含まれていても、それが『西方指南抄』に記載されたということは、親鸞がそれを深い洞察力で理解して受け容れたということである。

本書の目的は、親鸞聖人の教えをこれから学ぼうとしている方々はもちろん、すでに真宗学を深く研究している方々にも、『西方指南抄』全体を通読して、法然・親鸞両聖人の真意に触れていただくことにある。先ほども言ったように、一部だけを読むと誤った理解を持つことになるかも知れないからである。

しかしいま言ったことと矛盾するようであるが、『西方指南抄』は必ずしも最初から読む必要はない。読みやすさ、分かりやすさの観点から言えば、法然聖人とその門弟との交換文書を記録した下巻から読み始められた方が入りやすいかも知れない。

本書は五年以上にわたる喜びと苦しみに満ちた作業の結果であり、これが今の私の能力の限界である。この現代語訳が完璧だとは自分でも思っていないが、読者が本書に何らかの資料的価値を見出してくだされば、これ以上の喜びはない。読者各位からの忌憚のない御批判を期待する。

二〇一六年一月三十一日

新井　俊一

謝辞

『西方指南抄』を私の研究課題として取り上げることになった遠因は、一九八二年四月に、龍谷大学の仏典翻訳部におられた稲垣久雄教授（当時）からこの書を英訳することを勧められたことにある。それ以来ずっと気になっていて、二〇〇九年に相愛大学を定年退職してから、この書に向かうことになった。そういうわけで、最初に私にこの書の存在を知らせてくださった稲垣先生にお礼を申しあげたい。またこのすばらしい書を外国の人々にも読んでいただきたいので、今後の課題として、この書の中で分かりやすく訳しやすいところを選んで英訳しようと思っている。

本書を出版するに当たって、春秋社会長・神田明氏、社長・澤畑吉和氏から温かい承認と激励をいただき、さらに鈴木龍太郎氏からは編集の過程で全面的な御協力をいただいたことを記し、ここに謝意を表したい。

最後に、本書の出版にいたる過程において、物心両面にわたって私を励ましてくれた妻のリンダ、息子の雄一および娘の真理子に感謝する。

目次

解説

ここでは主に『西方指南抄』の構成について考えてみる。『西方指南抄』は大きく言って上・中・下の三巻に分かれている。これら三巻がさらに本と末に分かれているので、六巻からなると言うこともできる。それぞれ長短の消息・問答・法語などからなっているが、ひとまとまりの話には、『真宗聖教全書』の編者が丸括弧の中に漢数字で（一）（二）という番号を付けているので、本書でもその分類に従い、それぞれを「第一章」「第二章」云々と呼ぶことにする。最も長いものは、第一章「法然聖人御説法の事」であり、上巻（本・末）のほぼ全体にわたっている。すなわち第一章は、『西方指南抄』全体の約三分の一を占める。最も短いものは、上巻（末）の末尾にある第二章「公胤の夢告」である。次に各巻の内容を概説してみる。なお、各章の冒頭には【解説】として、その章の解説を設けた。

上巻（本・末）

第一章「法然聖人御説法の事」の内容は、『漢語燈録』の中の「逆修説法（ぎゃくしゅせっぽう）」とほぼ一致する。おそらく両者は同じ聞き書きを参照したのであろう。しかし『西方指南抄』と『漢語燈録』を比べると、親鸞聖人は諸所で、原資料の大きな部分を省略して、省略箇所を「乃至」という言葉で示している。その省略された部分は、本書が底本とした『真宗聖教全書』第四巻に、小さな印字で表記されている。本書ではその小さな印字の部分も現代語に訳出した。親鸞聖人が何を残し、何を省略したかを見ることができる。親鸞聖人が書いた部分だけを読もうとする方は、小さい印字の部分を飛ばして読んでいただきたい。

『西方指南抄』の「法然聖人御説法の事」と、『漢語燈録』所収の「逆修説法」との体裁上の違いは、『漢語燈録』では、説法が行われた順番に「第一七日」「第二七日」……「第六七日」と、説法が行われた期日を記しているのに対して、『西方指南抄』の方は、こういう期日をすべて省いて、全体が法然聖人のまとまった法話であるかのような形を取っていることである。

前述の通り、第一章「法然聖人御説法の事」は長大なので、『真宗聖教全書』第四巻の分類を踏襲して、ひとまとまりの話の前に〈（一―二）**法然聖人説法　来迎**〉というような標題を設けた。しかし親鸞聖人がこのような区切りと標題を設けたわけではないことに留意していただきたい。

逆修説法とは、死後に受けるであろう仏事を、生前に自分で行う逆修法会（ぎゃくしゅほうえ）という仏事で行われる説法である。本書に現れる逆修説法は、法然の弟子安楽房遵西の父中原師秀が五十日の逆修法会を営んだ時に、法然が導師として行った六回の法話である。上巻（本・末）のほとんど全体を占める。

第一章全体を通してみると、法然聖人の説法は浄土三部経についての解説が中心である。善導の『観経疏』などの所説を根拠としながら、それぞれの経を解説している。法然以前に確立していた聖道門の仏道や、念仏以外の諸行にも敬意を払い、それらの価値を認めながらも、聴者および読者を念仏往生という一点に導こうとしている。

なお、法然聖人の説法の場には、新しく造立された三尺の阿弥陀仏立像が安置されており、法然聖人も説法の節々に、この立像に言及している。大橋俊雄はその著『法然全集』第二巻（二頁・三二三頁）に、この逆修法会は、建久五年（一一九五年）頃、新しく造立された来迎引摂形の阿弥陀如来像と、新しく完成した浄土五祖の影像の開眼供養にあわせて開かれた、と言っている。

上巻（末）の末尾に、園城寺の公胤僧正が夢の中で「源空の本地が大勢至菩薩である」という空中の声を聞いた、という短文がある。これが第二章である。おそらく親鸞は、法然が勢至菩薩の化身であり、この世での生が終わると確実に浄土に還ったことを強調している中巻（本）への導入として、この挿話を入れたのであろう。また親鸞は、これまでの法然の説法が仏の言葉である、と言おうとしているのかも知れない。

中巻（本・末）

中巻の特色は、法然聖人自身の卓越した資質と能力への言及が多い点である。該当する章は、第三章「建久九年記」、第四章「法然聖人御夢想記　善導の御事」、第六章「法然聖人臨終の行儀」、第七章「諸人霊夢記」、および第一〇章「源空聖人私日記」である。第三章では、法然の長年の称名念仏の功が実って、浄土の風光や、阿弥陀仏・観音菩薩・勢至菩薩などの姿が目の前に現れたことが述べられている。第四章では、法然が善導の後継者であることが暗示されている。第六章では、法然聖人示寂直前の有り様が描かれている。聖人の目には来迎する阿弥陀仏・観音菩薩・勢至菩薩が見えたこと、様々な奇瑞が現れたこと、聖人が枕辺の仏像を拝む必要を認めなかったこと、最期まで念仏を絶やさなかったこと、などが述べられている。第七章では、様々な年齢と社会層の人々が夢の中で、法然聖人の往生の夢を見たことが記されている。

第一〇章「源空聖人私日記」は、おそらく中巻の中心、というよりは、『西方指南抄』全体の要であろう。これは現代でいう「日記」ではなくて、法然聖人の誕生から示寂に至るまでの略歴である。法然聖人が母親の胎内に入った時に現れた瑞相、九歳の時の悲劇的な父との死別、十三歳の時の比叡山入山、成人してからの並外れた学業、夢の中での善導との出遇い、浄土宗の開宗、大原問答、藤原兼実の聖人への深い帰依、流刑と帰洛、往生前後のさまざまな奇瑞、そして釈尊と同じ八十歳での「涅槃」へと続き、法然聖人が勢至菩薩の化身であることを強調してこの章は終わる。『西方指南抄』全体の要素がすべて含まれている。

右に挙げなかった章について述べると、第五章「十七条法語」は法然聖人の短い法語集であり、法然の開いた浄土宗の教義が簡潔に説明されている。前述のように、法然が阿弥陀仏・勢至菩薩の化身であり、善導の後継者であり、末世にあって卓越した資質の持ち主であることが明らかにされる。その上で、「現今の行者には、観相念仏のような自力の行を用いる能力はないから、弥陀の本願を深くたのみ、念仏を称えて往生を願うべきである」という法然の言葉が強く響いてくる。

第八章「七箇条起請文」は、元久元年（一二〇四年）に天台宗からの専修念仏に対する非難に応えて、もし浄土門の者が他宗や諸仏を軽んずる行為をしたのなら、今後言行を正すことを誓って、百九十人の門弟とともに署名して提出した文書である。

第九章「起請　没後二箇条の事」は、法然が門弟たちに、自分の没後には一箇所に集まったりしないで、それぞれの草庵に留まって静かに念仏するように、と言い渡した遺言である。

第一一章は「三機分別」と呼ばれ、決定往生の行者には三種類あると言い、それぞれについて解説している。

第一二章「二位の禅尼に答ふる書」は、鎌倉の北条政子からの手紙に対する返事である。文面から察すると、北条政子の手紙は、「法然聖人が鎌倉武士である熊谷(くまがい)の入道と津戸(つのと)の三郎に念仏だけを伝えて他の行を教えなかったのは、この二人が学問のない無智の者であるからだ」、と念仏を信じない者が言い立てたことに関する問い合わせであったようである。法然聖人はそういった非難の誤りを指摘し、弥陀の化身である善導和尚から伝わった専修(せんじゅ)念仏こそ広く一切の衆生にとっての最善の道であると説き、さらに日常生活における念仏者の心得を細かく説いている。

下巻（本・末）

下巻は本・末とも法然聖人の手紙文が中心であり、それに加えて教義についての解説の章がいくつかある。三巻の中で最も読みやすく、親しみやすい部分である。

全般的に言って、ここでは法然聖人は、周囲を気にしないで本音を語っている。「聖道門では仏果を得ることは難しい」、「念仏以外の行を混ぜるのは本願を疑っていることであり、そのような者は百人中二、三人も往生できない」、「悪を犯した身だから救われないのではないか、と思うのも本願を疑っていることである」、「一回の念仏で往生が決まるのだから、その後怠けたり悪を重ねたりしても往生の障りにならない、と言うのは、本願の心に背く者である」、「今まで念仏者を誹謗してきた者でも、少しでも念仏の教えを受け容れそうな様子があれば、押しつけることなく辛抱強く導いてやるべきだ」、「結局は、あれこれ計らわないで、ただ一向に本願を信じて、行住坐臥に念仏すべきだ」などなど、どの手紙も、細心の注意を払って専修念仏の教えを説いている。

この巻に出てくる手紙の宛名から判断すると、最も高位の人物だと思われる人は正如房である（第一六章）。なお正如房は後白河天皇の皇女で、以仁王の実姉であった式子内親王に比定されている。公卿の中では、平基親（第一八章）と九条兼実の妻がいる（第二五章）。関東の地方武士と思われる人々もいる。大胡太郎実秀（おおごのたろうさねひで）およびその妻（第一四章・一五章）、津戸三郎（つのとのさぶろう）（第一八章）、および熊谷入道（第二六章）である。また黒田の聖（ひじり）と呼ばれる人物にも丁寧な手紙を書いている。

第二〇章、二一章、二三章、二四章、二七章は、教義についての解説である。専修念仏の教えを、時には卑近な例を使って、懇切丁寧に説明している。

もう一つこの巻で特徴的なのは、本願念仏の教えに対して人々が持った様々な疑いと、法然の専修念仏の運動から派生した異義・異端への言及である。その典型的なものは、平安仏教で尊ばれた『法華経』や『華厳経』などの大乗経と、それに付随する様々な戒や行に対する執着である。すなわち「ただ念仏」で往生できると信じ切れないで、それらの経の読誦や、従来の戒・行を離れることへの不安感である。それに対して法然は何度も、念仏が末世での唯一最勝の行であることを説いている。また一念往生義（一念義）のような異義に対しては、「附仏法（ふぶっぽう）の外道（げどう）」（仏法に寄生した外道）とまで言っている。

第一六章「正如房へ遣はす書」は、正如房という重病の尼から受け取った手紙に対する返事である。文面から察すると、正如房は、自己の往生についての不安を打ち明け、臨終までに是非もう一度お目にかかりたい、と懇願してきたようである。法然聖人は、「今すぐにでも会いに行きたいが、それでは執着のもとになるから、自坊であなたのために念仏している。あなたもよく本願の意味を考えて、一念も疑いを持たず、一向に念仏に心がけなさい」と諭している。

もう一度『西方指南抄』を概観すると、上巻の内容は、法然が逆修法会という、ある程度「公的」な場所で行った説法である。そのため、聖道門や自力の諸行にも一定の敬意を示し、それらの行でも往生の業になる、とも言っている。その上で、一心に本願をたのみ、念仏をすることの大切さを論理的に説いている。

中巻では、法然が観相念仏も完遂できる特別な資質と能力の持ち主であったこと、善導も認める専修念仏の継承者であったこと、そして法然の専修念仏は、仏・菩薩の智慧と慈悲の立場から、最善の凡夫済度の道として説かれたことが示されている。

下巻では、書簡と問答を通じて、専修念仏の教えの肝要を懇切に説いている。

全体として、『西方指南抄』は親鸞聖人の、法然聖人に対する報恩の書である、と言える。

親鸞『西方指南抄』現代語訳

西方指南抄　上（本）

（一）法然聖人御説法の事

【解説】上巻（本）の始めから上巻（末）の末尾近くまでに至る一連の法話は、法然聖人が中原師秀という者が催した五十日の逆修法会で行った逆修説法と呼ばれる六回の法話の記録である。三部経、名号、念仏往生、光明功徳、寿命功徳などの話題を取り上げながら、伝統仏教に敬意を表しつつも、専修念仏の要点を詳しく説いている。なお逆修法会とは、施主が死後に受けるであろう仏事を生前に自分で行う仏事のことである。

（第一七日　三尺の阿弥陀仏の立像、『無量寿経』『阿弥陀経』）

（一―一）法然聖人説法　仏身

経典や注釈書では、仏の功徳を説くにあたって様々な仏身を語っている。まとめて一身を説くものもあれば、二身を説くものもあり、あるいは半三身[1]を説くものもある。『華厳経』では十身の功徳を説いている。今しばらく、真身と化身の二身によって阿弥陀如来の功徳を讃嘆申し上げよう。このように真化二身に分けることは、『大無量寿経』の三輩の文の中に見えている。

まず真身というのは、真実の身のことである。阿弥陀如来が因位の時（仏果を得る前）、世自在王仏のみもとにあって四十八願をおこして後、兆載永劫[2]の間、布施・持戒・忍辱・精進等の六波羅蜜やその他数え切れない修行をした結果として現された身である。それはすなわち、因を修することによって得られた果としての身である。このお身体について『観経』は次のように説いている。

その身の丈は、六十万億那由他恒河沙由旬[3]である。その眉間の白毫の毛は右まわりで、高さは須弥山の五倍ほどである。須弥山一つの高さは、海から上に測っても上から海に向かって測っても、八万四千那由他である。また如来の青蓮のような慈悲の御まなこは、世界を包む四大海水のように深く青い。その白い部分は、清らかで真っ白であり、どこまでも明るい。身のすべての毛穴から光明を放たれるのはまるで須弥山のようである。うなじのまわりに輝いている円光は百億の三千大千世界のようである。このように、阿弥陀如来は八万四千の相（顕著な身体的特徴）をお持ちになる。一々の相にそれぞれ八万四千の好（細かい身体的特徴）がある。一々の好からまた八万四千の光明が放たれている。その一々の光明は広く十方世界の念仏の衆生を救い取ってお捨てになることはない（摂取不捨）。如来の御身の色は、夜摩天の閻浮檀金[4]の色のようである。

以上が阿弥陀如来のお身体についての『観経』の言葉である。これは阿弥陀如来だけではない。一切の諸仏のお身体はみな金色である。様々な色の中では白が基本だと言われるから、仏の色も白であるべきだということになろうが、白は変色する色である。決して変わらない色は黄金色だけである。そのために十方三世の一切の諸仏はみな、常住不変の姿を示すために、黄金色を身体の色とされている。これは『観仏三昧経』の趣旨である。ただし真言宗に五種の法[5]がある。それぞれの本尊の身の色は法によって異なっている。しかしそれらの仏は、方便として仮に現れてくださった化身としての仏である。仏の本来の色ではない。それ故に、仏像を造るにあたって、白檀の色に彩色しても功徳がないというわけではないけれども、もし金色に造れば必ず往生が定まる業因となる。この世の生が終わると直ちに往生するための功徳については、おおよそ今言ったとおりである。死の直後ないし三生の間に必ず往生できる、と言われている。以上、弥陀如来の真身の功徳をおおよそ述べてみた。

次に化身というのは、それまで無かったものが忽然と現れることを化という。すなわち化身とは、機（救いの対象）に従い、時に応じて現れる仏のことであり、その身体の大きさは大小さまざまである。『観経』に「あるいは大身を現して虚空を満たし、あるいは小身を現して身長は一丈六尺ないし八尺」と言っている。化身には多くの種類がある。

まず円光の化仏とは、『観経』に「阿弥陀仏の円光の中に、百万億那由他恒河沙の化仏がおられる。一々の化仏は無数の化菩薩を侍者としている」と言っている。

次に摂取不捨の化仏とは、『観経』に「光明は十方世界の念仏の衆生をあまねく照らし、摂取して（救い取って）捨てることがない」と言っているが、これは真仏による摂取である。このほかに化仏による摂取がある。「三十六万億の化仏がおのおの真仏とともに、十方世界の念仏の衆生を摂取される」と言っている。

次に来迎引接（らいこういんじょう）の化仏とは、『観経』によると、阿弥陀仏が九品（くぼん）(6)の衆生を救うため来迎される時には、それぞれ化仏がついておられる。品（ほん）にしたがって、化仏の数に違いがある。上品上生の衆生のためには、真仏のほかに無数の化仏がお供として来られる。上品中生の衆生には化仏が千人、上品下生の衆生には五百の化仏が真仏とともに来られる。このように品と生が落ちるにしたがって化仏の数が少なくなり、下品上生の場合には真仏は来迎されない。ただ化仏と化観音菩薩・化勢至菩薩をお送りになるだけである。その化仏の身量は、一丈六尺であったり八尺であったりする。化菩薩の身量もそれにしたがって小さくなる。下品中生の場合は、『観経』は「浄土の蓮の花の上に化仏・化菩薩が乗って来迎される」と言っている。下品下生については「命がつきる時に金蓮花を見る。その金蓮華は太陽のごとく輝いてその人の前に現れる」と言っている。文字通りに読むと、化仏の来迎もないように見えるけれども、善導大師のお心によると、『観経疏(かんぎょうしょ)』の十一門[7]の義によると、第九門に「命終の時に阿弥陀仏とともに現れる聖衆の来迎引接の相違は、行者の往生の遅い速いを明らかにする」と言っている。また「今この十一門の義は、九品に対してそれぞれ説かれている。一つ一つの品に対してそれぞれこの十一門がある」と言っている。従って、下品下生の衆生にも来迎が必ずある。ところが五逆の罪人は罪が重いために、正しく化仏・化菩薩を見ることができないで、ただこれから浄土で座すことになる金蓮華だけを見ることになる。このように、文には表に顕れた意味と裏に隠れた意味とがある。

次にまた、十方の行者の本尊となるために小さな身を現す化仏がある。天竺の鶏頭摩寺(けいずまじ)[8]に、五神通[9]を会得した菩薩がいたが、神足通によって極楽世界に詣でて、阿弥陀仏に「娑婆世界の衆生は往生の行を修めようとしても、本尊がありません。仏様、どうか彼らのためにお姿を現してください」と申し上げた。仏はそこで菩薩の請いに応じて、樹の上に化仏五十体を現じられた。菩薩はすぐにこれを写して、世に広めたのである。これは鶏頭摩寺の五通の菩薩の曼荼羅と呼ばれている。また智光の曼荼羅[10]として世間に流布している本尊がある。その因縁は、すでに広く知られていることであるから、詳しく言う必要はないだろう。『日本往生伝』を読みなさい。また新しく往生した菩薩を教化し説法するために、小さな身を現される化仏もおられる。これもまた弥陀如来の化身の功徳であることは、詳しく言う必要はないだろう。

今ここにお立ちいただいている仏は、祇園精舎の仏像の作風を伝えて、三尺の立像としてお写ししたもので、人の最期終焉の時に来迎し引接（いんじょう）して（迎えとって）くださる仏の姿として造られたものである。およそ仏像を造ったり画（か）いたりするには、様々なお姿がある。あるいは講堂で説法されているお姿の像がある。あるいは池で沐浴されているお姿の像もある。あるいは菩提樹の下で正覚を成就されたお姿の像もある。あるいは光明があまねく照らし、衆生を救い取って決してお捨てにならない（光明遍照摂取不捨）お姿の像もある。このような様々な形像を造ったり画いたりするのはみな往生の業ではあるが、来迎引接（らいごういんじょう）の形像は、私たちにとって特別の功徳がある。広大な虚空の荘厳な光景を見、妙なる法輪を転ずる仏の音声を聞き、七宝講堂での説法の席に臨み、八功徳池の浜に遊ぶ――およそこのような種々の不可思議な依正二報（仏身とその国土）を目の当たりに見聞きすることは、まずこの世の命が終わる時に聖衆の来迎にあずかって、確実に往生した上でのことである。従って、深く往生極楽の志のある人は、来迎引接の形像をお造りし、来迎引接の誓願を仰ぐべきである。この来迎引接の願というのは、この四十八願の中の第十九の願である。先師たちはこの願について様々な意味を見ている。

（1）半三身。「三身」とは仏が取る「法身」「報身」「応身」の三つの姿を指す。「法身」とは真実そのものであり、色や形を超えた状態。「法身」が菩薩として現れて衆生を救う願を建て、それを成就した時に得られる仏の姿が「報身」。報身の働きを衆生に伝えるために肉身を持って現れた仏を「応身」と言う。「半三身」とは、「応身」を「応身」と「化身」の二つに分けて考えた場合の呼び方。「応身」は歴史上に現れた釈迦仏を指すが、「化身」は個人個人を仏道に導くために現れる人や動物などを言う。

(2) 兆載永劫。想像を絶した長い時間を言う。「劫」については補注(1)を参照。

(3) 「那由他」はサンスクリット語の nayuta の音写。極めて大きい数を表す。千万ともいい、また千億、一兆、一千万の四乗、一兆に十万の五乗をかけた数などに相当するともいう。「恒河沙」は「ガンジス河の砂の数ほどたくさん」の意。「由旬」はサンスクリット語の yojana の音写。インドの距離の単位。一由旬は約七マイル(約十一キロ)。

(4) 閻浮檀金。サンスクリット語の Jambūnada-suvarṇa の訳。仏教の古い世界観では、世界の中心に須弥山(しゅみせん)があり、須弥山を囲んで九山八海がある。その世界の外周は鉄囲山(てっちせん)に囲まれており、九山八海と鉄囲山の間には塩水の大海がある。その大海に四つの大陸がある。そのうちの南側の大陸を閻浮提(えんぶだい)といい、そこにある閻浮樹の下に産する金を閻浮檀金という。(石田瑞麿『仏教語大辞典』による)。

(5) 方便。人を仏道に導くために仏が用いられる様々な手段・手だて。

(6) 九品。『観経』は、高度な瞑想行(定善)ができない衆生を資質と能力によって九種(九品)に分け、それぞれの者が散漫な心で実行する往生行(散善)を説いている。それらの衆生が往生する時には阿弥陀仏が化仏や菩薩などの浄土の聖衆をつれて来迎するが、その数は最上位の上品上生では最も多く、次第に少なくなって、最下位の下品下生では仏も化仏も現れず、ただ金蓮華が現れるのみ、とされている。

(7)『観経疏』の十一門。『観経疏』「散善義」の上品上生の部分に、行者の往生には十一の種類(門)があるとし、また他の区分に属する人にもそれぞれ十一の特徴があると言う。しかし善導の趣旨は、この世では衆生は九種に分類され、それぞれ気質や能力が異なるが、如来の目から見るとみな同じ救いの対象なのだ、ということである。

(8) 鶏頭摩寺。古代インドのマガダ国の首都パータリプトラにあった寺。サンスクリット語ではクックタ・アーラーマ Kukkuṭārāma 寺。アショーカ王(紀元前二六八—二三二)によって創建されたが、バラモン教を奉ずるプシュヤミトラ王に破壊されたと言われる(岩本裕『日本仏教語辞典』二二二頁)。

(9) 五神通。禅定をおさめることによって得る五種の不思議で超人的な働き。補注(2)を参照。

(10) 智光の曼荼羅。阿弥陀浄土変相図の一つ。奈良元興寺の僧智光が感得したもので、我が国に流布した浄土三曼荼羅の一つ。

(一—二) 法然聖人説法　来迎

まず、弥陀は行者に臨終正念[1]を得させるために来迎される、という意味がある。思うに、病苦が重く身をせめて、まさに命が終わろうとする時には、必ず自分の身の回りの世界・自分の肉体・今生の命への三種の執着心を起こす。しかし阿弥陀如来が大光明を発して行者の前に現れてくださる時、それが全く未経験のことであるために、行者には如来への帰敬の心のほかに思いはなく、いま言った三種の執着心は滅び、再び起こることはない。それはまた仏が行者に近づいて、行者をお護りくださるからである。『称讃浄土経』に「弥陀は慈悲でもって行者を護り、その心を乱れさせることがない

（令心不乱）。行者は命が終わったその時に、往生を得て不退転に住する」と言っている。『阿弥陀経』に「阿弥陀仏が多くの聖衆とともに行者の前に現れる。この人の命が尽きようとする時、心は顛倒せず（心不顛倒）、たちまち阿弥陀仏の国土に往生を得る」と説いている。「令心不乱」と「心不顛倒」とはすなわち、「正念に住せしむ」という意味である。従って、行者が臨終正念を得るから仏が来迎されるのではなくて、仏が来迎されるから行者は臨終正念を得る、ということは明らかである。すなわち、この世に生きている間に往生の行を成就した人は、臨終には必ず聖衆の来迎を得る。来迎を得る時、たちまちに正念に住することができる、という意味である。ところが最近の行者は、多くこのことを心得ないで、普段の念仏行においては怠け心を生じて、ずっと後の臨終の時になってから正念を得ることを祈るが、これは大変誤ったことである。だから、よくよくこの旨を心得て、平生の時の念仏行を怠けたりせず、来迎された如来から臨終正念をいただいて、確実に往生するという思いを持つべきである。これは最も大切なことである。いま私の話を聞いている人は、このことを忘れずにいなさい。この「行者に臨終正念を得させるために来迎される」という解釈は静慮院の静照法橋のものである。(2)

次に、阿弥陀仏は浄土への先達（案内者）として来迎される、という意味がある。『往生伝』に沙門志法が遺書に次のように言っている。

私はこの生死の海（迷いの世）にあって、
幸いにも尊い船筏（仏法）に出遇った。
私が明らかにする真の仏は、

資質と能力に劣った者を救うために来迎する。
もし浄土を欣び求めるならば、
必ず如来のお姿を像に造り、絵に画け。
臨終の時に如来はその前に現れ、
浄土への道を示し、その者の心を収め取る。
念々の念仏にその罪は次第に尽きて行き、
業にしたがって九品に生まれても、
その者の前に現れる聖衆は、
何よりも先に、新しく往生する者を讃える。
仏道を歩む楽しみはますます大きくなる。

この文は、この世で造画される形像が、先達となって行者を浄土にお送りくださる証拠である。また『薬師経』によると、浄土を願う者たちが往生のための修行の方法がまだ定まらなくて、道に惑うことがある。すなわち文（玄奘訳）に、

八分斎戒[3]を一年の間あるいは三ヶ月の間、よく守りよく続ける者があるとしよう。そしてその者がその善根によって西方極楽世界の無量寿仏のみもとに生まれようと願って正法を聴聞しても、まだ往生が定まらない場合を考えよう。その者が世尊薬師瑠璃光如来の名号を聞けば、命終の時に臨んで、八菩薩[4]が神通力に乗じてやって来て、その者に仏土への道を示すであろう。すると直ちにかの土において、種々の色に輝いた蓮の花の中に自然に化生するであろう。

と言っている。もしかの八菩薩が浄土への広い道や狭い路を示してくださらなければ、ひとりで往生することは困難なのではなかろうか。それにつけても思うことだが、弥陀如来が多くの聖衆とともに行者の前に現れ来たって迎え取ってくださるのも、行者を導いて浄土への道を示すためである、ということはまことに理にかなっている。娑婆世界の習慣でも、道を行くには必ず先達（道案内）というものを持つことが大切である。これによって御廟の僧正[5]は、この来迎の願（第十九願）を現前導生の願[6]と名づけられた。

次に対治魔事（仏道を妨げる者を退ける）のために来迎するという意味がある。仏道が盛んになれば魔も盛んになる、と言われているように、仏道を修行すると必ず魔の障碍に遭遇する。真言宗では、仏道を極めようという行者の誓いが確立すれば魔宮が振動する、と言っている。天台止観[7]では、四種三昧[8]を修行する時に十種の妨げが起こると言われ、それを魔事境来（魔の襲来）という。また菩薩が三祇百劫[9]の行をすでに成就して、まさに正覚を宣言しようとする時にも、第六天の魔王がやって来て様々に妨害をする。まして煩悩具足の凡夫の行者の場合は、たとえ往生の行業を修するといっても、魔の障難を除かなければ往生の願いを達成することは不可能である。しかるに阿弥陀如来が無数の化仏や菩薩からなる聖衆に囲まれて、煌々たる光明とともに行者の前に現れてくださる時には、魔王も行者に近づいたり修行を妨げたりすることはできない。したがって、来迎引接は魔による障碍を対治するためである。

来迎の意味を大略述べてみた。これらの意味について思うに、同じ仏像を造るにしても、来迎の像を造るべきだと思う。仏の功徳はおおよそ上記の通りである。

（1）臨終正念。臨終の時に心を安らかにして仏を念ずること。

（2）原文は「この臨終正念のために来迎すといふ義は、静慮院の静照法橋の義なり」とあり、これだけでは、行者に臨終正念を得させるために阿弥陀仏が来迎するのか、行者が臨終正念を確立するから来迎があるのか、はっきり分からない。ここでは前者の意味に取っておいた。静慮院の静照法橋は天台の学僧。浄土教に関心深く、『四十八願釈』『極楽遊意』各一巻の著作がある。『僧綱補任』によれば、長保二年（一〇〇〇年）五月、説教の賞により法橋上人位に叙せられ、同五年没した。（静慮院静照法橋については、大橋俊雄『法然全集　第二巻』三二四頁を参照した）。

（3）八分斎戒。在家信者が六斎日（毎月（陰暦）の八日・十四日・十五日、二十三日・二十九日・三十日）に守るべき規律。その八つとは、不殺生・不偸盗・不婬・不妄語・不飲酒・化粧や歌舞を離れる・高くゆったりした床で寝ない・昼過ぎに食事をしない。（石田瑞麿『仏教語大辞典』）。

（4）八菩薩。宝檀花・文殊・薬上・薬王・観音・勢至・弥勒・無尽意の八菩薩。（石田瑞麿、前掲書）。

（5）御廟の僧正。慈恵大師良源（九一二―九八五）。源信の師。

（6）現前導生の願。如来が行者の前に現れて浄土に導くことを約束した願。

（7）止観。śamatha-vipaśyanā の訳。雑念を止めて心を一つの対象に集中し、正しい智慧を起こして対象を観ること。天台宗が最も重視する修行実践法。（石田瑞麿、前掲書、四〇八頁）。

（8）四種三昧。中国唐代、天台宗の智顗（ちぎ）の「摩訶止観」に説く、常座三昧、常行三昧、半行半座三昧、非行非座三昧の四つを言う。（石田瑞麿、同書、四三三頁）。

（9）三祇。三大阿僧祇劫（あそうぎこう）の略。「劫」については補注(1)を参照。「阿僧祇」はサンスクリットの

asaṃkhya（数えられない）の音写。想像を絶する時間の長さを言う。

（一―三）法然聖人説法　三部経

次に三部経について言うと、三つの経をまとめて三部経と名づけることは今に始まったことではない。その例は多くある。すなわち大日の三部経は『大日経』『金剛頂経』『蘇悉地経』がこれである。鎮護国家の三部経は『法華経』『仁王経』『金光明経』である。法華の三部経は『無量義経』『法華経』『普賢経』である。以上が三部経という名称を使う証拠である。

今この阿弥陀仏の三部経は、ある人師が「浄土の教に三部ある。すなわち『双巻無量寿経』・『観無量寿経』・『阿弥陀経』がそれである」（智顗十疑論等）と言っている。これによって浄土の三部経と名づけるのである。あるいはまた弥陀の三部経とも名づける。またある師は「かの三部経に鼓音声経を加えて四部と名づける」と言っている。およそ諸経の中には、往生浄土の法を説くものもあるし、説かないものもある。『華厳経』にはこれを説いている。すなわち『四十華厳』の中の普賢の十願がこれである。『大般若経』では全くこれを説かない。『法華経』はこれを説いている。すなわち薬王品の「即ち安楽世界に往生する」の文がこれである。『涅槃経』はこれを説いていない。また真言宗では、『大日経』と『金剛頂経』の蓮華部にこれを説いているけれども、阿弥陀仏は大日如来の分身とされており、阿弥陀仏の浄土への往生を特別に説いているわけではない。小乗経はいろいろあるが、浄土を説いているものは全くない。しかしながら、往生浄土を説くことにかけては、この浄土三部経に勝るものはない。従って、浄土宗においては、この三部経をもって所縁（所依）の経とする。

（一―四）法然聖人説法　浄土宗名

またこの浄土の法門において浄土宗という宗名を立てるのは初めてのことではない。その証拠は多くある。少しばかり例を示すと、まず元暁（がんぎょう）は(1)『遊心安楽道』の中で、「浄土宗の心は、根本は凡夫を救うためであり、兼ねて出家をも救うためでもある」と言っているのが第一の証拠である。かの元暁は華厳宗の祖師であった。次に慈恩は『西方要決』の中で浄土宗を指して、「この一宗による」と言っている。これもまたその証拠である。かの慈恩は法相宗の祖師である。さらに迦才は『浄土論』に、「この浄土の一宗は往生のための要（かなめ）をおさえている」と言っている。これもまたその証拠である。そして善導は『観経疏』に、「真宗遇ひ叵（がた）し（まことの浄土の教えに遇うことは難しい）」と言っている。これもまたその証拠である。かの迦才と善導はともにこの浄土一宗を専ら信じていた。自宗と他宗の見解はいま述べた通りである。

それればかりでなく、宗の名前を建てることは、天台・法相などの諸宗はみな師資相承(2)によって伝えられている。ところが浄土宗にも師資相承、血脈次第(3)がある。つまり、菩提流支（ぼだいるし）三蔵・恵寵（えちょう）法師・道場（どうじょう）法師・曇鸞（どんらん）法師・法上法師・道綽（どうしゃく）禅師・善導禅師・懐感（えかん）禅師・小康法師などである。菩提流支から法上までは、道綽の『安楽集』に出ている。自宗の師も他宗の師もすでに浄土一宗という名を使っている。浄土宗の祖師たちはまた師から弟子に継承してきた。こういう理由で、いま先師からの伝承によって浄土宗と名づけるのである。しかるにこのことを知らない者たちが、「昔から八宗のほかに浄土宗という宗名を聞いたことがない」と非難するので、少しばかり申し開きをした。

およそ諸宗の法門には浅深・広狭がある。すなわち真言・天台などの諸大乗宗は広くて深い。倶舎・成実などの小乗宗は広くて浅い。この浄土宗は狭くて浅い。従って、浄土宗以外の諸宗は、今の時において機（救いの対象としての衆生）と教が相応しない。教は深く機は浅い。教は広く機は狭いからである。たとえば、合唱で音が高すぎると、それに合わせられる者が少ないのと同じである。また小さい器に大きなものを入れようとするようなものである。ただこの浄土の一宗のみ、機と教とが相応する法門である。従って、これを修せば必ず浄土に往生することができる。であるから、機と教とが不相応な教えに入って、苦労して身心を消耗させてはならない。ただこの機と教が相応する法門に帰して、速やかに生死を出るべきである。

（1）元暁。六一七―六八六。新羅華厳宗の学僧。朝鮮浄土教の先駆者。奔放な性格で形式主義を批判し、大乗仏教の教理を実践。『金剛三昧経』などを王と高僧に講読する一方、楽器などを用いて民衆を教化し、感化を及ぼした。また武烈王のはからいで瑤石公主と結婚し、後の大学者薛聰を育てた。晩年は参禅と著作に没頭し、二四〇巻余の著書を残した。（『ブリタニカ国際大百科事典（小項目電子辞書版）』より）。

（2）師資相承。師匠から弟子に伝統や教えを伝えることを言う。

（3）血脈次第。師資相承を、親・子・孫というような血縁関係に喩えたもの。また教えの伝承を示す系図を言う。

（一―五）法然聖人説法『大経』

今日講義し讃嘆しているお経は、三部経の中の『双巻無量寿経』と『阿弥陀経』である。まず『無量寿経』には、始めに阿弥陀如来の因位の本願を説く。[1]次にかの仏の果位の依正二報の荘厳を説いている。[2]従ってこの経は、法蔵菩薩（因位）が多劫の修行の結果、無限の功徳を得て阿弥陀如来（果位）になられた過程を説いている。乃至

すなわち『無量寿経』上巻の初めに説かれている四十八願等はかの仏の因位の発願である。同巻の後半および下巻の初めに説かれている浄土の荘厳ならびに衆生往生の因果は、かの仏の果位の願成就を表している。[3]

このことは一々の本誓悲願の文、一々の願成就の文に明らかである。詳しく説明する余裕はない。『無量寿経』の中でも衆生往生の因果を説いているのは、念仏往生の願（第十八願）が成就されたことを示す「諸有衆生聞其名号」（あらゆる衆生がその名号を聞く）の文、および三輩（三種類の行者）の文がこれである。善導の御心によるならば、この三種類の人たちが往生するための業因として、正行と雑行の二行を立てておられる。正行についてまた二つある。正定業と助業である。三輩すべてに対して「一向専念」（一向に専ら阿弥陀仏を念ずべし）と言っているのは正定業である。阿弥陀仏の本願に順じているからである。そのほかに助業（正定業の補助となる行）があり、雑行（それ以外の

様々な行）がある。乃至

経文を調べると、このことは『観経疏』で説かれる正雑二行に当たる。この中の中輩の文に、起立塔像（仏塔や仏像を造る）の語句がある。その像とは、経文には何の仏像かは見えないけれども、懐感禅師は『群疑論』に、弥勒の都率浄土と阿弥陀仏の西方浄土とを比較して、十五の点で両者は同じであることを述べ、仏像を造るにも両者は同じだと言っている。これを考え合わせると、阿弥陀の形像を造る証拠としてこの中輩の起立塔像の文を引いたのであろう。従ってその像とは阿弥陀仏の形像であり、それは往生の助業であるということが知られる。

およそこの三輩の文の中に、それぞれ菩提心など念仏以外の様々な善行を説いているけれども、上に述べた本願の心を考えると、専ら阿弥陀仏の名号の称念を勧めることが主眼となっている。だから「一向専念」というのである。上に述べた本願というのは、四十八願の中の第十八願の念仏往生の願を指す。一向（ただひとえに）というのは、二、三向（二、三の道筋で）に対する意味である。もし念仏と並行して他の善行も修めれば、一向という趣旨に背くことになる。往生を求める人は、専らこの『無量寿経』によって、必ずこの旨を心得るべきである。（『双巻経』の大意は以上の通りである）。

（1）阿弥陀如来の因位の本願。阿弥陀如来がまだ法蔵菩薩と呼ばれた時、仏（如来）になった時にどのように衆生を救うかを述べた四十八の誓願。

（2）依正二報。法蔵菩薩が本願をすべて成就して、平等で時間的空間的に無限の衆生の救済をされる阿弥陀如来になられたことを正報と言い、阿弥陀如来が完成された衆生往生のための環境（浄土）を依報と言う。

（3）このように、「乃至」の後に小さい印字で表記される文は、浄土宗系の『漢語燈録』や『和語燈録』と照らし合わせて、親鸞が『西方指南抄』を執筆中に省略したと思われる部分を示す。

（一―六）法然聖人説法　『阿弥陀経』

次に『阿弥陀経』は、始めには極楽世界の依正二報（阿弥陀仏とその浄土）を説く。次には一日ないし七日の念仏を修して往生することを説いている。その後に、行者が念仏の一行によって往生できることを六方の諸仏が証誠（誠をもって証明する）し、そのような行者を護ってくださることを説いている。すなわちこの経は、念仏以外の行を説かないで、念仏の一行を選んで説いている。乃至

『阿弥陀経』に、「少しばかりの善行による功徳を積んだからといって阿弥陀仏の浄土に生れることはできない」と説かれ、「阿弥陀仏の教えが説かれているのを聞いて名号を固く信じ、一日ないし七日の間、一心に念仏すれば、その人の命が終わろうとする時に阿弥陀仏が多くの聖衆とともにその人の前に現れてくださるだろう。この人は臨終になっても少しも心が乱れず、直ちに往生を得る」と説かれている。これによって、念仏以外の善行は少善根（功徳が少ない）であり、念仏は多善根（功徳が豊か）であることが分かる。少善根の行を修しても往生することはできない。多善根の念仏を修すると必ず往生を得ることがで

きる。この故に、善導和尚はこの文を釈して「極楽は煩悩を離れた涅槃の世界であるから、縁によって行う雑多な善行では往生は難しい。そのために釈迦如来は特にこの教えを選び取って、ただひたすら南無阿弥陀仏を称えるよう衆生を導いてくださるのである」（法事讃巻下）と言っている。云々。『阿弥陀経』の大意は以上の通り。

およそ念仏往生は、弥陀如来の本願の行である。教主釈尊の選択（せんじゃく）による仏道である。六方諸仏の証誠を受けた教えである。念仏以外の行はそうではない。この旨が経の文および諸師の解説に詳しく説かれている。乃至

仏経の功徳は大体以上のとおりである。

（第二七日　阿弥陀仏。『観経』『観経疏』一部）

（一―七）法然聖人説法　『観経』

この阿弥陀仏とは、ここから西方に十万億の三千大千世界(1)を過ぎたところにある、七宝で飾られた極楽世界の教主である。お身体の色は夜魔天(2)の閻浮檀金色（えんぶだんこんじき）(3)に似ている。お身体の背丈は六十万億那由他恒河沙由旬である。仏の功徳は言葉で言い尽くせないけれども、伽陀（かだ）（韻をふんだ歌）を詠って称揚讃嘆するに相応しい方である。例を挙げると『浄土論』に「面善円浄如満月」（麗しいお顔は円やかで満月のようである）とあるようなものである。

また経の意味を理解すると仏の功徳も明らかになるし、仏を讃嘆すると経の功徳も顕わになる。また疏（経の注釈書）は経の心を説き明かしたものであるから、疏を理解すると、経の心も明らかになる。経も疏もみな同じものである。別々に理解しようとしてはならない。乃至

それでは経について、伝統に従って讃嘆することにしよう。中国の祖師たちは経の意味を釈する（解釈する）のに、経の大意を述べ、経名を検討し、文を追いながら解釈する、という三つの段階を踏むが、今はしばらくこれを省略して、ただ経の要点を取って釈することにすると、

この『観無量寿経』には二つの意味がある。始めには定散二善(4)を修して往生する道を明かし、次には名号を称して往生する道を明かす。乃至

まず定散の意味を考えると、釈迦牟尼仏が韋提希夫人の請いによって光の台の中に十方の浄土を現じられた時、韋提希夫人は「私は今、極楽世界に生まれたいと思います」と言い、「私に極楽世界に生まれる方法をお教えください」と申し上げたので、その請いに基づいて始めの日想観から雑想観に至るまで、十三観の想を説かれた。これを定善と名づける。この定善では、現世で仏にお目にかかるのである。

始めの日想観とは、二月と八月の彼岸の日に太陽がまさに没しようとする時、まず太陽を見て目を塞いでその太陽の有り様を心に想い浮かべる。想いが失われればまた目を開いて太陽を見る。一度このように

太陽を心に想い浮かべると、後には太陽がないところでも、心に想うと太陽を見ているのと同じようになるのを日想観の完成という。目を閉じて心に太陽を想い浮かべるのは、まだ観が浅い時である。目を閉じても目を開けても同じように自在に太陽を見ることができれば、観が深く成就した、と言える。この観が達成された時には阿弥陀仏が現れてくださると言う者があるが、それは起こり得ないことである。

この日想観を十三観の最初に置くことには、三つの意味がある。

一つには、光明に慣れ親しませるためである。すなわち、かの極楽世界では光明が強すぎて、凡夫の眼では直接に見ることができない。従って、まず光ある物を観て慣れ親しんだ後に、かの国を観ずるようにする。この世界で光ある物といえば、太陽を越えた物はない。故に最初にこの観を用いるのである。

二つには、罪障の軽重を知らせるためである。すなわち、この観を行ずる時、その人の罪の性質によって太陽が異なって見える。黒の障りを持つ者には黒雲が太陽を遮るように見える。黄色の障りを持つ者には黄雲が太陽を遮るように見え、あるいは白の障りを持つ者には白雲が太陽を遮るように見える。このように、雲が太陽を覆うように、衆生の過去の業から起こる障りによって、観じられる対象の姿も遮られる。であるからこの観想によって、始まりなき昔から犯してきた身口意の三業による罪障を懺悔する手立てとすることができる。

三つには、極楽の方向を知らせるためである。すなわち、極楽は西方にあり、日没の方角もまた西方である。かの国は春秋二季の彼岸の日に太陽が沈む方向にある。このために始めにはこの日想観を修する。必ず二季の彼岸の日の太陽が正しく東に出て正しく西に入ろうとする時に、眼を開き、眼を閉じて、太陽を見よ、ということである。

次に水想観とは、極楽世界の瑠璃の大地を観ようとしても、煩悩の軛に縛られた凡夫たちは、久遠の昔からまだ見たことのないものを直ちに観ようとしても成就することがないから、まず水を見るのである。その後に目を閉じて水を心に想い浮かべるのもまた前の日想観と同じであり、観の浅深も前と同じである。水想観を成就して、目を閉じても目を開けても水を見ることができるようになれば、水の代わりに氷を心に想い浮かべる。氷を観じることができるようになると、次に氷の代わりに瑠璃を心に想い浮かべる。氷は瑠璃に似ているからである。結局、水想も氷想も、極楽の瑠璃地を観じ顕すための手段なのである。

次に地想観とは、前の水想観を順序に従って成就すると、地想観も成就できるようになる。その瑠璃の大地の下には、七宝でできた極めて固い金色の柱[5]が大地を支えている。その支えている柱の数については、善導は無量無数であると言っている。他師は、ただ一本の金色の柱が地を支えており、その柱のまわり八方において八楞（八本の傍木）がある、と言っている。八楞とは、八つの傍の意味である。釈尊が『法華経』を説かれた時、娑婆の地が転じて瑠璃地となった。この地想観が成就される時もまた、同じことがおこる。釈尊はことに未来の世の衆生のために、この地想観の法を説くと言われて、この観想をことに勧められたのである。『観経疏』の第三の始めに、この観を釈した後に、

『清浄覚経』[6]の信不信の因縁の文を引いている。この文の心は「浄土の法門が説かれるのを聞いて、心を向け信じて身の毛のよだつ思いのする者は、過去にもこの教えを聞いて、いま再び聞く人である。いま信ずるが故に、必ず浄土に往生することができる。また浄土の教えを聞いても聞かなかったのと同じようであって、本当に信じない者は、初めて三悪道から人間の世界に生まれてきたのに、罪障が

いまだに尽きておらず、教えを信じる心がないのである。いま信じないために、また生死を離れることがない」（安楽集巻上）ということである。結局は往生された方のこの教えを信じることが大切である。乃至

次に宝樹観、次に宝池観、次に宝楼観が説かれている。これらをすべてここで解説することはできない。経文および『観経疏』に詳しく説かれている。このように浄土の依報を讃嘆するのも、阿弥陀仏を讃嘆することである。云々。次に観音観、次に勢至観が説かれている。浄土に無数の聖者がおられるけれども、その中で代表的なお方は阿弥陀仏の左右に侍しておられるこの二菩薩である。だからこの二菩薩だけを讃えて、他の菩薩は略して取り上げていない。次に普観想では、行者自らが往生した姿を観る。まだ臨終の時ではないけれども、まえもって往生の想をなすのである。

大安寺に勝行上人という人がいた。この人は五輪の観(7)を成就していた。この上人は毎日塗籠に入って、長く留まってから出るということをしていた。弟子たちが不思議に思って後ろの垣根からひそかに中をのぞいてみると、上人の姿は見えないで、半畳の広さのところにただ水が溜まっているだけであった。偽物の水か本物の水かを知るために、弟子たちが髪剃りの砥石をその水の中に投げ入れて見ると、本当に水であった。不思議に思ってみな去って行った。しばらくして師の上人が塗籠から出ると、直ちに腹痛を起こしたので弟子などに「私が塗籠の中にいた時、お前たちは中を見たか。また何かあったか」などと聞いた。弟子たちは逃れられなくなって、師に本当のことを申し上げた。その時師は弟子たちに、「私がまた塗籠に入った時、その砥石を取り除きなさい」と言った。弟子たちはこのように言われて、次の日また塗籠の中

を見ると、上人の姿は見えず、半畳の上にただ火炎が燃えているだけであった。その火の中に砥石があった。弟子たちはその砥石を取り出した。師が塗籠から出てくると、腹痛はたちまち治まった。また次の日に師が塗籠に入った時にその中を見ると、半畳の上に一本の蓮花が生えていた。これらの姿を見て、弟子が不思議に思って師に聞いた。師は答えて「私が水輪三昧に入る時は私の姿は水となり、火輪三昧に入る時は火となり、蓮花三昧に入る時は化して蓮花となる。また私は現に極楽世界に往生しているのだ」と言った。であるから、まさしくこの経に説かれているように、すべての往生の観を修習しなくても、現世で生きたまま極楽に参ることもできるのである。まして平生に往生のための観相を行っている者はなおさらである。かの上人は真言宗の人であった。云々。

また唐の明曠という人は、十三観の中の日想観から普観相に至るまで、十二観を成就した人である。私たちもこれらの観相を行おうと思えば、必ず成就することができる。すなわちこの経に「無量寿仏の背丈は限りがない。これは凡夫の心力の及ぶところではない。しかるにかの如来の宿願力のおかげで、憶想をしようとする者は必ずこの観を成就できる」と言っている。云々。

次に雑想観とは、かの仏の六十万億那由他恒河沙由旬の大身量を縮めて、一丈六尺もしくは八尺の小身の仏を観ずるのである。以上が十三観の定善である。

次に散善とは、三福九品である。但し、

天台では、十三観の上に九品の三輩観を加えて、十六想観と名づける。これを定散二善に分けて、十三観を定善と名づけ、三福九品を散善と名づけることは善導一師の御心による。乃至まず三福について言うと、一つには、「孝養父母（父母への孝行）」。これには世間的な親孝行と出世間的な親孝行とがある。世間的な親孝行とは、世俗の書[8]に「身を立て道を行い、名を後世に揚げ、もって父母を顕すは孝の終わりなり」と言うように、社会的に名声を得て、「これはすばらしい人だ、いったい誰の子なのだろう」と言われるに至ることが究極の親孝行だ、ということである。出世間的な親孝行とは、自ら僧となって父母を仏道に導いて行く、これが本当の親孝行である。次に「奉事師長（師に謹んで仕える）」とは、「父母は七生に渡って孝行し、師の僧には未来永劫に供養する」と言って、師の恩は父母の恩に勝っている。であるから、雪山童子[9]は半偈を聞いて、身を投じて羅刹に恩を報い、常啼菩薩[10]は悟りの智慧を求めて、身を割いて曇無竭菩薩を供養した。次に「慈心不殺修十善行（慈しみの心をもって殺生をせず、十の善行を修める）」とは、云々。

二つには、「受持三帰（仏法僧の三宝を受けて持つ）」とは、云々。次に「具足衆戒（様々な戒を完遂する）」とは、戒には大乗戒があり、小乗戒がある。小乗戒とは、男性の僧の戒は二百五十戒、尼僧の戒は五百戒である。大乗戒とは、大乗教団を構成する七衆[11]はすべて十の厳しい戒と四十八の軽い戒を受けなければならない。次に「不犯威儀（威儀を犯さず）」とは、戒について軽いものを威儀と名づけ、厳しいものを戒と名づける。大乗には八万の威儀、小乗には三千の威儀がある。

三つには、「発菩提心（悟りを求める心を起こす）」とは、諸宗の間で異なった意味がある。いま浄土宗の菩提心とは、まず浄土に往生して一切の衆生を救い、一切の煩悩を断じ、一切の法門を悟り、最高の悟りを得ようと願う心である。次に「深信因果（因果の法則を深く信じる）」とは、因果には世間の因果と、出世の因果とがある。世間の因果とは、六道の因果である。出世の因果とは、四聖(ししょう)[12]の因果である。釈尊が御在世の間に説かれた聖教の所説は、とどのつまり、この六道・四聖の因果についての教えである。この故に、釈尊一代の教えはこの「深信因果」の一句に集約される。

次に「読誦大乗(どくじゅだいじょう)(大乗経典を読誦する)」とは、全体として一切の顕教および密教の大乗経典を指す。特別に一、二の経典を読誦することを意味するのではない。読誦とは、五種の法師[13]の中では、読と誦の二つを挙げて他の三つを含み、十種法師[14]の中では、披読と語誦の二種法師を挙げて他の八種の法行を含ませている。であるから、顕教・密教の一切の大乗経を受持・読・誦・解説・書写することは、みな往生のための行業となる。小乗経典を読誦するのは、往生の業ではない。『中邊論』に「十種の法行を施すのは、ただ大乗経典に限る」と言っている。であるから、『華厳経』・『般若経』・『方等経』の諸経、『法華経』・『涅槃経』がみなこの典を含んでいる。云々。この『観無量寿経』では、「読誦大乗」の一句にすべての大乗経「読誦大乗」の一句の中に収まる。ただ顕教経典だけでなく、密教経典についても同じことが言える。『大日経』『金剛頂経』や、密教の諸尊への祈願についての特別の方法もみなことごとくこの中に収められる。『貞元入蔵録』には顕密両教の経典が大乗の目録に入っている。恵心僧都の『往生要集』にも往生浄土の道として二門を立て、初めに念仏往生、次には諸行往生[15]を立てている。念仏往生の行としては、礼拝・讃嘆・作願・観察・廻向の五念門を立てて解説し、諸行往生の篇には、十三の諸行を挙げている。その中に読誦大乗がある。また「往生の行業について考えると、全体として『梵網経』の戒品にすべてが言い尽くされている」とある(往生要集巻下本)。これに準じて考えてみると、往生の行業はこの『観無量寿経』の三福の段に表された行業のほかにはない。『梵網経』の戒品というのも、「具足衆戒」の一句に含められる。

戒と言っても大乗戒だけを意味する。この「読誦大乗」の句の中に一切を含めるばかりでなく、いわゆる「具足衆戒」の中にも、「深信因果」の句の中にも、「受持三帰」の句の中にも、「発菩提心」の句の中にも、それぞれみな釈尊一代で説かれた聖教を含めており、また一切の仏道修行を含めている。この『観無量寿経』によって諸経を検討すると、『華厳経』では、『八十華厳』・『六十華厳』は往生浄土を説いていない。『四十華厳』の中の普賢菩薩の十願の中に往生浄土を説いている。『法華経』では、薬王品に「即往安楽世界」（直ちに安楽世界に往生する）と説いている。これらは往生を二度説いている。その理由は、この『観経』にどの大乗経典を受持・読誦しても往生できると説き、『華厳経』『法華経』の教えを受持しても往生できると明らかに言っているが、それとは別に各々の経の中にも往生が説かれているから、往生浄土が二度説かれていることになる。『大般若経』には往生が説かれていないけれども、この『観経』に説かれているように、『大般若経』を読誦しても往生できることになる。これについて、唐の常敏という人は、皇帝の命によって『大般若経』を人々に勧め、自らも書写したが、その功徳によって往生を遂げたと言われている。他のさまざまな大乗経についても、これに準じて知ることができる。

次に「勧進行者」(16)とは、聖道門と浄土門の勧進がある。浄土宗の観点から言うと、釈尊一代で説かれたすべての教えと諸宗の法門は、この聖道門と浄土門の二門以外にはない。八宗・九宗(17)は聖道門である。今わが往生浄土の法門は浄土門である。であるから、この二門についてそれぞれ行者がいる。すなわち聖道門の行者と浄土門の行者である。これらどちらの法門であろうとも、人に勧めるのは勧進行者である。ただ小乗戒を勧進しても往生を得ることは難しい。しかし浄土門を人に勧めれば、少しでも往生の可能性がある。むかし房翥（ぼうしょ）という人がいた。一人に勧めて念仏を修めさせた。その人は念仏の力によって往生を遂げた。一方、房翥は臨終の後、閻魔の庁で生前の善悪を判定された時に、この勧進の功徳によって閻魔の庭から往生したと言われている。三福の行業について少しばかり述べてみた。

次に九品(くぼん)[18]について言うと、まず上品上生とは、始めに「至誠心(しじょうしん)・深心(じんしん)・回向発願心(えこうほつがんしん)の三心を具える者は必ず阿弥陀仏の浄土に往生する」(観経)と説く。次に「また三種の衆生はまさに往生を得る」と説く。善導和尚のお心では、三心は三つの別々の行業ではない。全体として往生の法則となる。文は上品上生の部分にあるけれども、その心は上品上生から下品下生までに通ずるものである。ただ人の三心には浅深があるので、それに従って人を九品の等級に分類している。であるから、始めの上品上生の者から最後の下品下生の者に至るまで、すべて三心を完全に具えることによって往生することができる。故に善導は『礼讃』の中で、「もし三心のうちの一心でも欠ければ往生することができない」と言う。ただ天台等の諸師の理解はこれと同じではない。「三種の衆生」とは、『観経』によると「一には慈しみの心を持って殺生を行わず、様々な戒・行を完全に行う人。二には大乗経典を読誦する人。三には六念[19]を修行する人」云々。善導がこれを解説して次のように言う。

第一の人は、ただよく戒を持(たも)って他人に慈悲を施す。第二の人は、戒を持ったり慈悲を施したりすることはできないけれども、ただよく大乗経典を読誦する。第三の人は持戒・読経はできないけれども、ただよく仏法僧を念ずる。この三人がおのおの自分の勤めを行い、心を励まして一日一夜から七日七夜に至るまで勇敢に勤め励めば、必ず上品上生の人として往生することができる。これは仏滅後の大乗仏教で、最高最善の上品の凡夫である。修行の日数は少ないけれども、修行の時には精魂こめて行うからである。(観経疏玄義分)。

これらの三種の行は一人で全部行わなければならないというわけではない。おのおの一つずつ行ずればよい。そのことは『観経疏』に明らかである。

次に上品中生とは、『観経』に「大乗経典の意味をよく理解し、第一義[20]を聞いても驚愕し心を乱すことはない。深く因果の法則を信じて大乗の教えを謗ることがない」と説く。これは理観[21]の往生である。理観については諸宗の間に異なった意味付けがある。天台宗では一心三観[22]、真言宗では阿字本不生（あじほんぷしょう）[23]、法相宗では五重唯識（ごじゅうゆいしき）[24]、三論宗では勝義皆空（しょうぎかいくう）[25]などと説明している。従って、それぞれの宗に随って理観を修する者は、それぞれ往生を遂げることができる。今しばらく善導の御心によると、大乗経典の意味をただよく理解しても、その行を実践せよとは言っていない。必ずしも観想行を修すべしと言っているわけではない。ただ大乗仏教での空の意味をよく理解せよと言っているだけである。すなわち『観経疏』の「散善義」では「よく大乗における空の意味を理解する。あるいはすべての存在はみな空である、生死も涅槃もまた空である、凡夫も聖者も、明も闇もまた空である、世間の六道（迷いの世界）も出世間（悟りの世界）の三賢・十聖[26]なども、もしその本体をよく見ると、結局は別のものではない、と聴聞すると、この教えを聞いても、その心は静寂であって疑いを生じることはない」と言う。また「散善義」に「深く迷いの世界や悟りの世界の苦しみや喜びの因果を信じ、その他のいろいろな道理を聞いても疑いを持たない」とも言っている。

次に上品下生とは、『観経』に「ただ無上道心（最高の悟りを求める心）をおこす」と説く。これは菩提心による往生である。菩提心について諸宗の定義は同じではない。天台宗には蔵教・通教・別教・円教という四教[27]の菩提心があり、真言には行願・勝義・三摩地[28]の三種の菩提心があり、三論宗・法相宗・華厳宗・達磨宗（禅宗）にもそれぞれ菩提心についての定義がある。善導は「まず浄土に生じて、菩薩としての大悲の願と行を満たして後、この娑婆世界に還ってきて生死に入り、あまねく衆生を救おうと願う、この心を菩提心と名づける」（散善義意）と言う。これら上品の三生は大乗の善人の往生である。

次に中品の三生とは、小乗の善人としての往生である。まず中品上生とは、『観経』に「在家の五戒（不殺生・不偸盗・不邪淫・不妄語・不飲酒）を受持し、八戒八斎戒[29]を持ち、諸戒を修行する。五逆を犯さず、その他の様々な過ちをしない」と説く。これは小乗の持戒の人である。

次に中品中生とは、『観経』に「たとえ一日一夜であっても八斎戒を持ち、一日一夜でも沙弥戒[30]を持ち、一日一夜でも具足戒[31]の威儀を欠けるところなく持つ」と説く。これは一日一夜の持戒である。

次に中品下生とは、『観経』に「父母に孝行をつくし、世間の仁慈を行う」と説く。これは世間の仁（思いやりの心を持つ）・義（人として正しいことをする）・礼（礼儀をまもる）・智（物事をよく理解する）・信（誠を尽くす）を行ずる人である。この世に生きている間に仏法に遇わなかった人が、臨終の時に善知識（人を仏道に導く善き人）に遇って往生することを言う。

次に下品の三生とは、悪人の往生である。まず下品上生とは、十悪[32]を犯すとは言え、まだ罪の軽い凡夫である。『観経』には次のように言う。

> 様々な悪業を犯す衆生であり、大乗経典を誹謗することはないけれども、愚か者であるが故に多くの罪を犯して慚愧することがない。命が終わろうとするとき、善知識にめぐり遇い、大乗十二部経の経名を讃えるのを聞く。このような諸経の経名を聞くことによって、千劫の間の極めて重い悪業を取り除くことができる。さらにまた善知識は、その凡夫に教えて合掌して南無阿弥陀仏を称えさせる。仏名を称えることによって、五十億劫のあいだ生死の世界をさ迷うことになる重い罪が除か

れる。

「様々な悪業」とは、十悪を指す。「慚愧することがない」とは、天にも慚じず、人にも愧じないことである。十二部経とは、大乗経典を指す。小乗教には九部ある。「経名を讃える」とは、天台の教義によって意味を考えると、名・体・宗・用・教の五重玄義[33]によって解釈し聞かせるということであろうか。これは在生の間ひとえに十悪を犯して、まだ仏法に遇ったことのない罪人である。臨終の時に始めて善知識に遇って、経名を聞き仏名を称えることによって往生する。

次に下品中生とは、戒を破り罪がさらに重い凡夫である。『観経』に「衆生の中でも、五戒・八戒および具足戒を犯している者がある。このような愚人は、寺の物を盗み、僧や尼僧に寄進された物を盗み、不浄説法[34]をして慚愧することがない。さまざまな悪業によって自分の身を飾る。このような罪人は悪業のために、臨終の時にまさに地獄に堕ちようとする。命が終わろうとする時、地獄の業火が一時に押し寄せてくる。たまたま善知識が現れ、大慈悲心からその人のために阿弥陀仏の十力威徳[35]を説き、広くその仏の光明神力（光明の世を超えた働き）を広く説き、また仏道における戒（清らかな生活）・定（禅定）・慧（智慧）・解脱・解脱知見（悟ったことを知ること）を讃える。この人は聞き終わると、八十億劫の流転を引き起こす罪を除かれる。地獄の猛火は極楽の清涼な風と変わり、多くの天花が吹き降りてくる。花の一つ一つに化仏や菩薩がおられて、この人を迎え受け容れる」とある。云々。

そもそも近来の僧尼を破戒僧、破戒尼[36]と言ってはならない。持戒の人が破戒を止めさせるというのは、正法・像法の時のことである。末法の時代には、無戒の名字比丘（名前だけの僧侶）がいるだけである。伝教大師の『末法燈明記』によると、「末法の時代に持戒の者があるというと、これは怪異である。町の中に虎がいるようなものだ。誰がこれを信じることができようか」と言っている。また同書に「末法の時代には、ただ釈尊の言教だけが残っているが、それに従って行ずる者も悟る者もいない。もし戒があれば破戒もあるだろう。しかしすでに戒は存在しない。どの戒を破ったから破戒だと言うのだろうか。破戒もないのになおさら持戒もない」と言っている。まことに受戒の作法は、中国では持戒の僧十人にお願いして戒師とした。辺地では五人にお願いして戒師として戒を受けた。しかるにこのごろは、持戒の僧を探しても一人も見つからない。戒を受けてこそ破戒という言葉もあるのだが、末法の時代である今は破戒というべき者もいない。ただ無戒の比丘と呼ばれる者だけである。この経（『観経』）が破戒を説くのは、正法・像法の時代のことを説いているからである。乃至

次に下品下生とは、五逆を犯した重罪の凡夫である。『観経』には次のように説かれている。衆生の中で、不善業である五逆・十悪を犯し、その他多くの悪業をなす者がある。このような愚人は、悪業の故に、死後、地獄・餓鬼道・畜生道などの悪道に堕ちて長い年月の間、極まりない苦悩を受けることになる。この愚人の命が終わろうとする時に、たまたま善知識が現れ、さまざまに慰め、その者のためにすばらしい仏法を説き、仏の姿を心に想い浮かべさせようとする。この人は苦に責められてとても仏の姿を心に想い浮かべるような余裕がない。そこでその善き友は「もし心に念ずることができなければ、無量寿仏の名を称えなさい」と言う。このようにまことの心で無量寿仏の名を称えさせ、続けて南無阿弥陀仏を十回称えさせる。仏の名を称えるが故に、一念ごとに八

十億劫の生死をおこさせるほどの罪を除くことになる。命が終わる時、金色の蓮花を見るが、それは日輪のように輝きその人の前に留まる。

これが散善の意味である。三福と九品とは、三福を九品に分けてあるだけで同じものを指す。定散二善については、簡単に言うと以上の通りである。

(1) 三千大千世界。古代インドの宇宙観。補注(3)を参照。

(2) 夜魔天。六欲天の第三天。常に光明に包まれて昼夜の別がなく、蓮の花の開閉で時を知るという。(石田瑞麿『仏教語大辞典』一〇七七頁)。

(3) 閻浮檀金色。閻浮提(えんぶだい)の閻浮樹の下に産するという良質の金の色。閻浮提については、本書六八頁注(7)を参照。

(4) 定散二善。定善と散善。定善は、心を静めて浄土の光景や阿弥陀仏の姿などを目の前に観ることにより往生を得ようとし、散善は、普段の散乱した心のまま様々な行をし、その功徳を回向して往生することを目指す。

(5) 金色の柱。原文は「金幢」であるが、「幢」は「旗」を意味する言葉であり、旗が大地を支えるとは考えにくいので、ここでは「柱」と訳した。「幢」(旗竿、帆柱)のことかも知れない。

(6) 『清浄覚経』。異訳の『無量寿経』。正確には『仏説無量清浄平等覚経』と言い、普通は『平等覚経』という略称で呼ぶ。補注(5)を参照。

(7) 五輪の観。真言密教の行者が五輪すなわち大日如来の五大の種子、kha, ha, ra, va, a(空・風・火・

水・地）をそれぞれ自身の頂・眉間・心（むね）・臍・膝の五カ所に対応させて、この肉体がそのまま大日如来の仏身であると観ずること。（岩本裕『日本仏教語辞典』三〇五頁）。

（8）世俗の書。ここでは孔子とその弟子であった曾子との会話を記録したと言われる『孝経』のこと。「立身行道、揚名於後世、以顕父母、孝之終也」。（やすいゆたか『孝経の世界』http://www42.tok2.com/home/yasuiyutaka/chinashisoushi/8koukyou.htm 参照）。

（9）雪山童子。釈尊が過去世に菩薩行を修めた時の名前。雪山（ヒマーラヤ）の山中において「諸行無常、是生滅法」の半偈を聞いて喜び、残りの半偈「生滅滅已、寂滅為楽」を聞くために羅刹にわが身を投げ与えようとしたという。『大般涅槃経』に詳しい。（岩本裕、前掲書、四七〇頁）。

（10）常啼菩薩。『大般若波羅蜜多経』に登場する菩薩。身命を顧みず、利得・栄誉・名声にもとらわれず、般若波羅蜜（利智の完成）を求めて巷で泣いた時、東方の妙香城に曇無竭菩薩が般若の教えを説いていると聞き、様々な苦労を重ねてついに目的地に到達し、般若の教えを聞くことができた。（岩本裕、前掲書、四三九頁）。

（11）七衆。仏の教えを奉ずる僧俗男女の七種の人。出家の比丘・比丘尼・式叉摩那（しきしゃまな）（沙弥尼の中で、比丘尼になる修行をしている十六歳から二十歳までの尼）・沙弥（しゃみ）・沙弥尼（しゃみに）、在家の優婆塞（うばそく）・優婆夷（うばい）。（石田瑞麿、前掲書、四四九、四一二頁）。

（12）四聖。仏道修行の結果としての、声聞・独覚・菩薩・仏の四種の聖者。（石田瑞麿、四三五頁）。

（13）五種の法師。『法華経』「法師功徳品」に説く受持（教えを受けてしっかり覚える）・読（目で見て読む）・誦（空で唱える）・解説（内容を説く）・書写（書き写す）の五種の功徳を積む法師。（石田瑞麿、前掲書、九六六頁など）。

(14) 十種法師。十種の法行を実践する法師。十種の法行とは、書写、供養(経典のある寺塔を尊ぶ)、施他(他のために経を説き与える)、諦聴(経典の読誦を傾聴する)、披読(自ら経典を読誦する)、受持(よく記憶して忘れない)、広説(多くの人に教えを説き聞かせる)、語誦(経典を読誦し喜びの心を起こさせる)、思惟(経典の説く意味をよく考える)、修習(教えを実践する)。(石田瑞麿、前掲書、四五九頁)。

(15) 諸行往生。念仏以外の様々な行によって往生を願い求める。

(16) 勧進。人を勧めて仏道に向かわせ、善を行うように導く行為。(石田瑞麿、前掲書、一五五頁)。

(17) 八宗・九宗。南都六宗(倶舎・成実・律・法相・三論・華厳)に、天台・真言を加えたものの総称。それに禅を加えて九宗という。(石田瑞麿、前掲書、八七九頁。大橋俊雄、前掲書、三五頁)。

(18) 九品。『観経』の、凡夫が普段の散乱した心で往生行を行う散善の部分で、人を上中下の三品に分類し、さらにそれぞれの品を上中下の三生に分類した。それを総称して「九品」という。

(19) 六念。仏・法・僧・戒・施・天の六種のものを念ずること。(石田瑞麿、前掲書、一一三三頁)。

(20) 第一義。最勝第一の真理。悟りそのものも、あるがままの真実の姿も空であるということ。(『真宗新辞典』三三七頁)。

(21) 理観。心静かに不変の真理を観想すること。また自己の心相を内観すること。(石田瑞麿、前掲書、一〇九八頁)。

(22) 一心三観。天台宗で説く観法。一切の存在には実体がないと観ずる空観、一切の存在は仮に現象するものであると観ずる仮観、この空・仮二観を別々のものとしない中観の三観を、一思いの心に同時に観じ取る実践。(石田瑞麿、前掲書、四九頁)。

(23) 阿字本不生。密教の根本義を示すもので、阿の字は根本において不生という意味があるとし、その不生は不生の実在を意味するとした。従って一切の事物は真実なもので、それはいわば大日如来の悟りそのものに外ならない、と説く。（石田瑞麿、前掲書、九頁）。

(24) 五重唯識。唯識の三性観を実践的に浅より深へと五段階に分けたもの。唯識の理を悟る過程で、その深まる姿を示す。詳しくは石田瑞麿『仏教語大辞典』、岩本裕『日本仏教語辞典』等参照。

(25) 勝義皆空。すべてのものが空であることを様々な視点から捉えて、空の義を明らかにすること。（石田瑞麿、前掲書、五五四頁）。

(26) 三賢・十聖。三賢は菩薩五十二階のうちの第十一位から四十位（十住、十行、十廻向の位）にある菩薩。十聖は四十一位から五十位までの十地の位にある菩薩。（石田瑞麿、三七〇、四五九頁）。

(27) 四教。天台宗における釈尊一代の教えの分類。小乗教としての蔵教、声聞・縁覚・菩薩の三乗がともに通じて受ける大乗初門の教えとしての通教、菩薩だけの教えである別教、あらゆるものが互いに解け合い完全に具わっている円教の四教。（大橋俊雄『法然全集』第二巻、三九頁）。

(28) 行願・勝義・三摩地。行を修し願をおこす行願菩提心、最高の真理を観じてあらわす勝義菩提心、三密の修行をして本尊を現証する三摩地菩提心。（大橋俊雄、前掲書、三九頁）。

(29) 八戒八斎戒。在家信者が六斎日に守る出家の戒。不殺生・不偸盗・不婬・不妄語・不飲酒・化粧や歌舞に接しない・高くゆったりした床で寝ない・昼過ぎに食事しない、の八戒（八斎戒も同じ）。（石田瑞麿、前掲書、八七八頁）。

(30) 沙弥戒。「沙弥」のもとの意は、仏門に入り、剃髪して十戒を受けた男子。沙弥十戒は、不殺生・不偸盗・不婬・不妄語・不飲酒・不塗飾香鬘（まげに飾りや香料をつけない）・不歌舞観聴（歌舞を観たり聴いたりしない）・不坐高広牀（高く広い床に座ったり寝たりしない）・不非時食（昼を過ぎてから食事しない）・不蓄金銀宝（金銀などの宝を貯めない）。（石田瑞麿、前掲書、四九三頁）。

(31) 具足戒。比丘・比丘尼が受ける戒律。伝統的に言われているものは、比丘は二百五十戒、比丘尼は三百四十八戒。（石田瑞麿、前掲書、二一六頁）。

(32) 十悪。身口意の三業による三種の悪業。すなわち殺生・偸盗・邪淫（身業）、妄語・両舌・悪口・綺語（口業）、貪欲・瞋恚・邪見（意業）。（石田瑞麿、前掲書、四九八頁）。

(33) 名・体・宗・用・教の五重玄義。天台宗の智顗が『法華玄義』で、『法華経』の大目を解釈するのに用いた五つの範疇。（一）釈名（題目の解釈）、（二）弁体（題目の顕す本質を明白にする）、（三）明宗（教えの目的を明白にする）、（四）論用（教えの働きを論ずる）、（五）判教（その教えを仏教全体の中で位置づける）の五つ。（石田瑞麿、前掲書、三〇八頁）。

(34) 不浄説法。個人的な利益や名声を得るために行う説法。

(35) 十力威徳。如来のみが具えている十種の知的能力。すなわち、（一）知是処非処力（ある事柄が可能であるか不可能であるかを知る力）、（二）知三世業報力（業とその果報を知る力）、（三）知他衆生種々欲力（衆生の種々の意向を知る力）、（四）知世間種々性力（衆生の種々の素質を知る力）、（五）知他衆生諸根上下力（衆生の能力や性格の優劣を知る力）、（六）知一切道智処相力（一切衆生がそれぞれの業報によって死後に赴く境涯または運命を知る力）、（七）知諸禅三昧力（すべての瞑想・解脱・三昧の成就の浄・不浄を知る力）、（八）知宿命智力（前世の境涯を一つ一つ憶い出す力）、（九）得天眼能観一切力（衆生がいかなる境遇に生まれ変わるかを知る力）、（十）得漏尽智力（煩悩をことごとく断じたことを知る力）。（岩本裕『日本仏教語辞典』四一一―四一二頁）。

(36) 正法・像法・末法。「釈尊滅後五百年は正法の時代と言われ、釈尊の教えがよく行われており、悟る人もあった。その後千年間は像法と言われ、教が残り、形の上は行も続けられたが、悟るものがほとんどいなくなった。その後一万年は末法と言われ、教は残ったが、もはや正しく行ずることも忘れられ、悟るものはいなくなった」という伝統的な時代区分。なお、末法一万年の後には、仏法の滅んだ法滅の時代が来るとされている。

(37) 辺地。親鸞は「ハクサイカウライトウヲヘンチトイフ」(百済・高麗等を辺地といふ)という左訓をつけている。すなわち中国の周辺の国々を指す。

(一―八) 法然聖人説法　念仏往生

次に、「名号を称えて往生することを明かす」という意味は、『観経』に、「仏が阿難に仰せになった。〈汝はよくこの語を持て。この語を持てとは、無量寿仏の御名を持て、という意味である〉」とある。

善導がこれを釈して、

「仏が阿難に仰せになった。〈汝はよくこの語を持て〉」から以下は、まさしく阿弥陀仏の名号を阿難に付嘱して、はるか未来の世に伝え広がらせることを明かす。経の始めからここまで定散両門の利益を説いているとは言え、阿弥陀仏の本願をよく考えると、釈尊のお心は、人々に一向に専ら弥陀仏の御名を称えさせることにある。(散善義)

と言っている。全体を通じてこの経は、定散の諸行を説いているけれども、その定散を阿難に付嘱されたわけではない。ただ念仏の一行だけを阿難に付嘱して未来の世に伝えて広めようとされたのである。「未来の世に伝え広める」というのは、はるかに法滅の時代(1)に入った後の百年までを指す。すなわち末法万年の後、仏法がみな滅んで、仏法僧という三宝の名前さえ聞かれなくなった時、ただこの念仏の一行だけが留まって百年間行われる、という意味である。であるから、聖道門の法文もみな滅び、十方諸仏の浄土への往生の道もまた滅び、弥勒菩薩のおられる都率天への往生もまたなくなり、諸行による往生もみななくなった時、ただこの念仏往生の一行だけがこの世に留まって、そのような時であっても、一念の念仏で必ず往生することができる、と説かれている。これを指して「はるか未来の世」と言うのである。これは「遠い世」をあげて「近い世」をその中に含ませている。「阿弥陀仏の本願をよく考える」というのは、弥陀如来の四十八願の中の第十八の願を指している。いま教主釈尊が、定散二善の諸行を捨てて念仏の一行を阿難に付嘱されたことも、それが弥陀の本願の行であるからである。「一向に専ら弥陀仏の御名を称えさせる」という言葉は、『大無量寿経』に説かれている三輩の文の中の「一向専念」を指す。「一向」の言葉は、他を捨てることを意味する。『観経』には、始めに広く定散を説いてはいるけれども、後には一向に念仏を選んで、それを後代に伝え広めることを阿難に付嘱された。それ故に、遠くは弥陀の本願に従い、近くは釈尊の付嘱を身に受けようと思えば、一向に念仏の一行を修して、往生を求めるべきである。

総じて念仏往生は諸行往生よりも多くの点で優れている。

一つには、念仏往生は、阿弥陀仏が因位の時に建てられた本願である。すなわち、阿弥陀仏が因位の法蔵菩薩の時、四十八の誓願をおこして、浄土を建立して仏になろうと願われた。その時、衆生往生の行を選ぶに当たって、他の行を選び捨て、ただ念仏の一行だけを選び取って往生の行とされた。これを「選択の願」ということは、『大阿弥陀経』[2]に説かれている。

二つには、光明摂取（光明による救い）である。これは阿弥陀仏が因位の時に建てられた本願の名号を衆生が称えると、仏はお身体のあらゆる部分から発する光明によって念仏の衆生を摂取してお捨てにならないで、往生させてくださるのである。他の行の行者は摂取されない。

三つには、弥陀が自ら仰った。「跋陀和菩薩が極楽世界にやって来て、〈どのような行をすればこの国に往生できるのでしょうか〉と聞いたので、私は、〈我が国に生まれようと思えば、私の名号を休むことなく称えよ、そうすればすぐに往生することができるであろう〉と答えた」。（一巻本般舟三昧経意）。他の行はお勧めにならなかった。

四つには、釈迦は『観無量寿経』で阿難に念仏を付嘱して、念仏を後世に伝えて広めるように、と申しつけられた。他の行は付嘱されなかった。

五つには、諸仏の証誠（誠の心での証明）。これは『阿弥陀経』に説かれている。釈迦仏が多くの行の中から特に選んで念仏往生の道を説かれると、六方の諸仏は各々同じく念仏往生を讃め同じく勧めて、あまねく三千大千世界を覆うほど広長の舌を延ばして、念仏による往生が正しいことを証誠された。これによって一切衆生は、念仏すると往生することは、疑う余地がないことを知らしめられる。諸仏は他の行をこのようには証誠しておられない。

六つには、念仏は法滅の時代までも有効な往生の道である。善導大師が『礼讃』に「末法万年の後に三宝が滅んでも、この経はさらに百年間この世に留まるであろう。その時、阿弥陀仏の御名を聞いて一度でも念仏する者は、誰でも弥陀の浄土に往生することができる」と言っているが、これは、末法万年の後、ただ念仏の一行だけが留まって念仏の行者を往生させる、という意味である。他の行はそうではない。それのみならず、下品下生の十悪の罪人のためには、臨終の時の聞経（経の名前を聞く）と称仏（仏の名前を称える）の二善を並べているけれども、化仏が来迎して「お前が阿弥陀仏の名を称えたので、お前のすべての罪が消えた。だから私はお前を迎えに来たのだ」（観経）と、称仏を讃めているが、聞経を讃めてはいない。また『大無量寿経』に三種類の凡夫の往生を説く中に、菩提心（悟りを得たいと願う心）や起立塔像（仏塔や仏像を建立する）などの念仏以外の行をも説いてはいるが、経の最後の流通分のところでは、「阿弥陀仏の名号を聞くことができて、躍り上がるほど喜んで一回でも念仏すれば、この人は大きな利益を得て、最高の功徳をもれなくいただくことになる」と讃めている。他の行を最高の功徳とは讃めていない。念仏往生の要旨は以上の通りである。

（1）法滅の時代。補注(4)「三時」を参照。
（2）『大阿弥陀経』。五つの漢訳『無量寿経』の一つ。呉の支謙の訳とされている。補注(5)「異訳の『無量寿経』」を参照。

（第三日　阿弥陀仏、『無量寿経』『阿弥陀経』）

（一―九）法然聖人説法　名号功徳

さらに法然聖人は説かれた。仏の功徳については、百千万劫の間、昼夜休むことなく説いても説き尽くすことはできない。従って、教主釈尊が阿弥陀仏の功徳を称揚されるにも、要点の中の要点を選んで、略してこの浄土三部経を説かれた。仏がすでに略して説かれたのであるから、当座のこの愚僧が阿弥陀仏の功徳をどれだけ詳しく説くことができようか。ただ善根を成就するためにこのように讃嘆申し上げているのである。弥陀如来の内証外用（ないしょうげゆう）の功徳（心の内の悟りと外に現れる働き）は無量であるとはいえ、要を言うと、名号の功徳に勝るものはない。この故に、かの阿弥陀仏もことにその名号によって衆生を救おうとし、また釈迦大師も何度もかの仏の名号を讃（ほ）めて未来に伝え広めようとされた。

それで今、その名号について讃嘆申し上げる。阿弥陀というのは、インドのサンスクリット語の言葉である。漢訳仏典では意味を訳して無量寿仏という。無量光仏という。または無辺光仏・無碍光仏・無対光仏・炎王光仏・清浄光仏・歓喜光仏・智慧光仏・不断光仏・難思光仏・無称光仏・超日月光仏という。ここで明らかなことは、名号の中に光明と寿命との二つの意味が具えられているということである。阿弥陀仏の功徳の中には、功徳の根本としての寿命と勝れた光明とがある。それ故に、さらに光明・寿命の二つの功徳を讃嘆申し上げよう。

（一―一〇）法然聖人説法　光明功徳

まず光明の功徳を明らかにしよう。始めに無量光というのは、『観経』に「無量寿仏に八万四千の相（大きな特徴）がある。一つ一つの相に、それぞれ八万四千の随形好（ずいぎょうこう）（微細な特徴）がある。一つ一つの好にまた八万四千の光明がある。一つ一つの光明はあまねく十方世界を照らし、念仏の衆生を摂取してお捨てになることはない」と説かれている。恵心僧都は『往生要集』（巻中本）の中で「一々の相には、おのおの七百倶胝（くてい）六百万[1]の光明がある。それぞれの光明は熾然赫奕（しねんかくやく）である（明々と輝いている）」と言っている。一つの相から出る光明がこのようなものである。まして八万四千の相から出る光明はどのようなものであろうか。まことに私たちの計算の及ぶところではない。それ故、弥陀の光明を無量光という。

　次に無辺光について言うと、かの仏の光明の数量についてはいま言った通りであるが、数量が無量であるだけでなく、照らすところもまた辺際がないので、無辺光と呼ぶ。

　次に無碍光（むげこう）について言うと、この世界の太陽・月・燈火などの光は、物を置いて隔てると、それがたとえ一重であっても、その光は通ることができない。もしかの仏の光明が物に遮られることがあれば、この世界の衆生はたとえ念仏しても、その光明による救いを身に受けることができない。その理由は、かの極楽世界とこの娑婆世界の間には、十万億の三千大千世界という距離があるためである。その一々の三千大千世界に、おのおの四重の鉄囲山（てっちせん）がある。すなわちまず一つの四天下（してんげ）[2]を巡っている鉄囲山がある。その高さは須弥山（しゅみせん）と等しい。次に小千界を巡る鉄囲山がある。高さは第六天に至る。次に中千界を巡っている鉄囲山がある。高さは色界（しきかい）[3]の初禅[4]にいたる。次に大千界を巡っている鉄囲山がある。高さは第二禅に至っている。従って、もし弥陀の光明が無碍光（何物にも妨げられない光）でなければ、一世界をさえ通ることはできない。まして十万億の世界となると、なおさらである。しかるにかの仏の光明は、何物にも妨げられることなく、無数の大小諸山を通り過ぎて、この世界の念仏の衆生を照らし摂取してくださる。全く同じように他の十方世界の衆生をも、もれなく摂取してくださる。そのために無碍光という。

次に清浄光について言うと、新羅の憬興は著書『述文賛』の中で、「法蔵比丘の無貪の善根（貪欲を離れた功徳）から生じた光である」と言っている。貪に二種類ある。婬貪（性的な貪り）と財貪（富の貪り）である。清浄というのは、ただ汚れや不浄を取り除くことだけではない。その二つの貪りを寄せ付けないことである。だから貪を不浄と名づけるのである。これを戒に関連させて言うと、不婬戒（異性と性的関係を持たない）と不慳貪戒（けちったり貪ったりしない）とに当たる。それ故、清浄光は、法蔵比丘が昔、不婬戒・不慳貪戒を持ったことから生じた光だと言われる。この光に触れる者は、必ず貪欲の罪が滅せられる。もし人が盛んな貪欲のために、不婬・不慳貪の戒を持つことができなくても、一心に専らこの阿弥陀仏の名号を称念すれば、たちまち阿弥陀仏は無貪清浄の光を放って、その人を照らし摂取してくださるから、婬貪・財貪の不浄は除かれる。無戒・破戒の罪と咎が滅して、無貪善根の身となって、戒を持つ清浄の人と等しくなる。

次に歓喜光について言うと、これは法蔵比丘の無瞋善根（怒りを離れた功徳）から生まれた光である。法蔵比丘が永く不瞋恚戒（怒りを離れる戒）を持って、この光を得られた。従って、無瞋所生の光（怒りのない状態から生まれた光）という。この光に触れるものは、瞋恚（怒り）の罪が滅せられる。従って、瞋憎の盛んな人であっても、専ら念仏を修すれば、阿弥陀仏がかの歓喜光によって摂取してくださるので、瞋恚の罪が滅して忍辱の人（どんな不条理にも怒りを持たずに堪えられる人）と同じになる。これはまた前述の清浄光が貪欲の罪を滅するのと同じである。

次に智慧光について言うと、これは無癡の善根（愚を離れた功徳）から生まれた光である。法蔵比丘は永い間、一切智慧[5]を修行して、愚癡の煩悩を断ち尽くしてこの光を得られたので、無礙所生の光（愚を滅した状態から生まれた光）という。この光はまた衆生の愚癡の罪を滅す。それ故に、智慧のない念仏者であっても、弥陀がかの智慧の光によって救い取ってくださる、その行者は愚癡の咎が滅せられ、仏と等しい智慧をいただくことになる。またこの光と同じ真実を知ることになる。このようにして十二光の名があるとは言っても、要点は右の通りである。

およそ阿弥陀仏の光明の功徳には、このような意義がそなわっている。詳しく説くと、もっと多くの種類があるだろう。しかし大きく分けて二種類ある。一つには常光、二つには神通光である。

始めに常光について言うと、諸仏の常光には、それぞれの仏の願いに従って、及ぶところが遠かったり近かったり、長かったり短かったりする。ある仏の常光は一尋（八尺）の広がりを持つと言われる。釈迦仏の常光がその例である。ある光は七尺を照らし、あるいは一里を照らし、またあるいは一由旬を照らし、あるいは二・三・四・五……百千由旬を照らし、あるいは一四天下を照らし、あるいは一仏世界を照らし、あるいは二仏・三仏……百千仏の世界を照らす。阿弥陀仏の常光は、八方上下の無央数[6]の諸仏の国土において、照らさないところはない。八方上下は極楽から見た方角を指す。阿弥陀仏の常光については異説がある。すなわち『平等覚経』では、特に頭光（頭から発せられる光）を指している。『観経』では、すべて身光（身体から発せられる光）と言っている。これらの異説がある。『往生要集』にこのことが論じられているから、それを見なさい。常光というのは、長い間とぎれなく照らす光である。

次に神通光について言うと、これは特別な時に衆生を照らす光である。釈迦如来が『法華経』を説こうとされた時に、東方の一万八千の国土を照らされたが、これは神通光である。阿弥陀仏の神通光は摂取不捨の光明である。念仏する衆生がいる時は照らし、念仏する衆生がいない時は照らさないからである。善導和尚は『観経の疏』（定善義）の中でこの摂取の光明を釈して、「光照の遠近を明かす」と言っている。この念仏の衆生のいるところの遠近によって、摂取の光明にも遠近がある、という意味である。たとえ同じ家の中に住んでいても、阿弥陀仏は西におられるから、東側にいる人が念仏を申す時には、摂取の光明が遠くを照らし、西側にいる人が念仏を申す時には、光明が近くを照らすことになる。これに準じて考えると、一つの町、一つの国、一つの閻浮提(えんぶだい)(7)、一つの三千世界、さらには他方の一つ一つの別の世界についても同じことが言える。それ故に、念仏の衆生について、阿弥陀仏の光が遠くを照らしたり、近くを照らしたりすると釈されたのは、まことに道理にかなったことであると思われる。これがすなわち阿弥陀仏の神通光である。諸仏の功徳は、どれもみな法界（全宇宙）にあまねく存在するとは言え、光明以外の功徳はその姿を顕すことがない。ただ光明だけがまさしく法界にあまねく姿を顕す功徳である。そのために、様々な功徳の中で、光明が最勝であると釈されたのである。

また諸仏の光明よりも、弥陀如来の光明の方がずっと勝れている。このために教主釈尊は讃えて「無量寿仏の神々しい光明は最尊第一であり、諸仏の光明はとてもそれに及ばない」（大経巻上）と仰っている。また釈尊は「無量寿仏の光明の力が特に勝れていて、その輝きが人の思議を超えていることを説こうとすると、昼夜休みなく一劫の間説き続けてもまだ説き尽くせない」（大経巻上）と讃えておられる。これは、阿弥陀仏の光明と他の仏の光明とを比較して勝劣を量ると、弥陀仏に及ばない仏を数えるのに、一劫のあいだ夜・昼休みなく説いても、その数を知り尽くすことができない、と仰っているのである。阿弥陀仏がこのように勝れた光を得られたのは、法蔵比丘であられた時の勝れた願と行に応えているからである。すなわち、阿弥陀仏がまだ法蔵比丘と呼ばれていた昔、世自在王仏のみもとにあって、二百一十億の諸仏の光明をご覧になって、それぞれの善いところを選び取られ、劣ったところを選び捨てられ、五劫の間の思惟の後に願を起こし、「私が仏になる時、もし私の光明に限りがあって、百千億那由他の諸仏の国しか照らさないようなら、最高の悟りを取らない」と仰った。この願を起こして後、想像を絶する長い間、修行をし、功徳を積んで、願も行もともに成就して、この光を獲得されたのである。

釈尊の在世時に燈指比丘という人があった。生まれた時、指から光を放って十里を照らした。後に仏の弟子になって、出家して羅漢果[8]を得た。指から光を放つ因縁によって、燈指比丘と名づけられた。過去九十一劫の昔、毘婆尸仏[9]が世界を救っていた時に、古い仏像で指が破損したものを修理した功徳によって、指から光を放つという果報を受けられたのである。

また梵摩比丘という人があった。身から光を放って一由旬を照らした。これは過去に仏に燈明をさしあげたためである。

また釈尊の弟子阿那律[10]は、仏の説法の座で眠り込んだことがあった。仏はこれを様々にお叱りになった。阿那律はすぐに懺悔の心をおこして、睡眠を断つことを決心した。七日経ったあと、その目は開いているのに何も見えなくなった。これを医師に聞くと、医師が言うには、「人は食べることによって命を保つ。眼は眠りを食べ物とする。もし人が七日間食べなければ命が尽きないことがあろうか。

であるから、これは医療の及ぶところではない。命の尽きた人には医療が役に立たないのと同じである」と言った。その時仏はこれを哀れんで、天眼の法を教えられた。すなわちこれを修して、かえって天眼通(11)を得た。すなわち天眼第一阿那律というのがこれである。この人は過去世に仏のものを盗もうと思って仏塔の中に入ったが、燈明が消えようとするのを見て、弓のはずで燈明を掻き上げた。その時にふいとそれまでの行為を悔いる心をおこし、さらに無上道心（最高の悟りを得ようと願う心）をおこした。それ以来、今の世に生まれるまで、生まれ変わり死に変わるたびに無量の功徳を得た。いま釈迦が世に現れられた時になって、ついに生死輪廻の世界から解脱して、このように天眼通を得たのである。これはあの燈明を掲げた功徳による。乃至

であるから仏に燈明をたてまつるのは、智慧の光明を授けられるに値する行為でもあり、天眼通を授けられるに値する行為でもある。これらの因縁を思うにつけても、阿弥陀仏が光明の功徳を得られるのに、法蔵比丘として何と長い間ご苦労されたことか、と考えさせられる。今この逆修法会を開催されている大法主禅門(12)が、四十八の燈明を掲げて四十八の願を建てられた方にさし上げたのは、如来の光明に浴するに値する行為である。また天眼を戴くに値する行為である。ところがおよそ念仏の功徳を成就して、阿弥陀仏の浄土に往生すれば、特別に仏としての相・好・神通等を得るための行を修さなくても、かの仏の願力によって、三十二相(13)を具え、五神通(14)を得ることができる。その三十二相の中に光明の相がある。その神通の中に天眼通がある。であるから激しい修行を積まなくても、仏に燈明を供養した人には、その功徳の験が必ずある。同じように身に具わる光明であるとは言え、それぞれの光明の間には勝劣があると思われる。

光明の功徳についておおよそを述べた。

（1）倶胝。サンスクリット語 koṭi（コーティ）の音写。10の7乗、一千万を意味する。

（2）四天下。須弥山をめぐる最も外側にある海の中の東西南北にあるという四つの大陸。南贍部洲（なんせんぶしゅう）・東勝身洲（とうしょうしんしゅう）・西牛貨洲（さいごけしゅう）・北倶盧洲（ほっくるしゅう）。私たちは南贍部洲に住んでいる、とされている。

（3）色界。三界（欲界・色界・無色界）のうち、下から第二の位置にある世界。清浄の物質からなる世界で、四禅を修めたものの生まれる世界。欲界のような諸欲を離れているが、まだ色（しき）（物質）から解放されていない。色界を禅（瞑想）の深さによって四禅天に分け、もしくは十六天に分ける。

（4）初禅（天）。色界の四禅天のうち、初禅を修めたものが生まれる世界。

（5）智慧。完全に煩悩を離れ、自他の対立から自由になり、物事の有様をそのまま受け容れられる状態を言う。

（6）無央数。サンスクリットの asaimkhyeya（数えられない）の訳。無限の意。

（7）閻浮提。Jambudvīpa の音写。須弥山の周りにある四つの大陸の一つで、須弥山の南にある。前掲注（2）の南贍部洲と同じ。もともとインドを指していたが、人間世界、現世を意味するようになった。

（8）羅漢果。阿羅漢果の略。小乗四沙門果の最高の位。阿羅漢としての修行を完成し、煩悩を断ち尽くして、世間の尊敬を受けるべき位を言う。

（9）毘婆尸仏。サンスクリット語 Vipaśyin の音写。過去七仏の第一。人の寿命が八万歳の時に現れて説法したといわれる。

(10) 阿那律。仏弟子の一人、Anuruddha の音写。天眼第一といわれた。
(11) 天眼通。菩薩の七神通の一つで、物事の本当の有様を見通す力。
(12) 大法主禅門。この逆修法会を主催し、法然に説法(逆修説法)を依頼した中原師秀のこと。師秀は法然の弟子安楽房遵西の父。逆修法会とは、自身の死後における仏事を生前に行う法要。(大橋俊雄『法然全集』第二巻、二頁および三二八頁)
(13) 三十二相。仏の身体に具わる三十二種の特徴。
(14) 五神通。菩薩が獲得した智慧に基礎づけられた五つの不可思議な活動能力。補注(2)を参照。

(一—一一) 法然聖人説法　寿命功徳

次に寿命の功徳について言うと、諸仏の寿命はそれぞれの意楽(いぎょう)(心に思う願い)によって長いのもあれば短いのもある。これについて恵心僧都は(阿弥陀経略記意)次の四句を作っている。あるいは能化(教えを授ける者)の仏は命が長く、所化(教えを受ける者)の衆生は命が短いことがある。たとえば花光如来。仏の命は十二小劫、衆生の命は八小劫である。あるいは能化の仏は命が短く、所化の衆生は命が長いことがある。たとえば月面如来。仏の命は一日一夜、衆生の命は五十歳である。あるいは能化・所化とも命が短いことがある。たとえば釈迦如来。仏も衆生もともに八十歳である。あるいは能化も所化も命が長いことがある。たとえば阿弥陀如来。仏も衆生もともに無量歳である。

であるから、『無量寿経』には次のように説かれている。「仏が阿難に仰せになった。〈無量寿仏の寿命は長久であって、その長さは計ることができない。お前たちは知っておるか、たとえ十方世界の無量の衆生がみな人間として生まれ、ことごとく声聞[1]・縁覚[2]の位を成就したとして、すべての者が一所に集まり心を一つにして阿弥陀仏の寿命を推量し計算し、思いを一つにして百千万劫のあいだ智力を尽くしてその寿命の長遠の数を推し計算しても、究極的にその寿命の限度を知ることはできない。無量寿仏の浄土の声聞・菩薩・天・人たちの寿命もこれと同じである。数の計算や譬喩の及ぶところではない〉と。ただもし神通力を持つ大菩薩などが阿弥陀仏の寿命を数えられると、一大恒河沙劫（想像を絶する長い時間）であろう」。

恵心僧都はこれを『大論』の心によって考察されている。この数は二乗[3]・凡夫が数えて知られるような数ではない。であるから、無量と言っている。

全体として、仏の功徳を論ずるのに、能持（よく持つもの）と所持（持たれるもの）の二つの意味がある。寿命を能持と言い、それ以外の様々な功徳を所持と言う。寿命はよく様々な功徳を持つ。一切の功徳はみなことごとく寿命に持たれるからである。これはこの法座（逆修法会）の導師である私自身の理解である。すなわち、かの仏の相好（身体的特徴）・光明・説法・利生（衆生を救う働き）などの一切の功徳および国土の一切の荘厳などの諸々の悦び・楽しみは、ただ阿弥陀仏の寿命が長いからである。もし長い命がなければ、これらの功徳・荘厳などは何に依って維持できようか。従って、四十八願の中でも、第十三願の寿命無量の願にその他の願が収め取られている。たとえ第十八の念仏往生の願に広く衆生を救い取る力があるとしても、仏のお命が短ければ、その願の働きがあまり広く行き渡ることはない。その理由は、もし阿弥陀仏の寿命が百歳、千歳、もしは一劫・二劫であれば、今の時の衆生は全員その願の救いから漏れているであろう。今の衆生が救われるのは、成仏されてから十劫を過ぎた今も、かの仏の寿命が続いているからである。これによって考えてみると、衆生を救う働きは仏の寿命が長いに越したことはなく、大慈大悲の誓願も、寿命が無量であって初めて効力がある。娑婆世界の人間も、命をもって第一の宝とする。多くの珍しい宝物を蔵の内に満たしていても、綾羅錦繡（りょうらきんしゅう）(4)を箱の底に蓄えていても、命がある間だけ、自分の宝だと言える。眼（まなこ）を閉じた後は、みな他人のものになってしまう。それ故、乃至

玄奘三蔵が仏法を求めてインドに渡った時、ある山中で盗賊に遇い、持っている財宝から身に着けている衣裳に至るまでことごとく奪い取られた。弟子たちはちりぢりに逃げ去った。三蔵はある家の内に逃げ込んで、池の蓮の葉のかげに隠れられた。盗賊が去った後に、弟子たちがあちこちから戻ってきて、みな泣いていた。三蔵は池の中から出てきたが、一向に嘆いたりしなかった。それどころかうれしそうでもあった。弟子たちは不審に思って、「このたびはまことに不幸なことに出遇いましたが、師がお悦びのご様子なのはどうしてでしょうか」と聞いた。三蔵は「私は第一の宝を盗賊のために取られずにすんだ。これを悦ばずにおられようか」と答えた。弟子たちはまた「師は裸になるまですべてはぎ取られてしまわれました。ほかに残ったものがあるのでしょうか」と聞くと、三蔵は「この世に命に勝る宝はない。もし生きておれば、他の宝も手に入れることができるというのが理由だ。わが国の俗書にも『生を大宝となす』と言っている。私はあの盗賊のためにこの命を奪われずにすんだ。これに過ぎた悦びがあろうか」とお答えになった。その後、龍智阿闍梨（りゅうちあじゃり）(5)がこのことを聞いて、あちこちの檀那（在家の教団支持者）に知らせて、様々な

財宝を集めて玄奘三蔵の許へ送らせた。集まった宝は、以前の盗まれた宝とは比較にならないほど多かった。このように、たちまち三蔵の言葉通りになった。多くの経を訳された三蔵が、必ずしも命を惜しまれたというわけではないけれども、世間の習慣に従ってこのように仰ったのであろうと、思われる。

弥陀如来が寿命無量の願をおこされたのも、ご自分のために長寿の果報を求められたわけではない。衆生を救う働きを永く続かせるため、また衆生に浄土往生を求める心をおこさせるためである。一切衆生はみな命が長いことを願うからである。およそかの仏の功徳の中では、寿命無量の徳を具えておられる以上の功徳はない。この故に、いま講讃している『双巻経』の題も『無量寿経』と言うが、「無量光経」とは言わない。隋朝以前の旧訳では、みな宗（経の中心となる思想）を選び、詮（その経が伝える中心的真理）を貫き、略（大きくその経を表す言葉）を現す言葉をその題目としている。すなわちこの経の詮として、阿弥陀如来の功徳を説いている。その功徳には、光明無量・寿命無量の二つの意味を具えている。その中でも寿命無量が最も勝れた徳であるから、この経を『無量寿経』と名づけるのである。

また釈迦如来の功徳についても、久遠実成（久遠の昔から仏となっていたこと）を釈尊の特に勝れた徳として『法華経』の寿量品に説かれている。二十八品の中では、寿量品が最も勝れたものである。これによっても、諸仏の功徳の中でも寿命が第一の功徳であり、衆生の宝としても命が第一の宝であると知ることができる。果報として長い命を得るためには、衆生に飲み物や食べ物を与え、また生き物の命を殺さないことを因とする。因と果とは相応しており、食べ物は命を保持するものであるから、食べ物を与えることはすなわち命を与えることとである。不殺生戒を持つこともまた衆生の命を助けることである。であるから、飲み物や食べ物を衆生に施与し、慈悲の心を持って不殺生戒を持てば必ず果報として長い命を得ることになる。それにつけても阿弥陀如来は、願と行の相互作用によって、この寿命無量の徳を成就された。願というのは、四十八願の中の第十三の願に「私が仏になる時、もし私の寿命に限度があって、百千億那由他劫(6)しか生きられなかったら、最高の悟りを取ることはない」と仰っている。行というのは、この願を建てられたあと、無央数劫の間、さらに不殺生戒を持たれた。また一切の凡聖(7)に飲み物や食べ物や医薬を供養し、与えられたのである。これは阿弥陀如来の無限の寿命の功徳となった。乃至

これから知られることは、この逆修法会五十日間の施主による、仏への供養と僧侶への施与の営みは、長い寿命をいただく因となる行為である。たとえこのようなことをしなくても、浄土に往生すれば、ただ仏の願力によって無量の命をいただくことになる。ましてこのように重ねて往生のための業因を修する者はなおさらである。であるから、すでに四十八の燈明を掲げ、四十八種の供物を仏に捧げている。自然の長久の命の上にさらに重ねて無量寿を副え、良い運によって往生させてくださる光の上に、さらに殊勝の光を加えようというものである。弥陀如来の光明および寿命の功徳については大体以上の通りである。

(1) 声聞。仏の説法を聞いて悟りを得た小乗の聖人。
(2) 縁覚。一人で縁を観じて悟りに至ったが、その悟りの内容を他人に明かさない小乗の聖人。

（3）二乗。小乗の仏道である声聞乗と縁覚乗をまとめて言ったもの。

（4）綾羅錦繡。あやぎぬ・うすぎぬ・にしき・ぬいとり、すなわち豪華な衣装を意味する。

（5）龍智。南インドの僧 Nāgabodhi の中国名。真言密教付法の第四祖で、龍樹の弟子。八世紀まで長寿をたもち、金剛智に付法したといわれる。「阿闍梨」は「師」の意味。

（6）百千億那由他劫。これは想像を絶する長い時間であるが、それでも有限であることに変わりがない。阿弥陀仏としては、衆生を救うために無限の命を願っているのである。

（7）凡聖。凡夫と聖人。在家と出家。

（一―一二）法然聖人説法　弥陀入滅

阿弥陀仏はこのように寿命が無量であるとは言え、また涅槃を迎えて隠れられる時がある。これは何とも悲しいことである。道綽禅師は、念仏の衆生においては、始益（始めの利益）と終益（終わりの利益）があると説明されているが、その終益を明らかにするために『観音授記経』を引いて、「阿弥陀仏の寿命は兆載永劫であるが、そののち滅度されて、ただ観音と勢至が衆生を導きお救いくださる時が来る。その時に一向に専ら念仏して往生した衆生のみ、まるで仏が入滅されなかったかのように、常に仏にお目にかかることができる。念仏以外の行で往生した衆生は、仏にお目にかかることはできない」（安楽集巻下）と言っている。「往生を得たからには、そのような時（弥陀仏の涅槃の時）までのことは余計なことだ、どうでもいいではないか」と思うだろうけれども、その時に臨んでは悲しいことであろう。かの釈迦仏の入滅の有り様からも推し量ることができる。悟りを開いた阿羅漢も尊い位を得た菩薩でさえも、非滅現滅(1)の真理を知りながらも、その時の別離の悲しみに耐えられないで、天を仰ぎ、地に伏して泣き叫び、悲嘆に暮れた。ましてまだ悟りに至っていない衆生や、仏の教えをあまり知らない凡愚はなおさらであっただろう。さらには龍神八部(2)も五十二類(3)も、およそ釈尊涅槃の会衆で悲嘆の涙を流さない者はいない。そればかりでなく、娑羅林(4)の梢も、抜提河(5)の水も、すべての山川・渓谷・草木・樹林も、みな痛切な悲しみを表した。

　であるから、過去に起こったことを聞いて未来の有り様を思い、この穢土の有り様に基づいて浄土のことを考えると、かの阿弥陀仏が、様々な宝物によって荘厳された浄土を隠し、涅槃寂滅の道場に入られた後に、その八万四千の勝れた特徴のあるお身体が再び現れることがなく、無量無辺の光明が永久に照らすことがなくなれば、かの浄土の法会に集まられた菩薩方や人・天等の悲歎や、阿弥陀仏への恋慕の思いはどれほどのものであろうか。七宝自然の林（七宝で飾られ自然に現れた林）も、八功如意(6)の水も、名華軟草（美しい華と柔らかい草）の色も、鳧雁（かも）・鴛鴦（おしどり）の声も、どうしてその時を知らないことがあろうか。浄土と穢土は国が異なるとは言え、世尊が滅度に入られた時の悲しさは異なることがない。片方は惑っていて、片方は悟りに達しているという相違はあるけれども、所化（教えを蒙るもの）としての悲恋はどうして異なることがあろうか。この娑婆世界に住む凡夫、煩悩に縛られた人は、心と行動が一致しない上に、意楽（心に思う願い）は一人一人異なっており、常に背き合い、たがいに厭い憎み合っているけれども、あるいは夫婦の契りをも結び、あるいは朋友としての言葉をも交わしたりして、暫くでも仲良くし慣れ親しめば、遠くに隔たることになったり、どちらかが先に死ぬことになったりして、このように生き別れや死に別れによって別れを告げる時には、名残を惜しむ心がたちまちに起こり、悲しみに耐えられなくなり、涙を抑えることができなくなる。ましてかの阿弥陀仏は、内には慈悲哀愍の心しか持っておられないので、この仏に慣れ親しむにつれてますます心が引かれ、外には見者無厭(7)の徳を具えておられるので、お姿を見るたびに何とすばらしいお方だろうと感じる。まことに無量永劫のあいだ、朝夕に万徳円満(8)の御顔を拝み申し上げ、昼夜に四弁無窮(9)の御声に慣れ親しんで、恭敬瞻仰（うやまいあおぐ）し、常にお供し供養申し上げてきた気持ちでいる時に、もうこれ以上お目にかかることがないことになれば、何と悲しいことであろう。浄土は苦が全く存在しない国であり、すべての妄念から解脱しているところであると言っても、仏がお隠れになるときだけは、やはり悲しみに暮れることになるだろうと思われる。しかしもとのように阿弥陀仏にお目にかかることができて、以前と変わることがないということは、まことにすばらしく有り難いことである。これはすなわち、念仏一行によって衆生を救おうということが、かの仏の本願であるからである。私たちと同じ心で往生を願う人は、専修念仏の一門から入るべきである。

（1）非滅現滅。仏は実際に滅度に入るわけではないが、滅度の姿を現していること。

（2）龍神八部。龍神をはじめとする仏法守護の八部衆のこと。天・龍・夜叉・阿修羅・伽楼羅・乾闥婆・緊那羅・摩睺羅伽。（石田瑞麿『仏教語大辞典』一一〇七頁）。

（3）五十二類。『涅槃経』序品に説く、釈尊入滅の際に集まって嘆き悲しんだという、仏弟子以下、鳥・獣・虫・魚から毒蛇に至る五十二種類の生き物。一切の衆生を指して言う言葉。（石田瑞麿、前掲書）。

（4）娑羅林。釈尊が涅槃に入る時に、その根元に横たわられた娑羅樹八本のこと。
（5）抜提河。Ajitavatī河の音写。釈尊はこの河の西側で涅槃に入られた。
（6）八功如意の水。八つの功徳（特質）を持つ、極楽浄土にある水。八つの功徳とは、『称讃浄土経』によると、清浄、清冷、甘美、軽軟、潤沢、安和、除患、増益。（石田瑞麿『仏教語大辞典』）。
（7）見者無厭。親鸞は「ミタテマツルモノイトフコトナシトナリ」という註をつけている。仏のお姿を見る者には、仏を厭う気持ちが起こらないこと。
（8）万徳円満。すべての徳を完全に具えておられること。
（9）四弁無窮。四弁とは四無礙解ともいい、仏・菩薩に具わる四種の自由な遮られない智慧と弁才。言葉や文章に精通した法無礙解、意味内容に精通した義無礙解、方言に精通した辞無礙解、滞ることなく正しく述べ、相手の願いにかなう辯無礙解の四つ。

康元元丁巳（一二五六年）正月二日これを書く。
康元二年三月五日これを書写す。

愚禿親鸞八十五歳

西方指南抄　上（末）

（一）（続）法然聖人御説法の事

（一―一三）法然聖人説法　『大経』

次に『双巻無量寿経』について言うと、浄土三部経の中ではこの経を根本とする。その理由は、一切の諸善は願を根本とするからである。そしてこの経は、弥陀如来の因位の願を次のように説いている。

久遠の無量無央数劫の昔、仏がおられた。世自在王仏というお名前であった。そのとき一人の国王があった。仏の説法を聞いて、無上道心をおこして、国を棄て王位を捐てて、出家して沙門となった。法蔵比丘と名乗られた。世自在王仏のところに行き、右に三回めぐり、両膝を床に着け合掌して、仏を讃嘆申しあげて「私は浄土を建立して衆生を救おうと思います。どうか、私のために教えをお説きください」と言った。その時世自在王仏は法蔵比丘のために、二百一十億の諸仏の浄土の人・天の善悪、国土の短所と長所を説き、さらにそれらの国土を目の前に現してそれを法蔵比丘に見せた。法蔵比丘は仏の説法を聞き、また極めて勝れた諸仏の国土を悉く見終わって後、五劫のあいだ思惟して、二百一十億の浄土の中より善いところを取り、悪いところを捨てて、四十八の誓願を打ち建てた。この二百一十億の諸仏の国のうち、善悪の中では悪を捨てて善を取り、短所と長所のうちから短所を捨てて長所を取った。このように取捨し選択してこの四十八願を起こされたので、この経の同本異訳の『大阿弥陀経』にはこの願を選択の願と説かれている。その選択の内容をおおよそ解説しよう。

まず始めの無三悪趣の願（三悪道がない＝第一願）は、諸仏の国土の中で地獄・餓鬼・畜生の三悪道がある国土を選び捨てて、三悪道のない国土を選び取って自分の願とされた。次に不更悪趣の願（再び三悪道にもどらない＝第二願）は、諸仏の国の中に、たとえ三悪道がなくても、その国の衆生がまた他国の三悪道に堕ちるようなことがあれば、その国を選び捨てて、全く三悪道には更らない国を選び取って、自分の願とした。次に悉皆金色の願（その国の衆生はすべて金色に輝いている＝第三願）、次に無有好醜の願（その国の衆生の間には美醜の区別がない＝第四願）。これら一々の願については皆、いま言ったことと同様である。

第十八の念仏往生の願について言うと、かの二百一十億の諸仏の国土の中には、あるいは布施をもって往生の行とする国がある。あるいは持戒（戒を持つ）および禅定・智慧などを往生の行としている国がある。さらには発菩提心（悟りを開きたいと願う心を発す）・持経（経典を読んでよく持つ）・持呪（真言や陀羅尼を唱え持つ）などを往生の行にしている国もある。また孝養父母（父母に孝養を尽くす）・奉事師長（師や目上の人によく仕える）などの行をもってそれぞれ往生の行とする国がある。あるいはまた、専らその国の教主の名号を称念することを往生の行とする国もある。そこでかの法蔵比丘は、余行（念仏以外の行）を往生の行とする国を選び捨て、ただ名号を称念することを往生の行とする国を選び取って、自分の国土の往生の行もこのようにしようと願って第十八願を建てられた。次に来迎引接の願（往生浄土を願う人の臨終時に来迎してその人を救い取る＝第十九願）、次に係念定生の願（一心に浄土に念を係けることによって往生を確実にする＝第二十願）も皆同様に選び取って願を建てられたのである。

およそ始めの無三悪趣の願（第一願）から終わりの得三法忍の願（第四十八願）[1]に至るまで、思惟し選択するのに五劫の時間がかかった。法蔵菩薩はこのように四十八願を選び取った後に、世自在王仏のみもとに参って願の一つ一つについて説いた。その四十八願を説き終わって後、また偈を作って「私は世を超えた願を建てました。必ず最高の悟りを得ようと思います。もしこれらの願が成就しなければ、誓って私は仏にはなりません。（中略）この四十八の願が成就すれば、大千世界のすべてが喜びに震え、空におられる天人たちは、すばらしく美しい華を雨のように降らせるでしょう」と誓った。法蔵比丘がこの偈を説き終わると、すぐに大地全体が六種に震動して、天から美しい華が比丘の上に降り注ぎ、音楽が自然に空に聞こえ、また空から法蔵を讃えて「あなたは間違いなく必ず最高の悟りを得るであろう」という声が聞こえた。であるから、かの法蔵比丘の四十八願は一つ一つすべて成就して、法蔵比丘が必ず仏になるということは、法蔵比丘が始めに願を建てた時に、世自在王仏の御前で、諸魔・龍神八部・一切大衆の中で、表明されたことである。であるから、かの世自在王仏の説かれた法として、法蔵菩薩の四十八願経として受持され読誦されてきた。今は釈迦の説かれた法として伝えられているけれども、阿弥陀仏の願力をあおいでその浄土に生まれたいと願う者は、この法蔵菩薩の四十八願の法門に入るのである。道綽禅師や善導和尚なども、この法蔵菩薩の四十八願の法門に入られた。

華厳宗の人は『華厳経』を持ち（所依の経として仰ぎ）、あるいは三論宗の人は『般若経』等を持ち、あるいは法相宗の人は『瑜伽師地論』・『成唯識論』、あるいは天台宗の人は『法華経』、あるいは善无畏[2]は『大日経』、金剛智[3]は『金剛頂経』を持つ。このようにそれぞれの宗において、依って立つ経や論書を学び、それに従って修行している。

いま浄土宗を拠り所とする人は、この経（大無量寿経）によって四十八願の法門を持つべきである。この経を持つというのは、すなわち弥陀の本願を持つことである。弥陀の本願というのは、法蔵菩薩の四十八願の法門である。その四十八願の中でも、第十八の念仏往生の願を本体とする。それ故に善導は「阿弥陀仏の広大な誓いには四十八の法門があるが、ただ念仏往生を説く第十八だけが最も衆生に親しい願である」（法事讃巻上）と言った。念仏往生ということは、すべてこの本願から起こったものである。であるから、『観経』・『阿弥陀経』に説かれている念仏往生の心も、また他の経の中に説かれている念仏の教えも、皆『大無量寿経』に説かれている本願を根本としている。何をもってこれを知るかというと、『観経』に説かれている光明摂取（光明による弥陀の衆生済度）を善導が釈されて、「ただ念仏する者だけが弥陀の光明によって救い取られる。何よりも本願が最も強力であると知らなければならない」（礼讃）と言っている。この釈の心は、念仏往生が本願で誓われているから、光明も衆生を救い取る、ということである。また同じく『観経』の下品上生の段に、聞経（経の名を聞く）と称仏（仏の名号を称える）が並んで説かれているけれども、来迎された化仏がお讃めになるのは、ただ称仏の功徳だけであって、聞経はお讃めにならない。善導はこれを解説して、「仏の本願を考えてみると、その心は、ただ称名念仏によって正念を得て往生することだけを勧めておられる。念仏による往生が速いことは、他の様々な自力の行とは比較にならない」（散善義）と言っている。称名念仏による往生が本願であるから、仏名を称えることを讃められたのである。また同じ『観経』の付嘱(4)の文を釈して、「仏の本願を考えてみると、そのお心は、衆生にただ一向に専ら弥陀の名号を称えさせることにある」と言っている。弥陀の名号を称えて往生することが本願であるから、釈尊も称名念仏を後世に伝えるよう阿難に付嘱されたのだと理解される。

また『阿弥陀経』に説かれている一日七日の念仏を善導は讃められて、「ただ弥陀の弘誓(ぐぜい)(5)の功徳が重いが故に、凡夫が念仏すればたちまち往生することができる」(法事讃巻下)と言っている。これまた、一日七日の念仏が弥陀の本願に順ずるから、念ずれば往生するのである。さらに『大経』の中においても、三輩(三種の行者)以下の諸文は、みな本願に基づいている。およそこの三部経に限らず、一切諸経の中に明かされている念仏往生は、皆この経(大経)の本願に順じて説かれていることを知らなければならない。

そもそも法蔵菩薩がどうして他の行を捨てて、ただ称名念仏の一行をもって本願とされたかと言うと、これには二つの理由がある。一つには、念仏には特に勝れた功徳があるからである。二つには、念仏は修しやすいので、すべての人に平等に行き渡るからである。

始めに、「念仏には特に勝れた功徳がある」と言ったのは、かの仏が因位の法蔵菩薩の時から果位の阿弥陀仏になられるまでの間に得られた一般的な徳も特別な徳も、すべて名号に収められているから、一回でも南無阿弥陀仏と称えると、大きな功徳を得るからである。だから『西方要決』に「諸仏は願と行の結果として名号を得る。衆生はただよくその名号を念ずると、それがその仏のすべての徳を具えるが故に、大善をいただいて必ず往生を得る」と言った。またこの経(無量寿経)に、「一念の念仏に最高の功徳がある」と讃めている。それ故、念仏が特別に勝れた善根であるために、念仏を選んで本願とされたのである。

二つには、「念仏は修しやすい」と言ったのは、南無阿弥陀仏と称えることは、どのような愚かな者でも、幼い者でも老年の者でも、容易に行えるから、平等の慈悲の御心によって念仏を本願の行とされたのである。もし布施をもって本願とすれば、貧しさにうちひしがれている者たちは、きっと往生の望みを捨てなければならないだろう。もし持戒をもって本願とすれば、破戒・無戒の者たちはまた往生の望みを捨てなければならないだろう。もし禅定をもって本願とすれば、心が散乱して行動が疎雑な者たちは往生を望むことさえできない。もし智慧をもって本願とすれば、愚かで智慧のめぐりの悪い者は往生できない。他の諸行についてもこれと同様である。しかし布施・持戒などの諸行に堪えられる者は極めて少なく、困窮する者・戒を破る者・心の散乱した者・愚かな者は甚だ多い。であるから、これらの諸行をもって本願とされていたら、往生できる者は少なく、往生できない者は多いであろう。このために法蔵菩薩はすべての衆生を平等に救いたいという慈悲の心を起こされ、あまねく一切を救うために、かの諸行を以ては往生の本願とせず、ただ称名念仏の一行を以てその本願とされたのである。であるから、法照禅師は、

未来の世では、悪を犯した衆生でも、
西方浄土におられる弥陀の名号を称えれば、
仏の本願によって生死を離れることができる。
まことの信心ゆえに、極楽に生まれるであろう。

と仰った。さらに同師は、

かの仏は因位の時、

広大な誓いを立てられた。
名号を聞いてわが名を称えれば、
すべて迎えて救い取ってやろう。
貧者と富者を区別せず、
無智の者と勝智の者を区別せず、
多聞の者や浄戒の者を選好せず、
破戒の者や罪深き者を選捨せず、
ただ回心し、多く念仏させて、
瓦礫のような者でも黄金に変えてやろう。（五会法事讃巻本）

とも言っている。

このように誓願を建てたとしても、その願が成就しなければ、衆生はそれをたのむことはできない。しかるにかの法蔵菩薩の願はすべて成就していて、法蔵菩薩はすでに仏におなりになっている。すなわち、念仏往生の願（第十八願）の成就文[6]には「すべての衆生は、阿弥陀仏の名号を聞いて信じ喜び、わずか一回でも仏を念じて、まことの心でその功徳を回向して仏の浄土に生まれたいと願えば、直ちに往生すべき身となって、不退転の位につく」とある。

次に『無量寿経』では、三輩の往生についてはみな「一向専念無量寿仏」（一向に専ら無量寿仏を念ずる）と言っている。三輩段には、菩提心などの諸善も説かれているが、上に述べた本願をよく考えると、その心は一向に専ら阿弥陀仏の名号を称えることである。たとえば善導は『観経疏』に、「『観経』では始めからずっと定善散善両門の利益を説いているけれども、仏の本願をよく考えると、その心は、衆生をして一向に専ら弥陀仏の御名を称えさせることにある」と言っている。「仏の本願をよく考えると」とは、この三輩の中で説かれている「一向専念」を指すのである。

次に『大経』下巻の流通分(るづうぶん)(7)に至って、「阿弥陀仏の名号を聞くことができて、躍り上がるほど喜び、念仏を一回までもする人は、大きな利益を得る、と心得なさい。すなわち、最高の功徳をすべていただくのである」と言っている。善導の御心によれば「上(かみ)は一生涯、下(しも)は一念の間でも念仏すれば、最高の功徳をいただくことになる」ということである。他の師によれば、ただ少を挙げて多を代表させていると言っている。

次に「未来の世に、すべての経と仏道が滅んでしまっても、私は慈悲によって衆生を哀れんで、特にこの経を百年間残しておこう。衆生の中で、この経に出遇う者は皆、望み通りに悟りを得るであろう」と言っている。今の末法の時代が一万年続いた後、三宝が滅尽する法滅の時代の衆生を思って、一向に念仏して往生する道を明かしているのである。そのわけは、菩提心を説く諸経がみな滅んでしまえば、何によって菩提心による修行の方法を知ることができようか。大乗戒・小乗戒を説く経が皆なくなってしまえば、何によって二百五十戒をも五十八戒をも持(たも)つことができようか。仏像もなくなっているであろうから、仏像を造ったり、仏塔を建てるというような善根もなくなるであろう。等々。経を読んだり真言・陀羅尼を唱えることも、同様に不可能になる。そのような時になってもなお、一念の念仏をすると往生する、と『大経』が説いている。すなわち善導は「その時に一念の念仏を聞くと、みな必ず阿弥陀仏の浄土に往生することができる」と言っている。そのことに基づいて今を考えると、念仏の行者は、他の善根を塵一つも持たなくても、必ず間違いなく往生することができるのである。であるから、菩提心を起こさなければどうして往生できようか、戒を持たなければどうして往生できようか、智慧がなければどうして往生できようか、妄念を鎮めなければどうして往生できようか、などと申す人々は、この経の心を理解していない。懐感禅師がこの文を解説して「戒を説くことも戒を受けることも、どちらも完全にはできない。非常に深い大乗経典も理解できない。これらはすでに効力を失っているからである。ただ念仏だけが悟りやすく、知識の浅い凡愚でも、なおよく学び修めて往生の利益を得ることができる」（群疑論巻三）と言っている。まことに戒についての教えが滅んでしまっておれば、戒を持つこともできない。すべての大乗経典が効力を失っているなら、菩提心をおこすことも大乗経典を読誦することも不可能だということは明らかである。懐感禅師はすでに今の衆生を「知識の浅い凡愚」と呼んでいる。ここでは「智慧」という言葉を使っていないことに気がつかなければならない。このような者たちが、ただ称名念仏の一行だけを修して、一声までの念仏によって往生することができる、と懐感禅師は言っている。これが弥陀の本願であるからである。すなわちかの大悲本願は遠く一切を救うという意味である。

（1） 得三法忍の願（第四十八願）。三法忍とは、音響忍（諸仏・菩薩の説法を聞いて信解し、さらに驚き恐れることなく修行して安住する位）・柔順忍（素直に真理に随順し悟る位）・無生法忍（真理にかなない、形相を超えて不生不滅の真実をありのままに悟る位）。法蔵菩薩の四十八番目の願は、諸仏の国の菩薩たちが、阿弥陀仏の名号を聞くと、三法忍を得ることを誓っている。

（2）善无威。真言密教伝持八祖の第六。マガダ国の王族で、王舎城の那爛陀寺で密教を学んだ後、唐の長安に来住し、『大日経』『蘇悉地羯羅経』などの密教経典を訳出した。金剛智とともに、中国密教の基礎を確立した。（大橋俊雄『法然全集』第二巻、三二九頁参照）。

（3）金剛智。真言密教八祖の第五。南インドの人。初め那爛陀寺で出家。『瑜伽論』『唯識論』『金剛頂瑜伽経』などを学んだ後、海路中国に到り、長安で翻経に従事した。『金剛頂経』などを訳出し、善無畏とともに中国に密教を広めた。（大橋俊雄、前掲書、同頁）。

（4）『観経』の付嘱の文。「汝よくこの語を持て。この語を持てといふは、すなはちこれ無量寿仏の名を持てとなり」。

（5）弘誓。すべてを救うという広大な誓い。

（6）念仏往生の願（第十八願）の成就文。法然は「わずか一回でも仏を念じて」を「一回の念仏」と理解したが、親鸞は「一念の信心」と解釈した。より詳しくは、補注(6)参照。

（7）流通分。経の最後にあって、釈尊がその経の後世への伝道を弟子の一人に依嘱する部分のこと。

（一―一四）法然聖人説法『阿弥陀経』

次に『阿弥陀経』には、「少善根の福徳因縁（往生の行）によっては阿弥陀仏の浄土に往生することはできない。舎利弗よ、善男子・善女人は阿弥陀仏の教えを聞いて、一日ないし七日の間、一心に名号を称えよ」とある。善導和尚はこれを釈して「縁に随って自力の善行を行っても、おそらく往生はできないであろう。それ故に釈迦如来は、要の法を選ばれたのである」と言った。ここで分かることは、自力の善行は少善根と名づけ、念仏を多善根という。すなわち『阿弥陀経』は、少善根である雑善を捨てて、専ら多善根の念仏を説いている。近頃中国から渡ってきた『龍舒浄土文』という文がある。それには『阿弥陀経』の脱文として二十一字の文を載せている。「一心不乱」のあとに、「専持名号以称名故諸罪消滅即是多善根福徳因縁」（専ら名号を持ち名号を称えるが故に、すべての罪が滅せられる。すなわち、念仏が多善根の往生行なのである）と言っている。そしてこの文を示して「今の世に伝わる『阿弥陀経』にはこの二十一字が脱落している」と言っている。この脱文がないとしても、ただ経の意味を取って思うに、多善根と少善根の意味が分かるけれども、正面から念仏を指して多善根と言っているこの文は、まことに大切である。

次に『阿弥陀経』は、六方如来による証誠を説いている。ただかの六方諸仏は、この経のみに限って証誠しておられるように見えるが、実際はこの経に限らず、すべてに渡って念仏往生の真実を証誠しておられるのである。しかしながら、『無量寿経』を証誠しようとすれば、その経は念仏往生の本願を説いているとは言え、三輩段の中に菩提心などの行があるから、念仏の一行だけの真実を証誠することはできない。『観経』を証誠しようとすれば、その経は釈尊が念仏を選んで後世に伝えるよう阿難に付嘱しているとは言え、まずは定散の諸行を説いているから、これも念仏の一行に限ってその真実を証誠することはできない。そういうわけで、ただ一向に専ら念仏を説いている『阿弥陀経』の真実を証誠されるのである。ただ「証誠」の言葉がこの経にあることは確かであるが、「証誠」の意義は『無量寿経』と『観経』に通じている。『無量寿経』や『観経』だけではない。念仏往生の旨を説く経には、すべて六方如来の証誠があると理解すべきである。であるから、天台の『十疑論』に、

『阿弥陀経』・『大無量寿経』・『皷音声陀羅尼経』などに「釈迦仏が経を説かれた時に、十方世界におられるガンジス河の砂の数ほどの多くの諸仏が、それぞれその舌相を広げ、あまねく三千世界をその舌で覆って、〈一切の衆生は阿弥陀仏の本願を念ずれば、大悲の願力の故に、必ず極楽世界に往生することができる〉と言った」と説かれている。乃至

（第四七日　阿弥陀仏。『観無量寿経』）

（一─一五）法然聖人説法　惣別二功徳

仏の功徳には、惣と別がある。[1] まず惣とは、四種の智慧・三種の仏身などの功徳である。一切の諸仏は内証（心の中の悟り）を等しく具えており一仏として異なったところがないから、諸経の中に仏の功徳を説くに当たっても特に内証の功徳を説くことはない。ただ特別に外用（外に現れる働き）の功徳を説く。しかしながら、善根成就のために、三身の功徳を形に従って説くことにする。

まず法身とは、姿形を超えた非常に深い真理である。一切の存在は、究極的には空であり寂静であるから法身という。

次に報身とは、法身と別物ではない。法身が形を超えた不可思議の真理であることを解り知る智慧を報身と名づける。所知（知る対象）を法身と名づけ、能知（知る主体）[2] を報身と名づける。この法身・報身の功徳は法界にあまねく及んでいる。菩薩・声聞・縁覚の上にも、六道・四生[3]の者の上にも、及ばないところはない。

次に応身とは、衆生を救い取るために無限の法界の中で有限の身を現し、身口意の努力を超越した自然

の世界の中で、努力の大切さを現された姿である。およそ釈尊の功徳については、仏と等しい悟りの境地に達した等覚の清らかな菩薩でさえ知ることができない。まして智慧に劣る凡夫においてはなおさらである。釈尊在世の時に、応持菩薩という菩薩がおられたが、釈尊が現されたお姿が一丈六尺であるのを見て、仏の身長はそれほどでもない、と思って、竹の杖で仏の身長を計ろうとすると、その竹よりもなお高くあられたので、また竹を接いで計ろうとしたが、ついにはその限度を知ることができなかった。その竹を捨てて突き立てたところに、竹が生を得て竹林となった。これを杖林山と名づけた。玄奘三蔵が天竺に渡った時、その杖林山をご覧になった。また目連尊者が神通力を得て、釈尊のお声がとどく限界を計ろうとして、まず小千世界をめぐる鉄囲山に至ったが、なお仏の御前にいるのと変わらなかった。次に中千世界からさらに大千世界をめぐる鉄囲山に至って釈尊のお声を聞こうとすると、依然として仏前にいるのと変わりがなかった。このようにして西方に、九十九のガンジス川の砂の数ほどの仏の世界を過ぎて、ついに光明幡世界に着いた。その国の人は極めて背が高く体が大きい。鉢のふちにとりついている目連を箸ではさんで持ち上げ、何かの虫であろうと思っていた。その時、その国の教主の仏（光明王仏）が「ここから東方へ無量恒河沙（むりょうごうがしゃ）(4)の世界を過ぎて行くと、娑婆世界という世界がある。その国に仏がおられて釈迦牟尼とお呼び申し上げる。この者はその仏の御弟子として悟りを開いた大阿羅漢である。粗末に扱ってはならない」と仰った。これを聞いてその人は、すぐに目連に敬意を表した。その時、かの国の教主が目連に「小乗の聖者の神足通は、三千大千世界を超えることはない。ところがお前は師である釈迦如来の神足通によってこの世界まで来た。自力でもとの世界に還ることは不可能である。再び釈迦如来に帰命してその神力を受けて本国に還りなさい」と仰った。目連はこれを承って、直ちに娑婆世界に向かってはるかに釈迦牟尼を礼拝した。その仏力によって本国に還ることができた、ということである。仏の功徳が私たちの計らいを超えていることはこの通りである。釈迦一仏に限らず、一切の諸仏もこれと同じである。

次に阿弥陀如来に特有の徳とは、かの仏の身体は八万四千の相（大きな特徴）を持っておられる。その中でも白毫(5)の一相が特に勝れている。であるから『観経』に「無量寿仏を観察しようとする者は、一つの相好から入れ。ただ眉間の白毫をはっきりと観ずるようにせよ。眉間の白毫を見れば、八万四千の相好は自然に見ることができるであろう」と言っている。善導は「頭上の螺髪から足の下の千輻輪に至るまで、一々の相好を上から下へ、下から上へ十六回観察したあと、心を眉間の白毫に集中し、雑念を持たないようにせよ」（観念法門意）と言っている。それ故、しばらく白毫一相の功徳を讃嘆申し上げることにする。

恵心僧都のお心によって白毫の功徳を讃嘆すると、五点がある。すなわち白毫の業因（白毫ができるに至った善い行為）、白毫の相貌（白毫の姿形）、白毫の作用（白毫の働き）、白毫の体性（白毫の性質）、白毫の利益（白毫が他に対して与える恵み）である。

初めに白毫の業因とは、『大集経』（巻六意）に「他者の徳を隠すことなく、その徳を称揚する功徳によって白毫の相を得られた」とある。また『戒経』（優婆塞戒経巻一意）には、「不妄語（嘘をつかない）の功徳が白毫となった」とある。ただしこれらは一応、釈尊が機（教えを受ける者）に合わせて説かれたことである。また『観仏三昧経』（巻二意）に「法蔵菩薩が無量劫の間、身心ともに精進して、昼も夜も怠ることなく、頭についた火を払うごとくに、六度(6)のすべての行により大慈大悲等の諸功徳を修めて、白毫の相を得られた」と言っている。であるから、阿弥陀仏が法蔵比丘であった時に、兆載永劫の間、六度や四摂(7)など、無量無辺の勝れた行を修めて獲得された数え切れない功徳のうちのほんの少しばかりを集めて、眉間の白毫として顕されたのである。これは真実であろう。

次に白毫の相貌とは、『観経』に「眉間の白毫は右にゆるやかにめぐり、その大きさはちょうど須弥山を五つ合わせたほどである」と言っている。「右にゆるやかにめぐり」とは、白毫の姿を表している。たとえば白い糸を巻いたようなものである。「須弥山を五つ合わせたほど」とは、白毫の勢いを表している。あるいはまた、巻いている状態は頗梨珠(8)のようである。その柔らかなことは都羅綿(9)のようである。その白さは珂雪（真っ白な雪）のようである。以上が阿弥陀仏のお姿である。譬えを言わなければそのお姿は表現できない。それ故、譬えを挙げて白毫の有り様を示した。龍樹菩薩も阿弥陀仏を讃嘆して「面善円浄如満月」（慈悲に満ちたお顔は満月のように円かで清らかである）と仰っているが、これは阿弥陀如来のお顔が清らかで慈悲に満ちている様子を満月に譬えておられるのである。またこの白毫一相の中に、八万四千の相好が含まれている。相と好とは大きな特徴と小さな特徴を言っている。大きな善き特徴を相と言い、小さな善き特徴を好と言う。一々の好に八万四千の光明がある。これをもって恵心僧都（往生要集巻中本）がその白毫の一相から放たれる光明について、「七百五倶胝六百万の光明がある」と言っている。

次に白毫の作用とは、白毫から放たれる光明の中に様々なことを現ずることである。恵心僧都は『往生要集』の中で「その光明が現ずる世界は、十法界(10)を出ることはない」と言っている。すなわち仏身を現して救うべき者に対しては、その白毫の光を現して仏身となる。その仏身には二種類ある。一つは始終応同の身、もう一つは無而欻有の身である。始終応同とは、釈迦如来のように人生に次々と八相(11)を現しながら成仏することである。無而欻有とは受胎や出産の様相も現ぜず、出家・成道の相も現ぜず、ただ忽然として仏身を現すことである。あるいはまた菩薩の身を現ずる者もある。普賢・文殊・観音・勢至・地蔵などの人々は菩薩である。これらの大菩薩も、阿弥陀仏の白毫の力が現したものである。またあるいは辟支(びゃくし)仏(ぶつ)[12]の姿で救うべき者には、その白毫の光が辟支仏を現ずる。辟支仏とは、前仏（釈尊）の法がすでに滅び、後仏（弥勒仏）がまだ現れられない中間の時に現れて、仏の教えによってではなく、ただ花が飛び葉が落ちる様を見て独りで悟りを開かれた方々である。それ故、独覚とお呼びする。この独覚に二種類ある。一つは麟喩独覚(りんゆどっかく)[13]、二つには部行独覚(ぶぎょうどっかく)[14]である。あるいはまた声聞の身を現す時もある。釈迦仏の弟子である舎利弗・目連・迦葉・阿難などのような方は声聞である。はっきりとは知らないが、阿弥陀如来の白毫の光が、釈迦仏の教化を助けるためにこれら大声聞を現じられたのであろう。あるいは梵天の身を現じ、あるいは帝釈天の身を現じ、あるいは国王・大臣の身を現じ、あるいは長者・居士（在家の信者）の身を現ず。およそ比丘・比丘尼・優婆塞・優婆夷・天・龍・夜叉・乾闥婆(けんだつば)[15]・緊那羅(きんなら)[16]等々、さらには地獄・餓鬼・畜生・修羅、これら一切の者は、時宜に相応して現れるのである。こうしたことから考えると、六道・四生のすべての凡夫・聖者は、弥陀如来の白毫の光から現れたものではなかろうか、と疑われる。このことは、ただ白毫一相に限らず、阿弥陀仏の身の八万四千の相の一つ一つからも同様に、前述のような様々な身が現れる。であるから、法界の中には、ただ弥陀一仏のみが遍在しておられるのである。

　次に白毫の体性（本来の性質）とは、『中論』（止観巻上所引）に「因縁によって生ずる存在について、私は、これらはすべて空だと説く。また仮名(けみょう)（仮に名前を取って存在するもの）と名づける。またこれが中道の意味である」と言う。白毫は因縁によって生じたものであるから、その本性は空であるとともに仮であり、中道でもある。すなわち、白毫は空であるから、因でもなく果でもなく、究極的には寂静であり、実体も作用もない。また白毫が仮に存在しているものであるから、因であり果であり、体を持ち作用があり、その中に無限の徳を具えている。白毫は、過去・現在・未来の仏の教えをすべて満足し、欠けるものがない。であるから、一切の諸仏・菩薩も、一切の声聞・縁覚も、一切の地獄・餓鬼・畜生も、一切の阿修羅・人・天も、およそ百界・千界・三千世界はすべてこの弥陀の白毫一つの中に収まるのである。すなわち白毫は中道の姿であるから、有でもなく、無でもなく、すべてを具えているわけでもなく、具えていないわけでもない。因を離れ果を離れているが、因果を離れているわけでもない。実体もなく、作用もなく、また実体と作用がないわけではない。たとえば如意珠（意のままに宝を出す珠）のようなもので、この白毫の一相だけが空・仮・中道を具えているわけではない。他の一々の相も皆この三諦（空・仮・中道）を具えている。またこの弥陀一仏だけが三諦の功徳を円かに具えているわけではない。他の一切の仏にもこれらがことごとく具わり、三諦が円かに融け合い、遮るものがない。また一切の諸菩薩も皆ことごとくこれらを具えている。また菩薩だけではなく、声聞・縁覚もまた同様である。さらには六道・四生の上にも、一つ一つにみな三諦の深い道理が具わっている。およそこの三諦の道理については、迷える凡夫も悟りを得た聖者も互いに具えており、両者ともに迷いも悟りも具えている。従って、阿鼻地獄の依正（住民と環境）は、全く阿弥陀仏のお心一つの中にあり、毘盧遮那仏のお身体と浄土は凡夫の一念を越えることがない。これは天台宗の教義である。

次に白毫の利益とは、『観仏三昧経』（巻二意）に、「白毫の相を観ずる者は、九十六億那由他恒河沙微塵数劫の生死の罪を除くことができる」と言う。これは言いかえると、三諦を観ずることがなくても、ただ白毫の相を観ずるだけで、これほどの多劫の罪が滅せられるということである。あるいは白糸を巻き並べてこれを見るだけでも、自分の業罪が滅せられる、と言われる。これは恵心僧都のお心であるとともに、経にもそのように説かれている。白毫の功徳を大まかに言うと、いま言ったとおりである。

仏は螺髪と玉毫の二相によって人と異なることを顕しておられる。ただし人の中にも因縁によって、現世の身で肉髻（にくけい）[17]の相を持っていることがある。天台宗の祖師南岳大師[18]が法華三昧を行ぜられたとき、普賢菩薩が現れてその頭の頂点をなでると、そこに肉髻を生じたと言われている。沙門遵式（じゅんしき）[19]が始めて般舟三昧（はんじゅざんまい）[20]を行じた時、四十九日の間常行を続けて、坐ることも寝ることもしなかった。その間に病気になり、たくさんの血を吐いた。しかしそれでも、死が来ればそれまでとして、行を途中で止めようとはしなかった。道場の四隅に一つずつ灰を入れた鉢を置き、そこに血を吐き入れ、行道することを止めなかった。その時に、夢の如く幻の如く白衣の観音が現れ、指をのばして遵式の口の中から虫を数十匹取り出された。また指の先から甘露を出して遵式の口にそそがれた。遵式はたちまち病気が治り、身心が清浄になり、頭の頂上から一寸あまりの肉髻を生じ、その声は以前と同じく高かった。その遵式は、この逆修法会の間毎日用いている『懺願儀』の作者である。人についてもこのような不可思議な事があったことが伝えられているが、これは特別のことである。いつも起こることではない。

螺髪・玉毫のほかは、人も六根（眼・耳・鼻・舌・身・意）を具え、仏も六根を具えておられる。その姿形はみな同様である。ただし姿形には勝劣・好醜の相違があるが、その相違は見まがうことがないほど大きい。およそ仏の力と働きは私たちの思議の及ばないことではあるが、釈迦如来が『法華経』の本門・迹門（しゃくもん）[21]を説き終わって後、身の丈は一丈六尺であるのに、三千大千世界の中に充満したすべての諸菩薩の頭の頂きを一人一人、三度もなでられたことは、心も言葉も及ばない不可思議なことである。一丈六尺の釈尊でさえそうであるから、まして六十万億那由他恒河沙由旬の身の丈を持たれる阿弥陀如来においてはどうであろうか。仏の功徳は大体において以上の通りである。

(1) 惣と別。すべての仏に共通の功徳と、一人一人の仏に具わっている特別な功徳。

(2) 菩薩・声聞・縁覚。補注(7)を参照。

(3) 六道・四生。補注(8)を参照。

(4) 無量恒河沙。ガンジス川の砂の数を無量倍した数。

(5) 白毫。仏の眉間にある白い巻き毛。仏の三十二相の一つ。

(6) 六度。菩薩が仏果を得るために行う六種類の修行、六波羅蜜。布施・持戒・忍辱・精進・禅定・智慧。

(7) 四摂。四摂法（ししょうぼう）のこと。摂法とは、菩薩が人々に利益を与える四つの方法。人々を仏道に引き入れる四種の行為で、布施（物を施す財施、教えを施す法施）、愛語（優しい言葉をかける）、利行（利益を与えるさまざまな行為）、同事（他の人と同じ立場に身をおいて苦楽を共にする）。（石田瑞麿『仏教語大辞典』より）。

(8) 頗梨珠。水晶のこと。紫・白・紅・璧の四種がある。（石田瑞麿『仏教語大辞典』）。

(9) 都羅綿。都羅は梵 tūla の音写。都羅の木の綿。綿糸にウサギの毛をまじえて織った織物。

(10) 十法界。天台宗で、地獄・餓鬼・畜生・修羅・人・天の六道と、声聞・縁覚・菩薩・仏の四聖の十の世界をいう。（石田瑞麿『仏教語大辞典』四六五頁）。

(11) 八相。釈尊がこの世に現れてから一生涯に示す八つの姿。すなわち(1)兜率天よりこの世に降りる、(2)母胎に宿る、(3)出胎、(4)出家、(5)降魔、(6)成道、(7)転法輪、(8)入涅槃。

（12）辟支仏。仏の教えによらないで自分で真理を悟り、その悟りの内容を人に説くことをしない聖者。独覚とも縁覚とも言う。

（13）驎喩独覚。独覚の一種。常に独りで修行している独覚のこと．麒麟（騏驎）の角が一本であることを喩えとしていう。（石田瑞麿『仏教語大辞典』一一一六頁）。

（14）部行独覚。声聞であった時、仲間と一緒に団体生活をしていて、不還果を得た者が阿羅漢果を得る時、仏から離れて独自で悟りを開いた者をいう。（石田瑞麿、前掲書、九一七頁）。

（15）乾闥婆。梵 gandharva の音写。八部衆の一つ。帝釈天に侍し、伎楽を司る神。地上の宝山中に住み時に忉利天にのぼって楽を奏するといい、酒肉を食わず、香だけを食するとされる。（石田瑞麿、前掲書、二六四頁）。

（16）緊那羅。梵 kimnara の音写。仏法守護の八部衆の一つ。歌舞をもって帝釈天に仕える。形は人頭鳥身あるいは馬首人身などがあり、両手で鼓を打つ姿、笛を吹く姿、琵琶を持って歌舞する姿などにつくる。（石田瑞麿、前掲書、一九九頁）。

（17）肉髻。仏の三十二相の一つ。仏の頭の上に髻（もとどり）のように盛り上がっている部分をいう。

（18）南岳大師。慧思禅師（五一四―五七七）。中国天台宗の第二祖で、湖南省の南岳に十有余年留まって天台教学を広く教宣した。ここから南岳大師という。天台大師智顗の師。（岩本裕『日本仏教語辞典』五五四頁）。

（19）沙門遵式。義通に師事して天台の教法を学び、晩年天竺寺に住して多くの弟子を教化した。一〇三二年没。（大橋俊雄『法然全集』第二巻、三三一頁、補注九九（七））。

（20）般舟三昧。梵語 pratyutpannasamādhi の音写。阿弥陀仏を念じて諸仏の現前を見る三昧。この三味を修して成就した時には一切の諸仏がことごとく行者の前に立つところから諸仏現前三昧とも言う。天台宗では常行三昧という。（石田瑞麿『仏教語大辞典』八八六頁）。

(21) 本門・迹門。『法華経』八観二十八品の内の、前半四巻十四品（序品から安楽行品まで）を迹門といい、後半を本門とする。本門では釈尊が永劫の昔から仏になっていたことを明かし、「南無妙法蓮華経」の七字の「お題目」に対する絶対帰依を説くのに対し、迹門ではすべてが成仏できるとする一乗の教法が説かれる。（岩本裕、前掲書、三九六頁。石田瑞麿、前掲書、四八七頁）。

（一―一六）法然聖人説法　『観経』

次に『観無量寿経』について言うと、この経は定散二門を説いて往生の行業を明かしている。いわゆる三福九品の散善、十三の定善である。まず三福とは、『観経』に「一は孝養父母・奉事師長・慈心不殺・修十善業。二は受持三帰・具足衆戒・不犯威儀。三は発菩提心・深信因果・読誦大乗・勧進行者」(1)とある。「孝養父母」（親孝行）とは、孝養に世間の孝養と、出世の孝養の二つがある。世間の孝養とは、世間に言う『孝経』などに説かれていることである。「身体髪膚は父母に受けたり。あえて毀傷せざるが孝の始めなり」。「身体髪膚は父母に受けたり」とは二つの意味がある。一つには、母が懐妊したあと、自分はどんなものを妊んだのであろうか、人の形を持っていないのではなかろうか、などと様々に不安に思うことであろう。初めて生まれてきたのを見ると、身体髪膚、父母と異なるところがない、欠けたところや損なったところは何もない、まさに申し分ない子であると分かった時に父母の心を悦ばせるが故に、これが孝養の始めだと見なされている。二つには、身は確かに父母の身体と変わらない。しかし身を痛みつけて打ち損じたり、あるいは人と口論して切り突かれたり、あるいは不摂生をして病にかかったりする。このような者は、ただただ父母を傷つけることになる。であるから、この身を全うして、わが身は父母の分身であるから、決して損なったり傷つけたりしまい、と思うことが、孝養の始めかと思うのである。立身行道（身を立て道を行う）は、自分の家の伝統に従ってそれぞれ学び、学び習うべき道を行って、名を揚げ、徳を開いて身を朝廷に仕え、天下に名を挙げて、彼はその人の子だ、と言われて父母の名をも世間に知らせるのが究極の孝養だと言われている。『孝経』には五等の孝養を挙げている。すなわち、天子・諸侯卿・大夫・士・庶人に対する孝養である。また水菽（すいしゅく）[2]の孝養がある。これは薪を採り、水を汲み、菜を摘み、木の実を拾って、朝に夕に父母を養う孝養である。また顔色の孝養がある。これは父母の顔色を大切にうかがい、その趣くところに従って、何事につけても父母の心に違背することがない。孔子（論語）は「色難し[3]」と言っている。これらはみな世間の孝養である。

次に出世の孝養とは、「流転の三界の中にあって、恩愛を断ずることは難しいが、恩を棄て、仏道に入ってこそ、真実の報恩の者である」（諸経要集巻四所引・清信士度人経）と申すように、父の仕事を継がず、母の心にも随わず、水菽の志も立てず、父母の顔色を見ながら父母に仕えることもせず、あるいは山林に交わり、あるいは蘭若（らんにゃ）[4]にも住んで仏道を修行する者は、その時は恩を知らず徳を忘れたように見えるけれども、しばらくの間、迷いの世界の恩徳を棄てて、最後には悟りを以て恩に報いる。これを真実の孝養と言う。だから『心地観経』（巻五）に「もし父母の恩に報いようと思えば、父母に代わって菩薩の誓いを起こし、阿蘭若（あらんにゃ）[5]に入り、昼も夜も常に仏道を修行すべきである」と言っている。また出世の孝養でも、立身行道の意味がある。それは、智慧と修行の徳が内に積もり、名も徳も外に顕れて、三蔵法師・禅師・律師などと呼ばれるようになることである。あるいは、羅什三蔵・玄奘三蔵とも呼ばれ、南岳大師・天台大師とも呼ばれる人がそれである。また出家の孝養は、必ずしも父母を棄てなければならない、とは限らない。すなわち律には、両親に仕える法というのがある。すなわち「父が貧しければ、寺の内に置いて扶養し、母が貧しければ、寺の外に置いて扶養する」云々とある。父母を棄てるにせよ、父母を養うにせよ、人々の心を尊重し、時宜に照らして行うべきである。『梵網経』(巻下)にも「父母と師僧に孝養を尽くし、その意に従うのを戒と名づける」と説いている。釈尊の在世の時、外道の行者で須跋陀(スバッダ)という者がいた。長い年月、仏法に帰依することはなかった。しかし釈尊は阿難尊者を遣わして、スバッダを呼び寄せた。その理由は、阿難が過去五百生の間にスバッダの子として生まれたことがあった。その因縁によって、スバッダは阿難の教化に随うべきであったからである。阿難は仏の言葉を承って、スバッダを誘って一緒に仏のところに来させ、仏の教えを聞かせると、スバッダはたちまち解脱したという因縁があった。この話によって考えてみると、同じ善知識とは言え、父母との間には親子という深い宿縁があるから、教化して仏道に導くことは容易であろう。この逆修法会の施主である大法主禅門中原師秀は、一人の孝行息子である安楽房遵西大徳の勧めによって、深く往生浄土の門に入られたのは、実にすばらしいことだと思う。

「奉事師長(師に仕える)」とは、これにもまた世間の師と出世の師がある。世間の師とは、仁・義・礼・智・信などを教え、さらに専門に随って、歴史・『論語』・『孝経』・『詩経』などの経書、医学・陰陽道などのさまざまな道を教える師のことである。ここで師に対しては、父母に孝養を尽くし奉仕するのと同じようにしなければならない。世間に三人の尊ぶべき人がある。父・師・君である。「人中にあって人に仕える時は、ただ一人に仕えるようにせよ」と言われるのはこれである。

出世の師とは、生死の世界を出て悟りに趣く道を教える師である。あるいは聖道門で悟りを開く道を教える師であったり、あるいは浄土門で往生の道を教える師であったりする。それぞれ宗によって天台・真言・三論・法相などを教える師である。このように生死を離れ、悟りを得て仏になる道を教える師僧の恩は、父母の恩にも勝っている。それ故、道宣律師（浄心誡観巻下）は「父母は七生の恩、師僧は無数劫の恩、愚者はこれを知ることがない」と言っている。沙弥道衍(6)という者がいた。師僧に仕えて往生を遂げた。仏のほかは大阿羅漢に至るまで、具足戒を受けた僧を使用人とはできないので、道衍は一生涯の間具足戒を受けず、常に師に仕え、その功徳によって往生を得たと『伝記』に見えている。また舎利弗の弟子に均提沙弥という者がいた。彼もまた師に仕えるために具足戒を受けなかった。

「慈心不殺（慈悲心を持って生き物を殺さない）」とは、四無量心(7)の中の最初の慈無量である。すなわち最初の一戒を挙げて、あとの三つを含めている。慈無量とは楽を与えることであり、悲無量とは苦を救うことである。喜無量とは他人が苦を除かれ楽を与えられるのを見て喜ぶことであり、捨無量とは喜びも苦しみも超越していることである。

「修十善業」とは、一には不殺生、二には不偸盗、三には不邪淫（道に外れた性関係を持たない）、四には不妄語（嘘をつかない）、五には不綺語（飾り立てた内容のない言葉を話さない）、六には不悪口（悪口を言わない）、七には不両舌（矛盾したことを言って人々を争いに巻き込まない）、八には不貪（貪らない）、九には不瞋（怒らない）、十には不邪見（誤った見解を持たない）である。天台の四教(8)のそれぞれに四無量および十善業があり、また四教に真言宗を加えた五種にもそれぞれ四無量および十善業がある。四無量心と十善業とは姿が互いに似ているが、自己の心の本性を観ずる浅深によってこのような違いがおこる。

「受持三帰」とは、仏・法・僧に帰依することである。これには多くの三帰がある。いわゆる翻邪の三帰（誤った信仰を翻して仏法僧に帰依する）、八戒の三帰[9]（八斎戒を守って仏法僧に帰依する）、さらには声聞戒の三帰[10]、菩薩戒の三帰[11]などである。しかし大きく分けると二つになる。一つは大乗の三帰、二つは小乗の三帰である。

「具足衆戒」とは、天台宗では二つの具足戒がある。すなわち大乗の具足戒と小乗の具足戒である。大乗の具足戒は『梵網経』によって、五十八戒を持つことである。小乗の具足戒は、『四分律』・『五分律』・『十誦律』・『摩訶僧祇律』などの小乗律に随って、比丘は二百五十戒、比丘尼は五百戒を持つことである。

「不犯威儀（威儀を犯さない）」とは、これもまた大乗の威儀と小乗の威儀がある。大乗には八万威儀、小乗には三千威儀がある。

「発菩提心（菩提心をおこす）」とは、諸師において異なった見解がある。天台には四教の菩提心がある。すなわち蔵教・通教・別教・円教がこれである。詳しくは、天台智顗の『摩訶止観』に説かれている。但し、蔵・通二教での菩提心では、往生できない。真言宗には三種の菩提心がある。すなわち行願[12]・勝義[13]・三摩地[14]である。詳しくは『菩提心論』[15]に説かれている。華厳宗にもまた菩提心がある。法蔵の『華厳菩提心章』や元暁の『遊心安楽道』などに説かれている。また善導が解説した菩提心もある。詳しくは『観経疏』に述べられている。およそ「発菩提心」という語句は同じであるが、諸宗の間ではその意味は異なっている。

「深信因果（因果の法を深く信ずる）」とは、また二種類ある。一つは世間の因果であり、二つは出世の因果である。世間の因果とは、すなわち六道の因果である。『正法念経』に説かれている。出世の因果とは、すなわち四聖の因果である。[16]様々な大乗経典・小乗経典に説かれている。この出世の因果について広く諸経を調べてみると、諸宗の間に相違がある。しばらく天台によると、釈尊一代の教えを『華厳経』・『阿含経』・『方等経』・『般若経』・『法華経』・『涅槃経』で代表させる。『華厳経』は仏・菩薩の二種の因果を説き、『阿含経』は声聞・縁覚の二乗の因果を説き、様々な『方等経』は四乗の因果を説き、『般若経』諸経は通教・別教・円教の因果を説き、『法華経』はただ仏の因果を説き、『涅槃経』はまた四乗の因果を説く。しかしこの「深信因果」という言葉の中には、広く釈尊一代の教えが含まれている。この世間・出世間の二種の因果を深く信ずる者は、ほかに行をしなくても往生することができる。この因果の法を疑い謗る者は、往生できないばかりか、地獄・餓鬼・畜生の悪道に堕ちることになる。法相宗の学僧で新羅の国の順璟法師という人は、『華厳経』（普譯巻八）の「初めて発心する時、すなわち正覚を成る」の文意を誹謗したので、たちまち大地が破裂してそのまま地獄に堕ちた。その穴は今でも存在し、それを人々は順璟の奈落迦（深淵）と呼んでいる。これは、仏の説かれた因果の法を信じないで、それを誹謗したために地獄に堕ちたのである。哀しいことである、怖ろしいことである。云々。

「読誦大乗」とは、特別に一つや二つの経に限定せず、広く多くの大乗経典を含んでいる。また経ばかりではなく、大乗の経・律・論を受持し読誦することは往生の業となる。これらがすべて大乗と呼ばれているからである。また顕教も密教も、この大乗という一語に収められている。唐の円照が集めた『貞元新定釈教目録』[17]の中の大乗目録の中に、同じように顕教・密教の諸大乗経典を収めているのはそのためである。読誦の内容を詳しく言うと、受持（経典を受けてそれを持つ）・読（目で読む）・誦（声をあげて読む）・解説（意味を説明する）・書写である。いま五種法師[18]を略して転読（経典を見て読む）と諷誦（経典を声をあげて読む）の二種の法師に他の三種の法師を含めている。十種法師[19]を語る時は、それを披読（経巻などを開いて読む）と諷誦の二種法師に含ませている。すなわち往生を願う人は、顕密の諸大乗経の受持・読誦を修すべきである。

「勧進行者」とは、道綽のお考えによれば、聖道門の行者と浄土門の行者がある。一に聖道門の行者とは、八宗[20]の行者である。浄土門の行者とは、専ら浄土往生を求める者たちである。この二門の行者が人々に勧めるのは往生の行である。であるから、この「勧進行者」という一句に釈尊一代のすべての教えと諸宗の法門が収められている。

三福の行業とは大体右に述べたとおりである。浄土門の人々にとっても一切経は大切である。その理由は、この『観経』の三福の中に説かれている諸行の内容が他の諸経に顕されていなければ、私たちはそれらについてはっきりと知ることができないのではなかろうか。「受持三帰」も、「具足衆戒」も、様々な大乗・小乗の律があってこそ持戒の作法も知ることができる。ただ「持戒」の一句だけではその意味がはっきりしない。「発菩提心」についても、発菩提心のさまざまな行を説いた諸経を開いてこそ知ることができる。「深信因果」についても同じである。「六道の因果」も「四聖の因果」も、釈尊一代の聖教を離れては、理解することができない。「読誦大乗」も同じである。「勧進行者」もまた同じである。であるから、浄土宗の中には大乗・小乗の諸経が皆ことごとく含まれていなければならない。まして解説の師（教えを説く僧）は、諸宗を広く学ぶべきである。

次に定善十三観と九品の散善についてであるが、今日は省略しておこう。時間も経ったし、長く座っていたから。また後日話すことにしよう。云々。

（1）『真宗聖教全書』第四巻の原文では、三福を構成する三群の行業の最初だけ（孝養父母・受持三帰・発菩提心）が述べられているが、ここに続く本文には、三群の内容全てが現れるので、読者の便宜のためにここに全ての項目を書き出した。

（2）水菽の孝養。菽は豆類の総称。豆を食い、水を飲み、貧しく暮らす中でよく父母を孝養する歓びを「菽水之歓」という。（簡野道明『増補　字源』一六五〇頁）。

（3）「色難し」。『論語』「為政第二」に現れる言葉。宮崎市定教授の訳と解釈に従うと、「子夏が孝行の仕方を尋ねた。子曰く、雰囲気が問題なのだ。二人の人が仕事をする時には、若者の方が骨の折れる方に従事し、食事には旨いものを年寄りの方にあげる。それと同じ事をただ親に対してやったというだけで、それが孝行になると思うかね」とある。すなわち、型どおりの親切よりも顔や行為に現れる誠意が大切だ、という意味である。（宮崎市定『現代語訳　論語』二六頁）。

（4）蘭若。次の「阿蘭若」に同じ。

（5）阿蘭若。略して蘭若ともいう。サンスクリットの araṇya（林の意）の音写。人里離れた、仏道修行にふさわしい閑寂の地。転じて、寺院のこと。（石田瑞麿、前掲書、一〇九七頁）。

（6）沙弥。梵 śrāmaṇera の音写。正式の比丘になろうと努める者、という意味。①仏門に入り剃髪して十戒を受けた男子。②日本では特に、剃髪していても妻子のある、在家の生活を行うものをいう場合が多い。（石田瑞麿、前掲書、四九三頁）。

（7）四無量心。無量の衆生に対して、楽を与え、苦を除かせようとして起こす四つの心。すなわち、楽しみを与える慈無量心、苦しみを除く悲無量心、他人の楽を喜ぶ喜無量心、他人に対して愛憎の心がなく平等である捨無量心の四つ。（石田瑞磨、前掲書、四七八頁）。

（8）四教。釈尊一代の教説を四種に整理したもの。一般には天台宗で説く「化法の四教」をいう。すなわち、衆生の性質・能力に応じて教え導いた教理内容から整理した蔵教（小乗教）・通教（三乗に通ずる教え）・別教（菩薩のためのみの教え）・円教（大乗教）の四者をいう。（岩本裕『日本仏教語辞典』三五一頁）。

（9）八戒。八斎戒のこと。在家信者が六斎日（月の八日・十四日・十五日・二十三日・二十九日・三十日）に守る出家の戒。不殺生・不偸盗・不婬・不妄語・不飲酒・化粧や歌舞に接しない・高くゆったりした床で寝ない・昼過ぎに食事しない。

（10）声聞戒。小乗戒のこと。五戒・八戒・十戒・具足戒の別をたて、「四分律」では比丘は二百五十戒、比丘尼は三百四十八戒とする。

（11）菩薩戒。大乗の菩薩が受持する戒。菩薩としての自覚を持って受持するもので、止悪・修善・利他の三つの面を持つ。

（12）行願。一般的には身の行いと心の願いを意味するが、真言宗では、「行願菩提心」を言い、四弘誓願を立てることを指す。すなわち、衆生を救うために必ず仏道を成就することを誓うこと。慈悲の完成を目指す。

（13）勝義。一般的には、極めて勝れていることを意味するが、真言宗では「勝義菩提心」を言い、選りすぐれた真実の悟りを選択して、その立場を取ることを指す。智慧の完成を目指す。

（14）三摩地。三昧と同じ。特に密教では、精神統一の状態を身口意の三業によって実践する時、本尊の悟りの智慧を体得するといい、またそれが悟りの内容だともいう。

(15) 『菩提心論』。竜猛の『金剛頂瑜伽中発阿耨多羅三藐三菩提論』のこと。唐の不空の訳。(大橋俊雄『法然全集』第二巻、一〇九、三三三頁参照)。

(16) 四聖の因果。釈尊から直接教えを受けた声聞、独りで悟りを得た縁覚、正しい道理を悟った菩薩、誓いを成就した仏が、それぞれの因によってその地位を得たことを明かす教え。

(17) 『貞元新定釈教目録』。大橋俊雄によると、唐の円照の撰で、全三十巻。後漢明帝永平十年(西暦六七年)より、唐徳宗貞元十六年(八〇〇年)までの七三三年間に翻訳された大小乗経律論など一二五八部五三九〇巻が収められている。(大橋俊雄『法然全集』第二巻三三三頁)。

(18) 五種法師。『法華経』を受持し、読み、誦し、解説し、書写する五者をいう。ここに「法師」とは、「教えを語る人」の意で、僧のみではない。(岩本裕『日本仏教語辞典』二八七頁)。

(19) 十種法師。経を受け伝えていくための十種法行をする人。十種法行とは、(一)書写(経典を書き写す)、(二)供養(経典のある寺塔を尊ぶ)、(三)流転(または施他。他のために経典を説き、与える)、(四)諦聴(経典の読誦を傾聴する)、(五)披読(自ら経典を讀誦する)、(六)憶持(または受持。よく記憶して忘れない)、(七)広説(多くの人に教えを説き聞かせる)、(八)語誦(または諷誦。経典を読誦し、喜びの心を起こさせる)、(九)思惟(経典の説く意味をよく考える)、(十)修行(または修習。教えを実践する)。(石田瑞麿『仏教語大辞典』四五九頁)。

(20) 八宗。三論・法相・華厳・律・成実・倶舎・天台・真言の各宗。

(第五七日　阿弥陀仏。『双巻経』、五祖の影像)

(一―一七) 法然聖人説法　依正二報(えしょうにほう)

法然聖人は重ねて阿弥陀如来を称揚讃嘆された。阿弥陀如来の絵像を書写し供養された。『双巻無量寿経』を図絵し供養された。浄土五祖[1]の影像を掛けて供養された。

まず阿弥陀仏の功徳を讃嘆すれば、それには依正二報の功徳がある。まず依報とは、阿弥陀仏の浄土にある宝地・宝樹・宝池・宝殿などの地下および地上の一切の荘厳（美しい完成）である。

その宝地とは、『大経』には「七宝の大地」、『観経』には「瑠璃の大地」、『阿弥陀経』には「黄金の大地」とあり、三部経の間で相違がある。その中のどれを真実とするべきであろうか。いまこの法座の導師である私自身の理解を言うと、四つの意味がある。まず真実はどうかという点で考えると、極楽世界の大地は説き尽くせない無量の宝から成っている。次に『大経』に「七宝を地となす」としているのは、この娑婆世界の習慣では、金銀などの七宝を最高の宝とする。従って、仏が世界の衆生に、楽土を求め往生を欣求する心を起こさせるために、この娑婆世界で最勝とされる宝を挙げて浄土の大地の姿とされた。次に『観経』の中に「瑠璃の大地」としているのは、この経はもともと、仏がこの娑婆世界の衆生に観想を勧めようとしてお説きになったから、瑠璃の姿が水に似ているので、娑婆世界の水を観ることが観想の前段階の方便となるように、浄土の大地を瑠璃地とされた。次に『阿弥陀経』に浄土を「黄金の大地」としているのは、七宝の中でも金が第一の宝とされているから、最も重要な点として最上の宝を挙げて浄土の大地を顕し、衆生に欣求心を勧めるためである。

次に宝樹荘厳とは、浄土が希有なめでたい大地だとは言っても、樹がなければ荘厳とは言えない。この娑婆世界で景勝地と言われるところでも、樹木のすばらしさを言っている。であるから、浄土もこの世界の習慣に従って、宝樹の荘厳をお説きになったのである。浄土の宝樹の高さは八千由旬である。娑婆世界のどこにそのような高い樹があるだろうか。三十三天の円城樹(2)でさえ五百由旬だと言われている。浄土の宝樹には純樹と雑樹とがある。純樹というのは、金であろうと銀であろうと、ただ一宝だけで根から茎・枝・葉に至るまでできているのを純樹と言う。他の宝についても同じである。雑樹とは、あるいは根は金で、枝は銀でできている。花や葉までもみな異なった宝が混じり合ってできているので雑樹と言う。

次に宝池とは、たとえ樹があっても池がなければ荘厳とは言えないから、宝池荘厳をお説きになった。宮殿の内外左右にそれぞれ沐浴のための池があり、阿弥陀仏の浴池は八万四千由旬である。云々。

次に宝殿とは、たとえ宝樹・宝池というすばらしい荘厳があっても、宝殿がなければ阿弥陀仏も菩薩などの聖者たちも、住むところがない。だから宮殿(くでん)を説かれている。楼閣とは、宮殿の荘厳である。宮殿の四つの角に必ずあると理解している。

これらの依報(浄土の風光)はみな阿弥陀仏の功徳の顕現である。これらに加えて、自然(じねん)に現れる衣服や飲み物や食べ物がある。これらは行者の自力の努力によって得られるのではなくて、阿弥陀如来の願力によるものである。であるから、阿弥陀仏の功徳は、必ずしもそのお姿の大小の特徴や光明だけで言うべきではなくて、このような依報もみな阿弥陀仏の願力によって生じた功徳なのである。従って、今まで浄土の荘厳だけを説いて、まだ仏のお姿の特徴や光明の有り様を讃え申し上げていないけれども、すでにかの仏の功徳は顕されている。

次に正報(阿弥陀仏自身)の功徳について言うと、阿弥陀仏は、その身の丈は六十万億由旬など云々、眉間の白毫は云々、お身体の色は云々、頭の頂点をめぐる円光は云々。このように八万四千の相(大きな特徴)を具えておられる。それぞれの相に八万四千の好(微細な特徴)がある。一々の好からまた八万四千の光明が出ている。一々の光明はあまねく十方世界を照らして念仏の衆生を救い取り迎え取ってお捨てになることはない。云々。これがすなわち阿弥陀仏の正報の功徳である。

また観音・勢至および浄土の菩薩・人・天は、阿弥陀仏の正報の功徳である。すべて浄土の人・天は、目も鼻も我が物ではない。みな仏の願力によって生じた功徳である。頭・目・髄・脳、五体から成る身体は、一つとして阿弥陀仏の願によって生じなかったものはない。たとえばこの娑婆世界の人の子の身体髪膚が、すべて父母の分身であるのと同じである。すなわちこの経に説かれている四十八願によってできたものである。五神通の願、悉皆金色などの願がこれである。すなわち阿弥陀仏は、浄土の一切の菩薩・人・天のために、目に入っては天眼通となり、耳に入っては天耳通を得させ、心に入っては他心智・宿命智を得させ、足となっては神足通を得させ、皮膚となっては金色の身となってくださる。浄土の人・天が完全な体を持つことを願った具足諸相の願（第四十一願）もそうである。このように浄土の菩薩・人・天は本願によって、仏の三十二相を獲得することになる。浄土に生まれる人の六根・六識(3)のすべてに阿弥陀仏が入ってくださる。菩薩だけではない。声聞についても同様である。観音・勢至はもとこの娑婆世界の菩薩であった。しかるに阿弥陀仏の成仏の後にこの二菩薩は浄土に往生し、一生補処の願（第二十二願）によって補処の菩薩(4)となられた。であるから観音菩薩は阿弥陀仏の恩に報いるために、師である阿弥陀仏を頭の上に戴いておられる。龍樹菩薩も「阿弥陀仏は観音が頭に戴いている冠の中にお住まいになっている。種々に勝れたお姿は宝によって荘厳されている」（十二礼）と讃えておられる。この観音・勢至の二菩薩までもみな、阿弥陀仏の願力によって出現されたのである。

これに加えて、誰でも一切の万物を見聞すれば、念仏の心を生ずると言われている。宝樹・宝地・水鳥・宝閣まで、阿弥陀仏が顕されたものだと理解している。すなわち『阿弥陀経』に、「これらの鳥は皆、阿弥陀仏が法を説き広めるために、様々な色と形によって現されたものである」と言っている。天台宗の解釈では、「阿弥陀仏が一仏として成仏された時に世界を広く見渡すと、草木も国土もすべて成仏していた。仏の身長は一丈六尺ではあるが、光明はあまねく照らし、その仏をみな妙覚如来(最高の悟りを得た如来)とお呼び申し上げている」と言っている。『大経』に宝樹・宝池の有り様やさまざまな菩薩・声聞の功徳を説いているけれども、経の題としてはただ『無量寿経』と言っているのは、その経の中に説かれている様々な功徳荘厳はすべて、阿弥陀仏の願力によって成ったからである。娑婆世界の中にも、五台山の文殊菩薩が『華厳経』ならびにその経の各部分を持って五台山に入られたが、人々はその山の草木を始めとする一切の万物をすべて文殊そのものだと想うことによって、観法を完成することができたと見えている。また一つの因縁話がある。昔ある僧が無遮大会(むしゃだいえ)(5)を行じた。その時一人の女性が子を懐き、犬を連れてやって来た。この女性は僧のところに行き、財施として先に自分の分を受け、また子の分を受けたが、さらに犬の分を求めた。願主の僧は、まだ僧たちにも与えていないのに、この女は厚かましく求めるものだ、と思って、しばらく待たせてから与えると、この女性は腹を立てて「無遮の大会だと聞いたからこそ、やって来たのです。その来た者の状態によって人を嫌うことがあるのですね」と言って空へ昇るのを見ると、その女性は文殊菩薩であり、子供は善財童子、犬は文殊菩薩の乗物である獅子であった。その後、五台山のあたりで施与行をする人は、どんな者が来ても拒まないことになったと聞いている。かの極楽世界でもまた同様である。全体として浄土にある依正二報は、法蔵菩薩の願力に応えて成就されたものである。これは阿弥陀仏の功徳だと考えてよいのではなかろうか。

（1）浄土五祖。曇鸞以後の中国浄土教の祖師。曇鸞、道綽、善導、懐感、小康。
（2）円城樹。または円生樹。帝釈天のいる三十三天の喜見城の東北にある大樹。
（3）六根・六識。六根は六つの認識器官。眼・耳・鼻・舌・身・意。六識は六根を拠り所とする六種の認識の作用。眼識・耳識・鼻識・舌識・身識・意識。
（4）補処の菩薩。この世の命が終わって浄土に往生すると、仏の位に補任されるので補処の菩薩という。
（5）無遮大会。pañca-vārṣika の意を取った訳で、「無遮」は一切平等慈悲の意。五年大会と訳す。道俗で、貴賤の別なく、一切平等に法施と財施を行ずる法会。インドのアショーカ王に始まると言われ、中国・日本で行われた。（石田瑞麿、前掲書、一〇四七頁）。

（一―一八）法然聖人説法　浄土五祖

次に、往生浄土の道を開かれた五人の祖師のお姿を絵に描くことには様々な意味がある。まず恩徳に報いるため、次には賢者を見てそれに等しくなろうと願うためである。天台宗を学ぶ人は、南岳[1]・天台[2]を見ては、これらの師と等しくなりたいと思い、真言を学ぶ人は、不空・善無畏を見ては、それに等しくなろうと思い、華厳宗の人は、香像・恵遠のようになろうと思い、法相宗の人は、玄奘・慈恩のようになろうと思い、三論を学ぶ者は、浄影大師のようになりたいと思い、戒律を固く持とうとする行者は、道宣律師をも遠からず思うべきである。そうであるから今、往生浄土を願う人はその宗の祖師を学ぶべきである。ところが浄土宗の師資相承[3]に二つの説がある。『安楽集』は、菩提流支・

恵寵法師・道場法師・曇鸞法師・斉朝の法師・法上法師の六祖を挙げている。今また私が五祖というのは、曇鸞法師・道綽禅師・善導禅師・懐感禅師・小康法師である。(4)

曇鸞法師は梁・魏両国のならびのない学僧であった。初めは長生を得てから仏道を行じようと思って、陶隠居に会って仙教を学び、その仙方によって修行しようとした。後に菩提流支三蔵(5)にお目にかかり、中国の仙経よりも勝れた長生不死の法が仏法の中にあるかとおうかがいすると、三蔵が唾を吐いて言うことには、「今お前が尋ねた言葉は実にくだらない。この国のどこに長生の方があろうか。長生きしてしばらく死なないようであっても、最後には迷いの世界に還って迷い迷って行く。ただこの経によって修行せよ。すぐに長生不死の世界に至るであろう」と言って、『観経』を授けられた。そのとき曇鸞はたちまち改悔の心をおこし、仙経を焼いて、自ら行じ他人を教化するために、ひたすら往生浄土の仏法に専念した。『往生論註』や『略論安楽土義』などの書を書いた。幷州の玄忠寺に三百余人の門徒がいた。臨終の時に、その門徒三百余人が集まったが、自ら香炉を取って西に向かって弟子とともに声を合わせて高声念仏して命を終えた。その時、多くの僧侶や在家信者が空中に音楽を聞いたと言われている。

道綽禅師はもとは涅槃宗の学僧であった。幷州の玄忠寺で曇鸞の碑文を見て発心し、「かの曇鸞法師は智徳が高遠であられる。それでもなお四論宗の講説を捨てて往生浄土の行業を修してすでに往生された。まして私の理解したこと、知ったことなど取るに足らないものである」と言って、すぐに涅槃宗の教えを捨てて一向に専ら念仏を修し、一生涯続けて怠ることがなかった。常に『観経』を講じて人に勧めていた。幷州の三県(晋陽・太原・汶水)の七歳以上の僧侶・在家はことごとく念仏をいただき、往生を遂げた。また人々に注意して、西に向かって涙を流したり、唾を吐いたり、大小便をしたりせず、行住坐臥に西に背中を向けないようにさせた。また『安楽集』二巻を著した。およそ往生浄土の教えが広く行われるようになったのも道綽のお力である。『往生伝』等を見るにつけても、道綽の勧めを受けて往生を遂げた者が多い。善導も道綽の弟子である。であるから、終南山の道宣の『続高僧伝』(6)に、「西方の道教が広まることになったのはこの時からである」と言っている。また曇鸞法師が空中に七宝の船に乗って来られるのを見た。また化仏・菩薩が空中に七日間おられたが、そのとき天花が雨のように降って来て、集まった人々が袖にこれを受けた。このように不可思議の霊瑞が多かった。道綽禅師が亡くなる時に、白い雲が西方からやって来て、三本の白光となって部屋の中を照らした。五色の光が空中に現れた。また墓の上に紫雲が三度現れた。

善導和尚は、まだ『観経』に出遇う前に、すでに三昧(禅定)を得て阿弥陀仏とその浄土を観じられたと理解している。そのわけは、道綽禅師に会って『観経』をいただいた後に、「この経に説かれていることは私が見たことと同じである」と仰ったからである。善導和尚が念仏される時には、口から仏が現れられた。『曇省の讃』に、「善導が念仏すると、仏が口から現れた」と言っている。同じ念仏を申すとしても、必ず善導のように、口から仏が出てこられるほど申すべきである。曇省が「善導と同じほど、念仏に深く慣れ親しみたい」と言っているように、誰でも念仏を誠の心で申してその功が熟すと、口から仏が出てこられるものである。道綽禅師は善導の師ではあるが、まだ三昧を得ていなかった。善導は弟子ではあるが三昧を得ておられたので、道綽が「私の往生は定まっているか否かを、仏に聞いていていただきたい」と仰ったので、善導は師の命を受けて、すぐに禅定に入り阿弥陀仏におうかがいしたところ、仏は次のように仰った。「道綽は三つの罪を犯している。速やかに懺悔しなければならない。その罪を懺悔すれば、往生は定まる。一つには、仏像と経巻をひさしに置いて、自分は部屋の中にいた。二つには、出家の人を使用人のように使った。三つには、家を建てる時に虫を殺した。十方の仏前で第一の罪を懺悔しなさい。諸僧の前で第二の罪を懺悔しなさい。一切衆生の前で第三の罪を懺悔しなさい」と。善導はすぐに禅定から出てきて、この旨を道綽に告げられたところ、道綽は「静かに昔の咎を思うと、これらはみな道理がある」と言って衷心から懺悔したと言われる。であるから、善導は師よりも勝っていたのである。善導はことに火急の小声念仏[7]を勧めて、数を定められた。一万二万三万五万ないし十万などである。

懐感禅師は法相宗の学僧であった。広く経典を読んで理解したけれども、念仏を信じなかった。善導に「念仏すると仏のお姿を見ることができるのでしょうか」と問うた。善導和尚は「仏のまことの言葉をどうして疑うことができようか」と答えた。懐感はこのことについてたちまちその意味を悟って、信を起こして道場に入り、高声に念仏して、仏のお姿にお目にかかろうと願ったけれども、二十一日たってもそのような霊瑞は起こらなかった。そのとき懐感禅師は、自分の罪障が深いために仏のお姿を見ないのだと悲しみ、食を断じて死のうとした。善導は止めて死ぬことを許さなかった。禅師は後に『群疑論』七巻を著した。懐感禅師はことに高声の念仏を勧められた。

小康法師はもとは持経者[8]であった。年十五で『法華経』『華厳経』などの経五部を読んで暗記してしまった。そのために『高僧伝』には読誦篇[9]に入っているけれども、この人はただの持経者ではない。瑜伽・唯識の学僧でもあった。後に白馬寺にお参りして堂内を見ると、光を放っている物があった。これを探り取ってみると、善導の西方浄土への導きの文であった。小康はこれを見てたちまちに歓喜の心をおこし、願を発して「私がもし浄土に縁があるなら、この文が再び光を放つように」と言った。この誓いを言い終わってその文を見ると、それは再び光を放った。その光の中に化仏・菩薩がおられた。歓喜に充ち満ちて、ついにまた長安の善導和尚の影堂にお参りして善導の真像を見ると、真像は仏の身に変わり、小康に「あなたは私の教えによって衆生を導き、彼らとともに浄土に生まれなさい」と言った。これを聞いて小康は悟るところがあったようである。後に善導の浄土の教えを人に勧めようとすると、人はその教えに従わなかった。そこで銭を用意して、まず小さい子供たちに勧めて、念仏を一回するごとに銭一文を与えた。後に念仏十回に一文とした。このようにする間、小康が歩いて行くと、子供達がついて来てそれぞれ念仏した。また子供ばかりでなく、老少男女が皆ことごとく念仏するようになった。この後、浄土堂を造って昼夜に行道して念仏した。小康の導きにしたがって道場に集まった者は、三千人以上であった。また小康が高声に念仏すると口から仏がお出ましになったのは、善導の場合と同じであった。それ故に、当時の人は小康を後善導と名づけた。浄土堂とは唐の時代の習慣であり、阿弥陀仏をお据え申しあげた堂を、みな浄土堂と名づけたのである。五祖の御徳の要（かなめ）は以上の通りである。

（1）南岳。慧思（えし）禅師（五一七―五七七）のこと。中国天台宗の第二祖で、衡山（こうざん）（湖南省の山）の南岳に十有余年とどまって天台教学を広く宣揚した。ここから南岳大師という。天台大師智顗の師。（岩本裕『日本仏教語辞典』五五四頁）。

（2）天台。天台大師智顗（ちぎ）（五三八―五九七）のこと。中国における天台宗の第三祖。『法華文句』『法華玄義』『摩訶止観』など著書が多い。（岩本裕、前掲書、五三四頁）。
（3）師資相承。師から弟子へと面授によって法を次第に伝えていくこと。
（4）斉朝の法師。『安楽集』および『選択集』は大海禅師とする。
（5）菩提流支三蔵。Bodhiruci の音写。南インドの人。六九三年に長安に来て『大宝積経無量寿如来会』（『大経』の異訳）を訳した。（『真宗新辞典』四四九頁）。
（6）道教。「真実の教」の意味で、仏教、特にここでは浄土教を指す。
（7）火急の小声念仏。死が目の前に迫っているかのように速く小さな声で行う念仏。
（8）持経者。経を多く読んで記憶している人。
（9）白馬寺。中国河南省洛陽の郊外にある中国最初の仏教寺院。西暦六七年あるいは七五年に後漢の明帝が建立したと言われる。（講談社『日本語大辞典』による）。

（一―一九）法然聖人説法　念仏往生

次に『無量寿経』について言うと、如来が様々な教えを説かれたのは、みな衆生を救うためである。しかし衆生の気質や能力がまちまちであるから、仏の説法もまた無量にある。しかるにこの『無量寿経』は、往生浄土のために、衆生往生の法を説いている。阿弥陀仏が因位の修行の結果として、極楽浄土を建立されて阿弥陀仏になられた次第や、極楽浄土と阿弥陀仏の荘厳の有り様を詳しく説かれたのも、衆生に信心を勧めて往生浄土を求める心を起こさせるためである。しかしこの経の究極の意図は、我々衆生が必ず往生できる旨を説くことである。但しこの経の解釈は、諸師の間で相違がある。今しばらく善導和尚のご説明によって考えると、この経は衆生往生の行業として、ひとえに専修念仏を説いている。どうしてそれが分かるかというと、まずかの仏の因位の本願を説く中に「私が仏になる時、十方の衆生がまことの心で私を信じ、私の国に生まれたいと思って十回までの念仏をして、もし生まれられなければ、私は最高の悟りを取らない[1]」と言っている。かの仏が因位である法蔵比丘であられた昔、世自在王仏のみもとにあって、二百一十億の諸仏の浄土から長所を選ばれて四十八の誓願を起こされた。その願の中で、浄土を建立し仏になられた時に衆生を自分の国に生まれさせるべき行業として、余行は全く選ばずただ念仏の一行だけを選び取られた。だから『大阿弥陀経』には、すべてかの仏の願は選択(せんじゃく)して建てられたとある。『大阿弥陀経』は、『大無量寿経』の同本異訳の経である。しかし往生の行については、私たちが小賢しく今になってあれこれ計らうべきことではない。みな定めおかれたことである。法蔵比丘がもし悪を選んで願を建てておられたら、世自在王仏はそれを直さないではおられなかったであろう。あの四十八願を説かれたときに、法蔵菩薩は世自在王仏によって、必ず無上正覚を得るであろうと、承認されている。法蔵菩薩はかの願を建てられた後、兆載永劫の間難行苦行し、功徳を積まれてすでに仏におなりになったのであるから、昔の誓願の一々に疑う余地がない。

さて善導和尚はこの本願の文を引用して、「私が仏になる時、十方の衆生が私の名前をたとえ十回でも称えて、もし私の浄土に生まれなければ、私は最高の悟りを取ることはない。かの仏は現在すでに仏になられている。それによって分かることは、この深重の誓願はすべて真実である、ということである。衆生は念仏すれば必ず往生を得る[2]」と釈された。まことに我ら衆生は自力ばかりで往生を求めようとしても、そういった行業は仏の御心に適うであろうか。何とも疑わしく思えるし、往生も定まらないと思われる。念仏を申して往生を願う人は、自力で往生できるのではない。ただ他力による往生である。最初から仏が定めおかれたように、仏の名号を称える者は、たとえ十回ないし一回しか称えられない者でも、往生させてくださるとお約束くださったから、我らは十回ないし一回の念仏で必ず往生する。だからこそ、願が成就して阿弥陀仏として成仏されたという道理である。従って、私たちはただ一向に仏の願力を仰いで往生を決定しなければならない。自分の自力の強弱を計らって往生を不定に思ってはならない。この経の下巻にある第十八願成就の文は、「あらゆる衆生は、阿弥陀仏の名号を聞き、信心歓喜して一回でも念仏を称え、まことの心でその功徳を廻向し、かの浄土に生まれたいと願えば、たちまち往生を得べき身となり、不退転の位に住する[3]」とある。およそ四十八願は浄土を荘厳している。華・池・宝閣はすべて願によって造られたものである。その中でも特に念仏往生の願だけは疑いの余地がない。極楽浄土が私たちの生まれるべき浄土であれば、念仏による往生も疑いがない。

次に、往生を得るための行は念仏一行に定まっているとは言え、行者はその気質と能力によって上中下に分類される。それだからこそ『大経』に三輩の往生が説かれている。すなわち上輩の文には「上輩の行者とは、家を捨て欲を棄てて出家となり、菩提心を発し、一向に専ら無量寿仏を念ずる」と説かれ、中輩の文には「出家となって功徳を得るための修行をすることはできないとしても、無上菩提心を発して、一向に専ら無量寿仏を念ずる」と言われ、下輩の文には「功徳を修めることはできないとしても、無上菩提心を発して、一向に意を専らにして十念までも無量寿仏を念ずる」と説かれている。当座の導師（法然）にも一つの解釈がある。三輩の文の中には菩提心などの念仏以外の行も説かれているとは言え、右に挙げた仏の本願のお心を考えると、その心は、専ら衆生をして無量寿仏を念ぜしめるところにある。だから一向と言っている。また『観念法門』に善導が次のように釈している。

この経（大経）の下巻の初めに釈尊のお言葉として、「一切の衆生には根性（気質と能力）に違いがあり、上輩・中輩・下輩の三種類がある。私（釈尊）はその根性に従って、皆に勧めて、専ら無量寿仏の御名を称えさせている。その人の命が終わろうとするとき、無量寿仏が聖衆とともに自ら来迎して、ことごとく救い取って往生を得させてくださる」と言っている。

まことに一向とは、一つを選んで他を捨てるという言葉である。たとえば五天竺[4]の三種類の寺のようなものである――一つは一向大乗寺、二つは一向小乗寺、三つは大小兼行寺。一向大乗寺では小乗を学ぶことがない。一向小乗寺では、大乗を学ぶ者はいない。大小兼行寺では、大乗と小乗をともに兼学する。大小の両寺はどちらも一向の言をつけている。二つを兼ねて学ぶ寺には一向の言葉をつけない。これによって分かるように、『大経』の中の一向の言葉も同じである。もし念仏の外に他の行も兼ねて行ずるのなら、それは一向ではない。かの天竺の寺の例に従うと、兼行と言わなければならない。『大経』では、すでに一向と言っている。他の行を捨てるという意味をよく理解すべきである。

善導のこの釈の心は、三輩の区別に関わらず、すべてが念仏によって往生する、ということである。

ただこの三輩の文の中で他の行も説くことについては、三つの意味がある。一つには、諸行を捨てて念仏に帰せしめるために、余行を並べて説いて、念仏に対して一向の言葉を置く。二つには、念仏の人を助けるために、諸善を説く。三つには、念仏と諸行とを並べて、行者に三種類の違いがあることを示すために諸行を説く。この三つの意味の中では、ただ第一の意味だけが正であり、あとの二つは傍（副次的なもの）である。

次にこの経の流通分（結語）に、「釈尊が弥勒菩薩に仰った。〈阿弥陀仏の名号を聞くことができて、躍り上って喜び、一回までも念仏する者は、大きな利益を得る。すなわち無上の功徳を身に受けるのである〉」と説かれている。上記の三輩の文の中に、念仏の外にも様々な功徳を説いているけれども、念仏以外の善行を讃めてはいない。ただ念仏の一善を挙げて無上の功徳と讃えて、未来に伝えることを願っている。念仏の功徳が他の功徳よりも勝れていることは明らかである。「大利」というのは、「小利」に対する言葉である。「無上」というのは、この功徳の上に立つ功徳はないという意味である。すでに「一念」を指して「大利」と言っている。また「無上」と言っている。まして二念・三念・十念はなおさらである。さらには百念・千念ないし万念になるとなおさらそうである。これは少を挙げて多を顕すものである。この文によって余行と念仏とを比べると、念仏は大利である。余善は小利である。念仏の功徳は無上である。余行の功徳は有限である。総じて往生を願う人にとって、無上大利の念仏を捨てて、有限の小利である余行に執着する理由などどこにあるだろうか。

次に、この経の下巻の終わり近くに、「未来の世に私の説いた経と成仏道がことごとく滅んでしまう時が来るであろうが、私は慈悲によって衆生を哀れみ、法滅の時代に入ってからも、特にこの経を百年間留め置こう。衆生の中でこの経に遇う者は、望むままに皆往生を得るであろう」と言っている。善導はこの文を釈して、「末法一万年の後に三宝が滅んでも、この経はさらに百年間この世に残って、衆生を導く。この時一念の念仏を聞く者は、皆必ず阿弥陀仏の浄土に往生するであろう」と言った。釈尊の残された仏法には、三つの時代区分がある。正法・像法・末法である。正法一千年の間は、教・行・証の三つとも完全に効力を保った。教のごとく行ずることによって、証（悟り）を得ることができた。像法一千年の間は、教と行はあっても証がなかった。教に従って行ずることはあっても、究極の悟りを得ることはなかった。末法万年の間は、教のみあって、行・証はない。わずかに教えは残っているけれども、教の通りに行ずる者はいない。行じてもまた証を得る者はいない。その末法万年が過ぎた後には、釈尊の残された教えはみな失われて、住持の三宝⑤はことごとく滅び、仏像も経典もなくなり、頭を剃り、衣を黒く染める僧もいない。仏法という名前さえ聞くことができない。しかるにその時まで、ただこの『双巻無量寿経』一部二巻だけが残り留まって、百年間この世に残って衆生を救い続けてくださることはまことに有り難いことである。『華厳経』も『般若経』も『法華経』も『涅槃経』も、およそ大乗経・小乗経・方便経・真実教の一切諸経、それに『大日経』『金剛頂経』など真言密教の諸経も皆ことごとく滅した時、ただこの経だけが留まってくださるということはどういうことかと考えさせられる。釈尊の慈悲によってこの経が留められるということは、きっと深いお心からであろう。仏智はまことに私たちの思いはかりを超えている。ただし阿弥陀仏と衆生との縁はこの世界に深く浸透しているから、釈迦大師もかの仏の本願を法滅の世までも留めることにされたのであろう。

　右に挙げた文について考えてみると、四つの意味がある。一つには、聖道門によって生死の苦を脱して仏果を得ることは衆生との縁が浅く、浄土門による往生のみ衆生との縁が深い。従って、三乗・一乗による仏果を説く諸経はすでにその効力を失っており、ただ一念十念の往生を説くこの経だけが、末法・法滅の世でもこの世に留まることになる。二つには、往生について、十方諸仏の浄土は衆生との縁が浅く、阿弥陀仏の西方浄土は縁が深い。従って、十方諸仏の浄土を勧める諸経はことごとく滅して、ただ西方浄土への往生を勧めている『大無量寿経』だけが世に留まることになる。三つには、弥勒菩薩のおられる兜率天への上生は、衆生との縁が浅く、阿弥陀仏の極楽浄土への往生は機縁が深い。故に、『上生経』『心地経』などの兜率天を勧める諸経はみな滅して、阿弥陀仏の極楽浄土を勧めているこの経だけが留まることになる。四つには、諸行の往生は衆生との縁が浅く、念仏の往生は機縁が深いために、諸行を説く諸経はみな滅して、念仏を説くこの経のみ留まってくださるのである。この四つの意味の中でも実際には、第四の念仏往生だけが留まるという意味が、真正の意味である。「特にこの経を百年間留め置こう」と説いておられるから、この二巻の経典だけがこの世に残ることになると聞こえるけれども、本当は、経巻は失われてしまっても、ただ念仏の一門だけが百年間この世に留まる、という意味であろうと思われる。かの秦の始皇が書を焼き儒家を生き埋めにした時、『毛詩』という書だけが残ったということがある。それも書そのものは焼かれたけれども、詩は留まって口に残ったと言われ、詩を人々はそらで覚えたので『毛詩』だけが残ったということである。これと同じことが「この経だけが留まって百年間残るであろう」という言葉についても言える。経巻はみな隠滅してしまっても、南無阿弥陀仏という言葉は人の口に留まって、百年までも聞き伝えられることだと理解される。経とは釈尊の説かれた法のことを言う言葉であるから、この経はひとえに念仏の教えだけを説いている。だから「この時一念の念仏を聞く者は、皆必ず阿弥陀仏の浄土に往生するであろう」と善導も釈しておられるのである。これは秘められた意味であるから、たやすく人に言ってはならない。

　全体として、この『双巻無量寿経』に念仏往生を説く文が七カ所ある。一つには本願の文、二つには願成就の文、三つには上輩のための一向専念の文、四つには中輩のための一向専念の文、五つには下輩のための一向専意の文、六つには右に挙げた無上功徳の文、七つには「特にこの経を留める」の文である。この七カ所の文をまた合わせて三とする。一つには、本願に関わる文。これに二つを含める。初めの発願の文と願成就の文である。二つには三輩に関わる文。これには三つを含める。上輩・中輩・下輩の文である。この下輩について二種類ある。三つには流通分に関わる文。これには二つを含める。「無上功徳」と「特留此経（特にこの経を留める）」の文である。本願は弥陀から起こる。三輩以下は釈迦のお説きになった文である。それも弥陀の本願に随って説かれている。三輩の文の中にそれぞれ「一向専念」と勧めておられるのも、流通分の中に「無上功徳」と讃嘆しておられるのも、「特留此経」と言ってこの経を留められるのも、皆もとは弥陀の本願に随順しておられるからである。従って、念仏往生ということは、本願を根本とするのである。究極的には、この経は始めから終わりまで弥陀の本願を説くと心得るべきである。『双巻経』の大意はだいたい以上の通りである。

（1）第十八願。「設我得仏、十方衆生、至心信楽、欲生我国、乃至十念、若不生者、不取正覚」。なお法然は、右の文に続く〈抑止文〉「唯除五逆誹謗正法」を引用していない。

（2）「若我成仏、十方衆生、称我名号、下至十声、若不生者、不取正覚、彼仏今現在成仏、当知、本誓重願不虚、衆生称念必得往生」。

（3）「諸有衆生、聞其名号、信心歓喜、乃至一念、至心回向、願生彼国、即得往生、住不退転」。親鸞は「乃至一念」を「一念までの信心」と解釈した。補注(6)参照。

（4）五天竺。古代インドを東・西・南・北・中央に分けた総称。

（5）住持の三宝。仏の教えを末の世まで維持し伝えて行く三宝のこと。仏宝としての仏像、法宝としての経典、僧宝としての出家修行僧をいう。（石田瑞麿、前掲書、五〇四頁）。

（6）三乗。乗は衆生を乗せて悟りの世界へ運ぶ教法。三乗とは、声聞乗・縁覚乗・菩薩乗の三つ。

（7）一乗。一は仏の真実の教えが一つであることを言い、どんな者でもこの教えによって仏になれるという教え。天台宗では『法華経』を指す。

（第六七日　阿弥陀仏。『観無量寿経』）

（一―二〇）法然聖人説法　名号功徳

仏の功徳については、今までの七日ごとの説法でことごとく讃嘆したけれども、必ずしも前に申したことを申すわけではない。それらより別の徳を思い出してお讃え申し上げることでもない。同じ事を讃嘆しても功徳は増大することであるから、さらに名号の功徳について私の理解を申し上げることとする。お姿の功徳については、仏の六根も凡夫の六根も、眼・耳・鼻・舌・身・意であり、どちらも同じである。但し仏の六根は勝れ、凡夫の六根は劣っている。名号の功徳について言うと、一切の諸仏に二種の名号がある。通号と別号である。

別号とは、薬師瑠璃光・阿閦（あしゅく）・釈迦牟尼などというのは別号である。念仏もこれに準じて理解していただきたい。阿弥陀仏にも通号と別号がある。阿弥陀は別号である。これはまた無量寿・無量光とも言う。この別号の功徳については前々回に講説申し上げた。


通号とは「仏」というお名前である。一切の諸仏は皆この名を具えておられる。一仏も変わることはない。仏とは正確には仏陀という。これを訳して覚者という。これについては三つの意味がある。自覚（自ら悟った者）・覚他（他を悟りに導く者）・覚行円満（自覚・覚他の行を完全に行った者）である。自覚によって凡夫とは異なり、覚他によって二乗(1)とは異なり、覚行円満によって菩薩(2)とは異なっている。これについてもう少し考えると、阿弥陀仏の極楽世界では、阿弥陀仏はその国に住む人や天人とは異なるので、自覚という。その国の声聞などとは異なるので、覚他という。その国の菩薩と異なるので、覚行円満という。

世界の初めには覚者はお名前がなかった。聖者たちが相談して名をつけた。初めには百千万の名前があった。釈迦の時には十の名前があった。すなわち、如来・応供（おうぐ）などである。「如来」とは、如実の法則に乗じてこの世界に来られたのでこのように言う。「天人師」とは、人や天人に限らず六道・四生すべての衆生を導かれるので、天と人を挙げて他をその中に含めたのである。「世尊」とは十方世界に対して言う言葉ではなく、一つの世界について使う言葉である。一百倶胝の世界に二人の世尊が並び立つことがない。同様に、一世界の中に二仏が出られることはない。また一つの四天下（してんげ）(3)に転輪聖王（てんりんじょうおう）（唯一最高の帝王）が二人出ることはない。一つの世界に二人の仏が出られることがない、ということは大切である。このことは大乗・小乗ともに、二仏が並び出ることを許さない。従って、浄瑠璃浄土には薬師仏のほかには仏はない。極楽世界には阿弥陀仏以外の仏はない。十方の仏土についても同様である。『往生要集』の「対治懈怠」（怠け心の克服）の中に、仏の功徳を二十種挙げているが、その第二に、名号の功徳を讃えるために、次のように『維摩経』を引用している。

諸仏の厳かなお姿・素性・戒（清らかな生活）・定（精神統一）・智慧・解脱（悟り）・知見（衆生の有り様を見て知る力）・力（智慧の働き）・無所畏（恐れを知らない心）・不共の法（他の教えとは異なる独自の教え）・大慈・大悲・威儀（威厳）・所行（ふるまい）およびその寿命・説法・教化・成就衆生（衆生に仏果を得させる）・浄仏国土（仏の国土を浄める）・具諸仏法（諸仏の法を具える）、これらはことごとく皆同等である。そのために仏を三藐三仏（最高の悟りを得た者）と名づけ、また多陀阿伽度（如来）と名づけ、仏陀と名づける。阿難よ、もし私が広くこの三つの言葉の意味を説こうとすれば、お前がたとえ一劫の命を持っていても、聞き尽くすことができないであろう。たとえ三千大千世界を一杯にしている衆生がみな阿難のように多聞第一となり、よく記憶する能力を得ることができても、この者たちは一劫の齢を過ぎても聞き尽くすことができないであろう。

『西方要決』に「『成実論』に〈仏〉という名号を釈して」云々とある。また『西方要決』に「諸仏は願と行が実って、その結果として〈仏〉という名を得られた。ただよくその名を念ずれば、すべての功徳がその中に含まれる。それ故に大いなる善を成す」と言っている。これは通号の功徳であり、「仏」と称えることが大善なのである。しかるに永観律師が『往生十因』の中で阿弥陀の三字を釈しているところでこの文を引用して、別号の功徳として大善である、と釈されたのは誤りである。南無阿弥陀仏の功徳がことに勝れているのは、通号である〈仏〉という一字があるからである。阿弥陀という名号が有り難く貴いことも、〈仏〉の名号であるからである。しかるに、阿弥陀の三字が名についているからその功徳がことに勝れた仏であられる、という人もある。これは誤りである。

（1）二乗。釈尊の説法を聞いて悟りを得た声聞、単独の修行によって悟りを得た独覚（または縁覚）のこと。どちらも自分の悟りだけに執着していて他者を導くことをしないということで、大乗仏教では低く見なされている。

（2）菩薩。大乗仏教では菩薩は自覚・覚他を目指す者であるが、まだ修行が完成していないので仏より劣る者とされている。

（3）四天下。古代仏教の世界観。中央に須弥山（しゅみせん）があり、それを金山が七重に取り囲む。その外側で、世界の外周に大海がある。その大海の中に、東西南北に四つの大陸があり、それを四大洲または四天下という。我々の世界は南の大陸、閻浮提（えんぶだい）である。この世界の最も外側には鉄囲山（てっちせん）がある。

（一―二一）法然聖人説法　『観経』

次に『観無量寿経』については、その大意を知ろうと思えば、必ず教相（各宗の教義）を知らなければならない。教相を考察しなければ、法門の浅い深いと他宗との相違が明らかにはならない。ところで諸宗は皆、立教の根拠を明らかにしている。法相宗では三時教[1]を立てて、釈迦一代の諸教を体系づけている。三論宗では二蔵教[2]を立てて、大小の諸教をそこに収めている。華厳宗では五教[3]を立て、天台宗では四教[4]を立てている。今わが浄土宗では、道綽禅師が『安楽集』において聖道門・浄土門の二教を立てている。釈迦一代の聖教五千余巻もこの二門の外に出ることはない。はじめに聖道門は、三乗・一乗の成仏道である。すなわち、この娑婆世界で迷いを断って悟りを開くことを目指す道である。それには大きく分けて二つある。すなわち大乗の聖道と小乗の聖道である。これとは別な論じ方をすれば、四乗の聖道とも言える。すなわち声聞乗・縁覚乗・菩薩乗・仏乗である。浄土宗は、まずこの娑婆、すなわち穢れと悪に満ちた世界を離れて、かの安楽浄土、すなわち一度生まれると決して後戻りをしない浄土に生まれて、自然(じねん)に修行を続け功徳を積み、仏道を完成して悟りを得ようとする仏道である。この聖道と浄土の二門を立てたのは、道綽一師だけではない。曇鸞法師も、龍樹菩薩の『十住毘婆沙論』を引用して、難行道と易行道の二道を立てられた。「難行道は陸路を歩いて旅をするように、多くの困難があるが、易行道は水路を船に乗って行くように、非常に容易である」と喩えている。この二道を立てることは曇鸞一師に限らず、天台の『十疑論』も同じく『十住毘婆沙論』を引いて解説している。また迦才も『浄土論』に同じく『十住毘婆沙論』を引いておられる。ここで言う難行道は聖道門である。易行道は浄土門である。そればかりではなく、また慈恩大師は『西方要決』の中で、「釈尊の教えに間近に出遇った者は、声聞・縁覚・菩薩の三乗の仏道を悟った。釈尊との縁が薄く仏果の因に欠ける者には、勧めて浄土に帰依させる」と言っている。この中の「三乗」とは、聖道門のことである。「浄土」とは、すなわち浄土門のことである。難行・易行、三乗・浄土、聖道・浄土とその言葉は異なっているけれども、その心は皆同じである。およそ釈尊一代の諸教はこの二門の外に出ることはない。経論だけがこの二門に収まるわけではない。諸宗の章疏(しょうしょ)(5)も皆この二門の外に出ることはない。天台宗は本来、仏乗（この世で仏果を得る道）を説く聖道門であり、傍(かたわ)らに浄土門も説き、「すなわち安楽国に往生する」（法華経巻六）と言っている。華厳宗もまた天台宗とよく似ている。聖道門の仏道を修して、悟りを得られなければ浄土往生を目指せ、と言い、「願わくは、私が命終わろうとする時、一切の障りがことごとく除かれ、阿弥陀仏にお目にかかり、直ちに安楽国に往生することができますように」と言っている。（四十華厳経巻四〇）。

達磨宗（禅宗）では経に依らずに教えを立てる。「前仏から後仏へ、心を以て心を伝え、文字を立てず」と言っているように、経論に依らない宗である。釈尊の入滅の時に、わずかに一偈でもって密かに迦葉尊者に授けられた法である。その偈は次のようであった。「本当の法は無法である（言葉で述べられた法を超えている）。無法の法が究極の法である。いま汝に無法の法を託すが、そうすると、今まで説いた数々の法はどうして究極の法であり得ようか」。あるいはこのような偈を授け、あるいは「揚眉動目」といって、眉を挙げて目を揺らすことによって意味を伝える法である。さらに受け習うことがない、この身がすなわち仏であると理解して、まったく往生浄土を問題にしない。真言宗では、「父母から生まれたこの身によって速やかに悟りを得る」と言い、大日如来を念じて現身のままで成仏することを説いている。胎蔵界(6)には三部、金剛界(7)には五部を立てる。この両部の大法には浄土を説かない。ただこの身で大日如来の位を得ることを説いている。これは普通の人にはとても修得できるものではない。であるから、『菩提心論』には「上根上智の人（能力や智慧の勝れた人）のためにこの法を説く」と言っているが、現今の人は下根にも及ばず、修行しようとしても力が及ばない。合唱をするときに音が高すぎると和して歌える人は少ない、と言われるように、歌を歌うにせよ伽陀を誦するにせよ、初めにあまり高く出ると、後には自分の声も届かなくなるし、他人もついて行けない。このように教えの内容が高すぎると、行者はついて行けなくなる。たとえば強い弓のようなもので、最高の弓だとしても、少しも引き働かすことができない者は、弱い弓を楽に引いて射る者よりは劣っている。これらの秘蔵の極めて深い教えもまたこれと同じで、それを行ずることのできる者にとっては、父母より与えられた肉身のままで大日如来と同体の悟りに達することができて、実にめでたいことではあるが、能力の劣る者にとっては、言葉ばかりあって、何の実も得られないこととなる。であるから、自分の身のほどをよく知って、適切な法を持つべきである。

これら華厳・天台・達磨・真言の四宗は、あるいは即身成仏[8]あるいは即心是仏[9]を説く教えであって、どれも仏乗の聖道門である。それらは自ら往生を説くと言っても、それが主たる教えではない。傍らに説いているだけである。三論・法相はまた歴劫成仏[10]の旨を明かす。これは菩薩乗の聖道門である。三論宗の祖師嘉祥は、『観経』『双巻経』の両方に注釈書を作ったけれども、往生浄土を自分の本意としているわけではないので、詳しくは論じていない。日本では元興寺の智光と頼光が、自分の本来の宗（三論宗）を捨てて浄土門に入り、智光は『往生論疏』を作った。近くはやはり三論宗から出た永観が念仏の一門に入り『往生十因』を書いた。これらの人々は元々の宗では往生浄土を説かないので、元の宗を捨てて浄土門に入った。法相宗の祖師慈恩大師は『西方要決』を作り、ひとえに往生浄土を勧めたけれども、それは法相宗の本意としてではなく、ただ人々を仏道に導き入れるために往生浄土のことを添えられたにすぎない。従って、ご自身は弥勒菩薩の信者として兜率天に生まれられた。倶舎・成実・律宗は小乗の宗である。声聞・縁覚二乗による悟りの道を明かして、往生浄土を説かない。であるから、これらの三宗は声聞乗の聖道、縁覚乗の聖道である。

さて、今この『観無量寿経』は往生浄土の教えである。即身頓悟(そくしんとんご)(11)を説いているわけではなく、歴劫(りゃくこう)迂廻(うえ)(12)の行を説いたわけではない。「娑婆世界のほかに極楽があり、我が身のほかに阿弥陀仏がいらっしゃる」と説いて、この世界を厭い極楽に生まれて最高の悟りを得ることを願うべき旨を明かしている。善導の釈（玄義分）に「定善・散善を等しく回向して、速やかに無生の身を得よ」と言っている。全体としてこの経は、広く往生の行業を説いている。すなわち始めに定散の二善を説いてあまねく一切の衆生に与え、次には念仏の一行を選んで特別に未来の衆生に伝えさせている。それ故に、この経の流通分に「仏が阿難に、阿難よ、この語をよく持(たも)て、と仰った」と説かれている。善導はこれを釈して、「〈仏が阿難に、阿難よ、この語をよく持て、と仰った〉より以下は、弥陀の名号を阿難に付嘱して遠い未来に広めようとされていることを明かしている」と言っている。であるから、この経のお心によって、今、聖道門を捨てて浄土の一門に入るのである。

その往生浄土については、そのための行はまた多くある。それ故に、善導和尚は専修(せんじゅ)・雑修(ざっしゅ)の二種類の行を立てた上で、諸行の勝劣・得失を判別しておられる。すなわち善導によるこの経の注釈書『観経疏(かんぎょうしょ)』に、「行によって信を立てれば、全体として二種類の行がある。一つには正行(しょうぎょう)、二つには雑行(ぞうぎょう)である」と言っている。専ら念仏一筋の正行を修するのを専修(せんじゅ)の行者という。正行を修しないで、雑行を修する者を雑修(ざっしゅ)の者と呼ぶ。その専雑二種の長所と短所について私自身の理解を言うと、五つの意味がある。一には親疎対(しんそたい)、二には近遠対(ごんおんたい)、三には有間無間対(うけんむけんたい)、四には回向不回向対(えこうふえこうたい)、五には純雑対(じゅんぞうたい)である。

始めに親疎対(しんそたい)とは、正行を修するのは阿弥陀仏に親しくなり、雑修を修すると阿弥陀仏に対して疎(うと)くなる。「親」について言うと、『観経疏』に「人が行を起こして口で常に仏の名号を称えれば、仏は直ちにこれをお聞きになる。身体で常に仏を礼拝すれば、仏は直ちにこれをご覧になる。心で常に仏を念ずれば、仏はたちまちこれをお知りになる。衆生が仏を憶念すれば、仏もまた衆生を憶念してくださる。仏と衆生の身・口・意による三種の行は、互いに離れていないから、親縁と名づける」と言っている。次に雑行の人は、口に仏名を称えないので、仏はお聞きにならない。身で礼拝しないので、仏はご覧にならない。心に仏を念じないので、仏はお気づきにならない。仏を憶念しないので、仏もまたその人を憶念されることはない。仏と衆生の三業は常に互いに離れている。そうであるから、「疎」と名づけるのである。

次に近遠対(ごんおんたい)とは、正行は阿弥陀仏に近づく、雑行はかの仏から遠ざかる。『観経疏』にまた「衆生が仏にお目にかかりたいと思えば、仏はたちまちその人の念に応じて目前に現れてくださる。そのために念仏を近縁と名づける」と言っている。雑行とは、仏にお目にかかろうと願わないので、仏は念に応じられることはない。目の前にも現れられない。従って遠と名づける。ただ普通には「親近」というと、一つの事のように聞こえるが、善導和尚は「親と近とのごとし」と分けて釈しておられる。これによって今は親と近とを分けて二とするのである。

次に有間無間対(うけんむけんたい)とは、無間とは、正行（念仏）を修する時には、かの仏を憶念する（心に想う）ことにおいて間断がない。だから善導も「憶念が断えることがないのを無間と名づける」（散善義）と言っている。有間とは、雑行の者は阿弥陀仏を心にかけることにおいて間断が多いので、善導は「心が常に間断する」（散善義）と言っている。

次に回向不回向対とは、正行は、行者による功徳の回向がなくても、自然に往生をもたらす行業となる。すなわち善導は『観経疏』（玄義分）の中で、次のように仰っている。


『観経』の中の「十声称仏」では、十願と十行が具足する。どうして具足するかというと、南無というのは仏への帰命である。またこれは往生の願を発して回向する（発願回向）という意味である。阿弥陀仏というのは、すなわちその行である（即是其行）。この意味によって、念仏する者は、願と行が完全に具わって、必ず往生を得る（必得往生）[13]。


このことは、行者による功徳の回向を伴わないために不回向という。雑行は、行者が自分の功徳を回向する時に往生の行業となるが、もし回向しなければ往生の行業とはならない。であるから、善導大師は、「功徳を回向すれば往生を得る可能性があるけれども」（散善義）と言っている。

次に純雑対とは、正行は純粋に往生極楽の行である。他の人界や天界に生まれるための行や、三乗（声聞・縁覚・菩薩）の世界に生まれるための行とは通ずるものがない。また十方諸仏の浄土に生まれるための業因ともならない。それ故に純と名づける。雑行（念仏以外の様々な行）は純粋の往生極楽の行ではない。人界や天界に生まれるための業因にも通じ、三乗を目指す行ともなり、また十方諸仏の浄土への往生の業因ともなるので、雑という。

そこで、この五種類の対比をもって専修と雑修の二行を判別すると、西方浄土に往生することを願う人は、雑行を捨てて正行を修すべきである。

また善導和尚は『往生礼讃』の序に、この専修・雑修の長所と短所を判別しておられる。「専修の者は、十人なら十人とも、百人なら百人とも往生できるが、雑修の者で往生できるのは、百人のうち一人か二人、千人のうち五人か三人である」と言っている。「なぜかというと、専修の行者は他の雑多な行とは縁がない。正念を得ている（正しく仏を念じている）からである。仏の教えに随順しているからである。また弥陀の本願に相応しているからである。また釈迦の教と違わないからである」と言っている。「雑修の行者は雑多な行と縁を持ち、心が乱動する。正念を失っているからである。また仏の本願に相応していないからである。また仏の言葉に随っていないからである。釈迦の教えと違っているからである。また途切れなく浄土に想いをかけないからである。浄土に往生しようという願いが誠実でなく、真実でないからである。（中略）名誉や利益と相応しているためである。雑修はまた自分の往生の妨げとなるばかりでなく、他人の往生の正行を妨げるからである」と言っている。それればかりではなく、すぐにその文に続いて善導は「私はこの頃あちこちの出家や在家の有り様を見聞きしたが、彼らは仏の教えの理解や修行がそれぞれ異なっていて、専修の者もあれば雑修の者もある。しかるに専修の者は十人は十人ながら往生し、雑修の者は千人のうち一人も往生する者がいない」と仰っている。先ほどのお言葉では、雑修で往生できる者は「千人のうち五人か三人である」と言われたけれども、「今よく見ると、雑修で往生する者は一人もいない」と仰っている。善導の時の行者でも、雑行では往生する者がいなかったということである。ましていよいよ時も下り、人々の資質も落ちてきた当世の行者にとっては、雑行往生ということは思い捨てるべきことである。たとえまた往生できるとしても、百人のうち一人か二人、千人のうち五人か三人の中に入る程度であろう。雑修では往生は不可能に近い。百人中九十九人は往生して一人は往生しない、と聞いただけでも、もし自分がその一人に当たる身であれば、と不安で頼りなく思うであろう。まして自分が百人のうちの一、二人の往生人の中に必ず入る、と思うことは極めて難しいことであろう。であるから、百人は百人とも往生することになる専修念仏を捨てて、千人中往生する者は一人もいない雑行に執着してはならない。ただ一向に念仏を修して、雑行を捨てるべきである。これがすなわちこの経（『観経』）の大意である。善導大師は「仏の本願を考えると、そのお心は、衆生に一筋に阿弥陀仏の名号を称えさせることにある」（散善義）と仰っている。返す返すも本願を仰いで念仏をすべきである。

（1）三時教。釈尊一代の教説を三期に区分した論法。法相宗では、第一時教を有教（阿含時）、第二時教を空教（般若時）、第三時教を中道教（深密時）という。（石田瑞麿、前掲書、三七三頁）。

（2）二蔵教。声聞・縁覚のために説かれた声聞蔵の教えと、菩薩のために説かれた菩薩蔵の教え。

（3）五教。釈尊一代の教説を内容の浅深・難易によって五つに分類したもの。華厳宗では、小乗教・大乗経・大乗終教・頓教・円教の五つに分ける。

（4）四教。釈尊一代の教説を四種に整理したもの。ここでは天台智顗によって整理された蔵教・通教・別教・円教のこと。

（5）章疏。一般に、中国、日本などで著された仏教書をいう。編章を分けて教義を論ずるものを「章」、経論の文句を通釈するものを「疏」という。

（6）胎蔵界。密教で説く両界の一つ。大日如来の理の面を代表する。胎児が母胎の中で生育して行く不思議な力に喩えて、大日如来の菩提心があらゆる生成の可能性を蔵していることを示したもの。胎蔵界曼荼羅では蓮花部・金剛部・仏部の三部から成っている。

（7）金剛界。密教で、大日如来を智徳の方面から開示した部門。金剛界の諸尊は如来部・金剛部・宝部（摩尼部）・蓮花部・羯磨部の五部から成る。大日五仏の内証である五智を表し、五仏を部主とし、如来部は大日、以下順に阿閦・宝生・弥陀・不空成就に配する。（石田瑞麿、前掲書）。

（8）即身成仏。真言密教の教義で、現世で受けた肉身のままで仏となること。

（9）即心是仏。衆生の今の心がそのまま仏であること。

（10）歴劫成仏。非常に長い時間をかけて仏になることを目指す教え。

（11）即身頓悟。この身のまますぐに悟りを得る道。

（12）歴劫迂迴。長い時間をかけ、遠回りをした後に仏果を得る道。

（13）ここでは法然は善導の言葉を受けて、十回の念仏の中に往生への願と往生の行が具わっているから、念仏する者は必ず往生を得る、と言っているが、親鸞はこの論理を次のように展開している。――「帰命」とは、本願に帰依せよという如来から衆生に対する「勅命」であり、「発願回向」とは、如来が衆生を救おうという願を建てられて、それを衆生に回向された、という意味である。「即是其行」とは選択本願（第十八願）であり、「必得往生」は必ず往生する身となる、すなわち不退の位につくことである。言いかえると、南無阿弥陀仏は如来から衆生に回向されたものであり、その中に、衆生を往生させたいという如来の願と、往生するために如来から与えられた行とが具わっているから、念仏の衆生は必ず往生させていただく身になる。

（二）公胤の夢告

【解説】上巻（末）の巻末に至って、法然聖人（源空）の本地（本性）が勢至菩薩であったことを示す夢の話が記載されている。この語をここに置いたのは、今までの法然の説法が仏の説法と同等であることを示すためと、中巻への移行を示すためという、二つの意図があったと考えられる。

建保四年（一二一六年）四月二十六日、園城寺の長吏、公胤僧正の夢の中に、空中に声があり、次のように言った。「源空の本地の身は大勢至菩薩である。衆生を教化するためにたびたびこの娑婆世界に来られた」。

かの僧正の弟子、大進の公（実名を知らず）がこれを記した。

康元元年（一二五六年）丙辰十月十三日

康元二年丁巳正月一日　これを校正した。

愚禿親鸞　八十四歳　これを書く。

西方指南抄　中（本）

（三）建久九年記

【解説】この章では、六十代の法然が、毎日六万回などの称名念仏を励み、その功が実ってたびたび浄土の風光や勢至菩薩・阿弥陀仏の姿を観たことが述べられている。このことは『観経』では、観相念仏の結果として説かれているが、ここでは称名念仏が観相念仏に劣らず行者を浄土と仏に近づかせるものとして説かれている。なお、称名念仏と観相念仏については補注(9)を参照。

聖人が御在生の時にこれを記註された。　外部に見せてはならぬ。
秘蔵すること。

御生年六十六歳　丑の年。

建久九年（一一九八年）正月一日記す。

一日、櫻梅(やまもも)の法橋(ほっきょう)教慶(きょうけい)のもとよりお帰りになって後、未申(ひつじさる)の時（午後二時〜四時頃）ほどに恒例の正月の七日間の念仏を始められた。一日、明相（太陽の姿）を少しの間、目前に観られた。自然(じねん)に目の前に現れたとのこと。云々。二日、水想観を自然に成就された。云々。全体として念仏七日間のうちに、地想観の中に瑠璃地の姿を少しご覧になったとのこと。二月四日の朝、瑠璃地がはっきりと現れたとのこと。六日夜遅く、瑠璃の宮殿が現れたとのこと。七日朝に、また重ねて瑠璃宮殿が現れた。すなわち宮殿のすべてのお姿が現れたのである。全体として水想観・地想観・宝樹観・宝池観・宝殿観の五つの観を、正月一日から二月七日に至る三十七日の間、毎日七万回の念仏を怠ることなく勤められた。そのためにこれらの姿が現れたのだ、と仰った。

始め二月二十五日より、明るいところで目を開かれた。眼根から赤い袋に入った瑠璃の壺が出てきた。[1]これを見た。その前で目を閉じてこれを観た。[2]目を開けばたちまちなくなった、と言われた。

二月二十八日、法然聖人は病によって念仏の回数が少なくなった。一万回あるいは二万回であった。右の眼からそののち光明が出た。強い光であった。また光が出た。部屋の隅々まで明るく照らした。また眼から瑠璃が出た。その形は瑠璃の壺のようであった。瑠璃の赤い花も出た。宝物のようであった。また日が暮れてから外に出てみると、四方東西南北それぞれに赤と青の宝樹があった。その高さは様々で、高低は心に随って、あるいは四、五丈、あるいは二、三十丈だったと言われる。

八月一日、法然聖人はもとのように一日に六万回の念仏を始められた。九月二十二日の朝、浄土の地想がはっきりと目の前に現れた。周囲七八段ばかりであった。その後、二十三日の後夜(ごや)[3]と朝に、またはっきりと浄土の大地を観た。云々。

正治二年（一二〇〇年）二月のころ地想観などの五つの観行を行住座臥(ぎょうじゅうざが)に（歩いている時にも、止まっている時にも、座っている時にも、横になっている時にも）心の趣くままに行い、それらを観た。

建仁元年（一二〇一年）二月八日の後夜に、鳥の声を聞いた。また琴の音を聞いた。笛の音などを聞いた。その後、日によって、自在にこれらを聞いた。笙の音などを聞いた。様々な音を聞いた。正月五日に三度、勢至菩薩の像のうしろに一丈六尺[4]ほどの勢至菩薩のお顔が現れた。これによって推測すると、西の持仏堂において勢至菩薩の形像から丈六のお顔が現れたのであろう。このことからまた推測すると、この菩薩は念仏法門の正しさを証明するために、いま念仏者のためにそのお姿を現してくださったのである。これは疑う余地がない。同月六日からは、聖人の御座所から四方一段ばかりは青瑠璃の地となったと言われる。云々。今となっては、経釈に照らしても、聖人の往生は疑いなし、と言える。地想観の文によって考えると、往生は疑いないと言える。(5) これについて考えなさい。

建仁二年十二月二十八日、高畠(たかはたけ)の少将が来られた。持仏堂で法然聖人に会った。その間、聖人は例のごとく念仏を修しておられた。阿弥陀仏の像を見られてのち、障子を透き通って、仏のお顔を現じられた。大きさは一丈六尺ぐらいであった。仏のお顔はすぐにまた消えてしまった。二十八日、午の時（十二時）の事であった。

元久三年（一二〇六年）正月四日、念仏をしている間に三尊が大身を現された。五日、三尊がまたお姿を現された。

右は聖人が自ら記された文である。

（1）「眼根から……瑠璃の壺が出てきた」。勢至菩薩は宝冠に智慧の象徴である水瓶をつけている場合が多いから、この水瓶のことを言っていると思われる。
（2）「これを見た。その前で目を閉じてこれを観た」。実物を目の前で見てから、目を閉じて心の中でそれを観じた、という意味。
（3）後夜。夜半から早朝までの時間、特に寅の刻、すなわち午前四時頃またはその前後二時間。

（4）一丈六尺。仏の背丈は普通「丈六」と言われている。約四・八五メートル。

（5）「地想観の文によって考えると、往生は疑いないと言える」。『観経』の「地観」の項に「この浄土の大地を観ずるものは、八十億劫もの生死をもたらすような罪をも除き、この世の生を終えると必ず阿弥陀仏の浄土に生まれるであろう。決して疑ってはならない」とある。

（四）法然聖人御夢想記　善導の御事

【解説】法然聖人の夢の中に善導が現れ、法然が専修念仏を広めていることを讃めたことを記している。

法然聖人が、ある夜次のような夢を見た。一つの大山があった。その峰は極めて高かった。南北に長く遠かった。私は西方に向かっていた。山の根に大河があった。傍らの山より流れ出ていた。北の方角に流れていた。南の河原ははるかに広く、その端は見えなかった。林樹が繁茂していて、どこまで続いているのか分からなかった。そこで源空（法然）は素早く山腹に登って遥かに西方を見ると、大地から上方五十尺ほど上の空中に一群の紫雲があった。そこで思ったことは、いったいどこに往生人がいるのだろうか。すると紫雲は飛び来たって私のところにやって来た。何と不思議なことだと思っていると、紫雲の中から孔雀・鸚鵡などの様々な鳥が飛び出して来て、河原で遊び戯（たわむ）れた。砂を掘り、浜に戯れているこれらの鳥を見ると、それらは普通の鳥ではなく、身から光を放って、極めて明るく輝いている。その後、飛び昇って、もとのように紫雲の中に入ってしまった。するとこの紫雲はその場所に留まらず、そこを過ぎて、北に向かって山河に隠れてしまった。また、山の東に往生人がいるのであろうか、と思った。このように考えている間に、紫雲はたちまち帰って来て、私の前に止まった。この紫雲の中から黒く染めた衣を着た僧が一人飛び下って来て、私が立っているところよりも下の方に来て立った。私はすぐに拝礼のために歩み下りて、頭を低くして僧の足よりも下の方に立った。この僧を仰ぎ見ると、上半身は普通の肉身、すなわち僧形であった。下半身は金色であった。仏身のようなお姿であった。そこで源空は合掌し頭を低く下げて、「あなたはどなたでいらっしゃいますか」とおたずねした。その僧は「私は善導である」と答えた。さらに私は「どういう目的でいらっしゃったのですか」と問うと、その僧は「お前は愚か者ではあるが、よく専修念仏を人々に語っている。はなはだ貴いことである。それだからこのようにやって来たのだ」と答えられた。私はまた「専修念仏の人は皆、往生をするでしょうか」とうかがうと、まだその答えをいただかないうちに忽然として夢が覚めた。

（五）十七条法語

【解説】『阿弥陀経』は念仏者が三生以内に往生することを説いているのではないか、という質問に対して、法然聖人は、『大経』も『観経』も『阿弥陀経』も、一向に念仏をして現世でも来世でも阿弥陀仏の本願の働きの中に入ることを説いているのだ、と答えている。

ある人が念仏について、不審の点を次のように問うた。「第二十願(1)は大綱の願です。係念（念(おも)いを浄土に係ける）というのは、三生のうちに必ず往生を果たし遂げさせてくださる、ということでしょう。仮に大まかに計算しますと、百年のうちに往生できるということになるのでしょう」云々。（聖人の答え）「これは九品往生(2)の意味です。極めて遅い者でも三生のうちには往生できるという意味であると、私は理解しています。また、『阿弥陀経』の已発願（すでに往生の願を発した）などは、三生のうちに往生できることの証しでもあります」と。

法然聖人は次のように言った。「『阿弥陀経』などは浄土門の者にとっての出世本懐の経（釈尊が世に出られた真の目的を表明した経）です。『法華経』は聖道門の者にとっての出世本懐の経です。両者の目指すところは異なっていますから、どちらが本当の出世本懐の経かと疑う必要はありません」。

また聖人は言った。「私が大切にしている経・律・論はすべて、『観経』の中に収められています」。

また聖人は言った。「地蔵などの諸菩薩を侮り軽んじてはなりません。これらの菩薩は私たちが往生した後、私たちに付き添ってくださる方々であるからです」。

また聖人は言った。「現今の行者には、観相念仏を用いる能力はありません。もし仏像などを観じようとしても、運慶や康慶の造った仏像を超えることはないでしょう。もし宝樹などを観じようとしても、桜梅桃李の花や果実を超えないでしょう。ですから、善導和尚の言葉〈かの仏は、今現在成仏されている〉（礼讃）などを信じて、一向に名号を称えるべきです」。さらに、「ただ名号を称えるだけで三心は自ずから具わるのです」と言った。

また聖人は言った。「念仏には、特別な称え方はありません。名号を称えるほか、定った形式は一切ないのです」。

また聖人は言った。「諸経の中に説かれている極楽の荘厳などは、みな四十八願の成就を表す文です。念仏を勧める文は、第十八願成就の文です。『観経』の三心と、『小経』の一心不乱と、『大経』の願成就の文の信心歓喜と、同じく『大経』の流通分の歓喜踊躍とは、皆これ第十八願の願文の至心信楽の心を表しています。これらの心によって念仏の三心を解釈されたのです」。

また聖人は言った。「善導和尚は『観経疏』（玄義分）の中で、〈釈迦の要門とは、定散二善のことである。定善は、さまざまな思いを止めて心を専ら一つの対象に集中する瞑想法である。散善は、普段の散漫な心で悪行を止め、善行に励む修行法である。弘願（ぐがん）とは、『大経』に説かれているように、一切の善悪の凡夫が阿弥陀仏の本願力によって、往生を得させていただくことである〉と言っています。自分のような者は、前述の要門に堪える能力を持ちません。だからひとえに弘願をたのむのです」。

また聖人は言った。「善導和尚は深心を釈（解説）するために、他の二心を釈されたのです。『観経』の中の三心の段を見ると、行への言及が一切ありません。『観経疏』の「散善義」の深心釈のところで初めて念仏の行が明かされています」。

また聖人は言った。「往生の業の成就は、臨終においても平生においても現れます。本願の文には、往生するのは臨終時とも平生時とも、特に定めていないからです」。聖人はさらに、「恵心僧都（源信）のお心は、往生の業の成就は平生に起こる、という見解に立っています」と言った。

また聖人は言った。「往生の業の成就は、正念が根本です。名号を称するのは、正念を成就するためです。もし声を出さなければ、仏を念ずる心はたちまち怠け心に覆われます。常に称名念仏すれば、かならず正念が相続します。正念は必ず往生を引き寄せます」。

また聖人は言った。「称名の行者は普段の念仏の時に、不浄を避ける必要はありません。念仏を相続することが大切だからです。如意輪の法[3]では、不浄を避けません。弥陀と観音は一体不二です。これを思うと、善導の別時念仏[4]の行では清浄潔斎[5]を行いますが、普段の行ではこれとは異なると言うべきでしょう。恵心の〈時・処・諸縁を論ぜず〉という言葉も、永観の〈身の浄・不浄を論ぜず〉という言葉も、確かに意味のあることです」。

また聖人は言った。「善導は第十八願の意味を、一向に仏の名号を称念して往生する、と説明しました。恵心は、観相念仏も称名念仏もどちらも含まれる、と解釈しました。もし『往生要集』[6]の心によるならば、行者の中には念仏という語の意味について、混乱するのではないか、と思います」。

また聖人は言った。「第十九の願は、諸行の人を導き入れて、念仏の願（第十八願）に帰依させようと意図されたものです」。

また法然聖人は次のように言った。

真実心というのは、行者願往生（行者として往生を願う）という心です。虚飾なく、表裏のない内外相応の心を言います。雑毒虚仮（毒の雑じった偽りの心）とは、名聞利養（名誉や富の追求）の心です。『大品経』に「利養名聞を捨てよ」と言っています。『大論』ではこの文を引用したあと、「〈まさに業に雑毒を捨つべし〉とは、一声一念になお毒を含んでおれば、真実心に欠けるということである。〈内を翻じて外を矯る〉とは、たとえ外の姿が法に適っていなくても、内心が真実で往生を願っていれば、必ず往生を遂げる、という意味である」と言っています。深心とは、疑いのない心のことです。利他真実とは、往生の後、利他の門（衆生を救う活動）に入る姿です。従って、詳しくは説明しません。

『観無量寿経』に「もし衆生が阿弥陀仏の浄土への往生を願うなら、三種の心をおこせば、すぐに往生を得る。その三種の心とは、一には至誠心、二には深心、三には回向発願心である。この三心をすべて具えれば、必ず浄土に往生する」と説かれています。善導和尚は『往生礼讃』で三心を釈して、「この三心を具えると、必ず往生を得る。もし一心でも欠けると、往生は得られない」と言っています。だから、三心を具えることが最も大切なのです。

一に至誠心とは、真実心のことです。身で礼拝を行う、口で名号を称える、意で如来のお姿を想う――これらを皆、真実心を持って行えということです。言いかえると、穢土を厭うにせよ、浄土を願うにせよ、様々な行業を修するにせよ、みな真実心を持って謹んで行え、ということです。外に賢善精進（賢善で勤勉）の姿をして、内に愚悪懈怠（愚悪で怠惰）の心を懐いている者は、どのような行をしても、たとえ日夜二十四時間休みなく続けても往生を得ることはありません。逆に、外に愚悪懈怠の姿を顕して、内に賢善精進の思いを持って修行する者は、一時一念の間もその行は虚しくなく、必ず往生を得ることができます。これを至誠心と名づけるのです。

二に深心とは、深信（深く信ずる）という意味です。深信について二つの意味があります。一には、自分は罪悪不善の身であり、久遠の昔から六道に輪廻してきて、仏の国に往生するような縁はないと信じることです。二には、罪人であっても、仏の願力を強い縁としていただけば、往生を得ることができると信じることです。これについて決して疑わず、あれこれと計らってはなりません。

これについてまた二つのことがあります。一には「人について信を立つ」（釈尊の教えを信ずる）、二には「行について信を立つ」（念仏の教えを信ずる）ということです。

「人について信を立つ」とは、生死を離れる道は数多いとは言え、大きく分けて二つになります。一つは聖道門、二つは浄土門です。聖道門とは、この娑婆世界において煩悩を断じて悟りを得る道のことです。浄土門とは、この娑婆世界を厭うて極楽を願って善根を修する道です。二門あるとは言っても、私たちは聖道門をさしおいて浄土門に帰依するのです。しかしもし人がたくさんの経論の文を引いて、「罪悪の凡夫は往生を得ることはない」と言うとしましょう。そんなことを聞いても、ひるむ心を起こさず、ますます信心を増しなさい。その理由は、「罪障の凡夫が浄土に往生する」というのは釈尊の誠の言葉だからです。凡夫の迷い心から生まれた言葉ではありません。私たちはすでに仏のお言葉を信じて、深く浄土を願い求めています。たとえ諸仏・諸菩薩がやって来て、「罪障の凡夫は浄土に生まれられない」と言っても信じることはありません。なぜかというと、菩薩は仏の弟子ですが、もし本当の菩薩ならば、仏の教えに背くはずがないのです。しかるに仏説と違って、「凡夫は往生を得られない」と言う方があります。それで分かることは、その方は真の菩薩ではないということです。だから、信じてはなりません。

また仏は同体の大悲[7]の方です。本当に仏であれば、釈迦の教えに違うことはありません。たとえば『阿弥陀経』に「一日ないし七日の間、阿弥陀仏の名号を称えれば必ず往生を得る」と説かれていることは、六方におられるガンジス河の砂ほどの数の諸仏が、釈迦仏に心を合わせて、これは真実だと証誠しておられます。しかるに今、釈迦の教えに背いて「罪悪の凡夫は往生を得ることはない」と言う。これで分かることは、そのようなことを言う者は真の仏ではない、ということです。それは天魔が仏の姿を取って現れた者でしょう。だから、そのような言葉を頼ったり信じたりすることはできません。こうした仏・菩薩の説でさえ信じるに値しないのです。ましてそれ以外の者の言葉はなおさら信じるに足りません。「あなたたちが信じる教えは、大乗と小乗という相違があるけれども、同じく仏果を目指しておられます。穢土で修行して仏果を目指すのは聖道門の意です。私たちが修する道は、正行・雑行という相違はあるけれども、ともに往生極楽を願う行業は、浄土門の意です。聖道門はあなたたちの有縁の行、浄土門は私たちの有縁の行です。お互いに自分の仏道を盾にとって他を非難し合うべきではありません」。このように信じることを、「人について信を立つ」と名づけるのです。

次に「行について信を立つ」とは、さまざまな往生極楽の行があるとは言え、それらは二種の中に収まります。一つは正行、二つは雑行です。正行とは、阿弥陀仏との関係が親しい行です。雑行とは、阿弥陀仏との関係が疎い行です。

まず正行には、五種類あります。一には読誦、すなわち三部経を読むことです。二には観察、すなわち阿弥陀仏とその浄土の荘厳を観ずることです。三には礼拝、すなわち弥陀仏を礼拝することです。四には称名、すなわち弥陀の名号を称えることです。五には讃嘆供養、すなわち阿弥陀仏の功徳を讃嘆し、さまざまなお供えごとをすることです。この五つの正行は二種類の行からなっています。一つには正定業。一心に専ら弥陀の名号を称念して、行住坐臥、時間の長短を問わず、念々に捨てないことを正定の業と名づけるのです。それは阿弥陀仏の本願に随順するからです。二つには助業（正定業を補佐する行）。先の五つの正行の中で、称名を除いた礼拝・読誦などの四つの行は、みな助業と名づけられます。

次に雑行とは、先の五種の正助の二行を除いて、それ以外の様々な行―大乗経典を読誦する・菩提心を発す・戒を持つ・勧進する[8]―などの一切の行を意味します。この正雑二行について、五種の利点と不利点があります。一には親疎対、すなわち正行は阿弥陀仏との関係が親しく、雑行は阿弥陀仏との関係が疎い。二には近遠対、すなわち正行は阿弥陀仏との関係が近く、雑行は遠い。三には有間無間対、すなわち正行は仏と浄土を念ずることに切れ目がなく、雑行は間断する。四には回向不回向対、すなわち正行は行者が自分の功徳を回向しなくても自ずから往生業となる。雑行は行者が自力の功徳を回向しなければ往生の業とならない。五には純雑対、すなわち正行は純粋に往生極楽の行である。雑行はそうではなく、十方諸仏の浄土や人界や天界に生まれるための行にもなる。このように信ずるのを、「行について信を立つ」と名づけます。

以上を深心と名づけるのです。

三に回向発願心とは、過去及び今生の身・口・意の三業で獲得したすべての善根を、真実心でもって極楽に回向して往生を願うことです。

また法然聖人は言った。「善導と恵心との相違点について。善導は仏や浄土の色相（姿形）を観る観法を観仏三昧と呼び、称名念仏を念仏三昧と呼びました。恵心は称名・観法を合わせて念仏三昧と呼びました」。

また聖人は言った。「他宗の人で浄土門に志のある人には、まず『往生要集』によって教えなさい。その理由は、この書は人々の状態をよく考慮に入れて、どのような人にとっても難しくないように書かれているので、初心の人のためによい書だからです。しかしこの書の底にある本意は、ひたすら称名念仏一つを行ずることを勧めておられます。この点では善導と同じなのです」。

また聖人は言った。「他宗の人で浄土宗に志のある人は、必ずもとの宗への執心を捨てるべきです。その理由は、聖道門と浄土門の教義は全く別だからです」。

（1）第二十願。現代語に訳すと「私が仏になる時、十方の衆生がわが名号を聞いて、念（おも）いを私の浄土に係（か）け、名号を称えた功徳を回向して、私の国に生まれることを望むであろう。もし彼らの望みがかなわなければ、私は決して最高の悟りを取らない」。
（2）九品往生。『観経』では、深い瞑想行に堪えられない凡夫をその資質によって九種（九品）に分けて、それぞれの往生行を定めている。どの行者も阿弥陀仏を信じ念仏を行ずるけれども、まだ自力心を残している。そういう者を本願念仏に導こうとするのが九品往生の意味である。
（3）如意輪の法。犯した罪障消滅のために如意輪観音を本尊として行う修法。
（4）別時念仏。念仏者が特に日時を限って行う念仏。また、これに尋常と臨終とを分け、尋常には一日ないし七日、十日、または九十日など日を限るものもある。（石田瑞麿、前掲書、九五二頁）。
（5）清浄潔斎。法会などの前に、酒肉、五辛などの飲食をつつしみ、淫欲を断ち、沐浴などして身を清めること。（石田瑞麿、前掲書、一二四五頁）。

（6）原文は「もし『要集』のこころによらば、行者においては、この名をあやまてらむ歟」とあり、訳のような意味になると思われる。（『真宗聖教全書』第四巻、一三三頁参照）。
（7）同体の大悲。仏・菩薩が衆生の苦を自己の苦として憐れみ愛おしんで、その苦を除く心。
（8）勧進する。人々に勧めて仏道に導き善に向かわせること。

（六）法然聖人臨終の行儀

【解説】法然聖人の臨終前から臨終時に至るまでの状態を詳しく述べている。特に興味深いのは、臨終直前の行者の枕元に仏像を置いて、五色の糸で仏像と行者とを結びつける当時の習慣に従うことを、聖人が断った点である。最後まで念仏を唯一の依りどころとした法然聖人の姿が生き生きと描かれている。

建暦(けんりゃく)元年（一二一一年）十一月十七日、藤(とう)中納言光親卿のご進言によって、院宣(いんぜん)によって十一月二十日、戌(いぬ)の時（午後八時頃）、法然聖人は京都へお帰りになり、東山大谷というところにお住みになった。

同二年正月二日より、老病の上に、日頃あまり食事が進まなかったこともあり、おおかたこの二、三年の間に老け込まれて、よく物忘れをされるようになった。しかし今年からは耳も聞こえ、心もはっきりして、長年学んでこられた法文を時々思い出して、弟子たちに向かって談義をされた。またこの十余年は、耳が遠くなって、小さな声だと聞こえなかったけれども、今年からは昔のように聞こえるようになって、普通の人と同じようになった。世間のことはお忘れになったけれども、常に往生のことを語って念仏をしておられた。またあるいは一時の間（二時間）高声に（はっきりとした声で）念仏を称えられ、またあるいは夜中に自然に眠りに落ちられた後も舌と口は動いて、小さな声ながら仏の御名を称えておられるのが聞こえた。ある時は舌と口だけが動いて、その声が聞こえないこともよくあった。であるから、口だけが動いていることは多くの人が知ることになり、聖人の念仏を耳に聞いた人たちはことごとく、珍しく有り難いことだと思った。

また同正月三日戊の時（午後八時頃）ほどに、聖人は看病していた弟子たちに、「自分はもと天竺にあって、声聞僧のなかで頭陀(1)を行じていた身であるが、この日本に来て天台宗に入り、またこの念仏の法門に遇ったのだ」と仰った。その時看病人の中に一人の僧があり、「極楽に往生されるのでしょうか」とおうかがい申し上げた。すると聖人は、「私はもと極楽におった身であるから、きっとそうなるに違いない」と答えられた。

また同正月十一日辰の時のころに（午前八時頃）、聖人は身を起こされて合掌し、高声に念仏されたが、それを聞いた人はみな涙を流して、これは臨終の時かと心配していると、聖人が看病の人に「高声に念仏しなさい」と仰ったので、人々が声をそろえて高声念仏(2)した。その間聖人は一人で念仏をされていたが、「阿弥陀仏を敬い供養申し上げて名号を称える者は、一人も裏切られることはない」と仰って、様々に阿弥陀仏の功徳をほめ称えられるのを、人々は高声を止めて聞いていた。しかしそれでもその中の一人が声高く念仏を称え続けたので、聖人はいましめて「しばらく高声念仏をやめなさい。このようなことは時と場合に相応して行うべきである」と仰って静かに合掌して、「阿弥陀仏がここにおられる。この仏を供養しなさい。ただ、今は思い出せない。供養の文がここにあるか。私に供養をさせよ」と何度も言われた。またある時弟子たちに、「観音菩薩・勢至菩薩や、他の浄土の聖衆が前に現れておられる。お前たちは拝み申しあげたか」と仰ったので弟子たちは、「私たちにはそれらの聖衆は見えません」と申し上げた。またその後弟子たちが、聖人の臨終の時のためにと思って、三尺の弥陀の像を置いて、聖人に「この御仏をお拝みになってください」と申し上げると、聖人は「この仏のほかにまた仏がおられるのか」と言って、指で虚空を指された。このあたりの事情を知らない人は、このことを理解できないであろうから、少しばかり由緒を書いておく。

およそこの時に先立つこと十余年の頃から、念仏の功が積もって、極楽の有り様を拝見し、仏・菩薩のお姿を常にご覧になるようになった。そうとはいえ、御心の中だけに留めて人には言わなかったので、生きておられる間は、他の人は全くこのことを知らなかった。おそらく常に真身の阿弥陀仏のお姿を拝見されていたのであろう。また弟子たちが、臨終の時に据える仏像の手に五色の糸をかけて、それを聖人の手に結びつける準備ができましたと申し上げると、聖人は、「これは世間一般のやり方であって、必ずしもそれに従わなくてもよい」と仰った。

また同二十日巳(み)の時(午前十時頃)(3)に、大谷の房の上にあたって、不思議な雲が西東にまっすぐにたなびく中に、長さ五六丈ほどの丸い形のものがあった。その色は五色であって、まことに色鮮やかで、光っていた。たとえば絵像の仏の円光のようであった。多くの場所で、道を過ぎゆく人々が不審に思いながら拝んでいた。

また同日午(うま)の時(昼の十二時頃)に、ある弟子が聖人に「この房の上に紫雲がたなびいています。

御往生の時が近づいているのでしょうか」と申すと、聖人は「ああ、有り難いことだ」と何度も仰って、「これは一切衆生のために唱えるのだ」と仰って「光明徧照、十方世界、念仏衆生、摂取不捨」（光明は十方世界の念仏の衆生をあまねく照らし、救い取って捨てられることはない）という『観経』の一節を三回唱えられた。またその未（午後二時頃）のころ、聖人は急に眼を開き、しばらく虚空を見上げて少しも瞬きをせず、五、六度西の方角を見られた。人を見送る時と似ていた。人々が皆不思議に思って、「これはただ事ではない。これはお悟りの時が来て、浄土の聖衆が来られたのか」と不審に思っていたが、それが何であるかさっぱり分からなかった。およそ聖人は、老病の日が長くなって、長い間何も食べておられなかったので、お顔色もお姿も衰えて弱くなられたために、ものを見るにも目を細くしか開けず、広くはごらんにならなかったのに、この時は少し長く上を向いて、大きく眼を開いて見ておられるのは不思議なことだ、と言っていると、後にほどなく顔の色がにわかに変わって、死相がたちまち現れた。その時、弟子たちは「これは臨終か」と思って、驚き騒いでいると、普通の顔になられた。不思議にも今日紫雲の瑞相があった上に、あれこれと変わったことがあることだ、と弟子たちは言っていた。

また同二十三日にも、紫雲がたなびいていることが少しばかり噂に聞こえたが、同二十五日午の時（昼の十二時頃）に、また紫雲が大きくたなびいて、西山の水の尾の峰に見えたのを、木こりたち十余人ほどが見た。その中の一人がやって来て、その様子を詳しく報告した。それは正しく臨終の午の時に当たっていた。また太秦にお参りに来て帰宅途中の尼もこの紫雲を拝み、急いでやって来て報告した。すべて聖人が念仏のつとめを怠らずにいらっしゃった上に、正月二十三日から二十五日に至るまでの三日間、ことに常よりも強く高声の念仏を称えておられた。ある時は二時間、ある時は一時間ほど高声念仏をしておられたので、人はみな驚き騒いでいた。このようなことが二、三度あった。

また同じ二十四日の酉の時（午後六時頃）から、二十五日の巳の時（午前八時）まで、聖人は高声の念仏を間断なく申しておられたので、弟子たちも順番に替わって、同時に五六人ほどが声をお助け申し上げていた。すでに午の時（十二時）になって念仏される声が少し低くなってきた。しかしながら、時々また高声の念仏が混じって聞こえた。これを聞いて、房の庭の前に集まっていた縁のあるものたちは、数えられないほど多くいた。聖人は日頃伝え持っておられた慈覚大師の九条の袈裟をかけられて、枕を北にし、顔を西に向けて、床に寝ながら仏号を称えて、眠るようにして、正月二十五日午の時（午前十一時から午後一時の間）の半ばほどに、往生された。その後多くの人々が競い集まって、拝み申し上げる人が絶えなかった。

（1）頭陀。サンスクリット語 dhūta の音写。あらゆる煩悩を払い去って仏果を求める修行。
（2）高声念仏。本書第二〇章「十一箇条問答」第六に、法然聖人が「人の耳に聞こえるほどの称名念仏は、高声念仏と言われます」と言っている。
（3）丈。長さの単位。尺の十倍、約三メートル。従って、五六丈は一五〜一八メートル。

（七）諸人霊夢記

【解説】この章は、京都近辺に住んでいた老若男女が、聖人の往生の前後に見た様々な夢の話を記している。『高僧和讃』（一一六）〈道俗男女預参し、卿上雲客群集す、頭北面西右脇にて、如来涅槃の儀を守る〉に相応する内容である。

一、聖人のことを、多くの人々が夢に見たこと。

中宮の大進（だいしん）(1)、兼高という人が見た夢に、ある人が異常に大きい本を見ていたので、どのような本かなと近寄って見ると、多くの人々の臨終のことを書いた本であった。聖人のことが書いてあるかと思って見ると、本の奥の方に「光明徧照、十方世界、念仏衆生、摂取不捨」と書いてあり、この聖人はこの文を唱えて往生されるであろう、と書いてある、と思った時に夢から覚めた。このことは聖人も弟子たちも知らないまま過ごしておられたが、この聖人がさまざまな不思議を現じておられた時に、病に沈んで何事につけても全く意識もない状態になったにも関わらず、聖人はこの文を三回唱えられた。あの人（兼高）の昔の夢を思い合わせると、これは不思議なことだというべきであろう。兼高は手紙であの夢のことを報告したのを、弟子たちが後に開いて読んだ。その手紙は長いので、ここには書き入れない。

一、四条京極に住んでいた薄師（はくし）(2)、字（あざな）は太郎まさいえという者が、今年（建暦二年）の正月十五日の夜、次のような夢を見た。東山大谷の聖人の御房の御堂の上から、紫色の雲が立ち上った。ある人が、「あの雲を拝みなさい。これは往生の人の雲です」と言い、多くの人々が集まって拝んでいる、と思った時に夢が覚めた。明くる日、空が晴れて、巳の時（午前十時）ごろに、かの堂の上の方の空に五色の雲があった。多くの人があちらこちらでそれを見た。

一、三条小川（こがわ）に、陪従（べいじゅ）[3]信賢（のぶかた）の後家で尼となった者のもとに、幼い女の子がいた。まことに信心があって、念仏を申していた。同年正月二十四日の夜、特に心を澄まして高声に念仏していると、乗願房というひじり（念仏僧）がしばらくの間そこに泊まっていて、これを聞いた。夜が明けてその少女がこの乗願房に、「法然聖人は、今日二十五日に必ず往生されるでしょう」と言ったので、乗願房が「どうしてそのようなことをお知りになったのですか」と尋ねると、少女は「昨夜の夢の中で聖人の許に参ると、聖人が〈私は明日往生することになっている。もし今宵お前が来なかったら、私に会うことができなかったであろう。よく来てくれた〉と仰いました」と言った。少女は続けて言った。「私は聖人に〈私は少し悩んでいることがあります。それは、私はどのようにすれば往生できるかということです〉とおうかがいすると、聖人は次のように教えてくださいました。〈お前にとって、能力が及ばず、成し遂げることができないことがある。それは、まず出家して、ながく世間との関わりを捨てて、静かなところでひたすら後世の勤めをすることである〉と仰いました。だから今日の午の時（正午ごろ）に、聖人が往生されることは、この夢とちょうど一致していることです」。

一、白川に准后[4]の宮につかえていた三河という女房が夢に見た。同二十四日の夜、聖人の許に参って拝むと、四方の壁に錦の帳（幕）が引いてあった。色は様々に鮮やかで、光っている上に煙が立って部屋に満ちていた。よくよくこれを見ると、煙ではなくて、紫雲とはこれを言うのか、それまで見たこともないものを見たことだと思って、不思議の思いを持っていると、聖人が往生されたのかと思われて夢が覚めた。夜が明けて朝に、僧順西（じゅんせい）という者にそのことを語って後に、その日の午の時（正午頃）に聖人が往生された、と聞いた。

一、鎌倉から来た者で、来阿弥陀仏という尼がいたが、信心がことに深くて、仁和寺に住んでいた。同二十四日の夜に次のような夢を見た。実に尊い僧がやって来た。その姿は絵像の善導のお姿に似ていた。それを善導かと思っていると、その僧が尼に告げて、「法然聖人は明日往生されるであろう。早く行って拝み申し上げよ」と言われたと思うと、夢が覚めた。その尼は直ちに起きて、夜明け前に食べ物など用意して、わりご[5]を下人に持たせて、急いで出発して聖人の許へ参ろうとすると、下人たちがそれぞれ、「今日は大変重要な行事があります。これをうち捨ててどこに行かれるのですか。早く今日は寺におとどまりください」と言ったけれども、「このような夢を見たので、かの聖人の往生を拝みに行こうと思って、すべてのことを振り捨てて急いでいるのです。これ以上止めないでください」と言って仁和寺を明け方に出て、東山大谷の房に参って見ると、実際にその日の午の時に往生された。この夢については、聖人がまだ往生される前に聞いた人々が多くあった。これは全く疑いのないことである。これは実に不思議のことではある。大体、二十五日に聖人の往生を拝もうと思って参り集まった人の数は、繁盛した市場のようであった。その中のある人が、「二十三日の夜の夢に聖人が現れて、〈私は二十五日の午の時に往生するであろう〉と仰ったと思った時に夢が覚めました。これがまことであることを確かめようと思ってやって来たのです」と言った。これればかりか、あるいは、昨日の夜このお告げがあったという者もあった。集まった人々の中にこのようなことを言う人が多くあったが、詳しくは述べない。

一、東山の一切経の谷に大進という僧があり、その弟子に十六歳の少年で、袈裟（けさ）という者がいた。同二十五日の夜に次のような夢を見た。西から東にまっすぐに通った大路があった。砂を散らして、筵（むしろ）を道の上に敷いてあった。左右に何かを見ようとしていると思われる人たちが多く集まっていた。何か重大なことがあるんだろうと思ったので、自分も一緒に見ようと思って道の傍らに立っているうちに、天童二人が美しい旗を掲げて西に向かって進んで行った。その後ろにまた法服を着た僧たちが千万人集まって進んで行った。彼らは左手に香炉を持ち、右の手には袈裟の端を持って、同じく西に進んで行った。袈裟少年は夢の中で、「これはどのような人でいらっしゃるのですか」と聞くと、ある人が答えて「これは往生の聖人がおられるのです」と言うので、また少年が「聖人とはどなたなのですか」と聞くと、「これは大谷の聖人です」と言われたと思った時に夢が覚めた。これはこの少年が夜明け前に、師の僧に語ったことである。この少年は聖人のことも知らず、また往生のことも聞いていなかったのに、思いもかけずこのお告げがあったのである。

一、建暦二年二月十五日の夜、故惟方（これかた）の別当入道の孫が夢の中で、聖人の葬送を拝んでいると、聖人のお身体を清水の塔の中にお入れするように見えた。それからまた二日ほど過ぎて次のような夢をみた。となりの房の人が来て、「聖人の葬送にお参りすることができなかったのは残念だったが、お参りしたのと同じことだから、墓所へお参りしなさい」と言うので、喜んでその墓所へ一緒に行ったと思ったが、八幡神宮と思われる社（やしろ）の戸が開いているのを見ると、法然聖人の御聖躰（ごしょうたい）（お身体）があった。その時、「私は今から法然聖人の墓所に参ろうとしているのに、八幡神宮に御聖躰があるとはどういうことか」と言うと、そのとなりの房の人が「ここにおられる聖人こそ、聖人の御聖躰なのだよ」と言うので、身の毛がよだって、汗が出てきて夢が覚めた。

一、同正月二十五日辰の時（午前八時頃）に、念阿弥陀仏という尼が、夢とも現ともない状態の時に見た。はるかに丑寅の方角（北東）を見ると、聖人が墨染めの衣を着て空中に立っておられた。その側に、少し下がったところに、白装束を着た唐人のような人がいた。大谷の地のあたりで聖人と俗人とが南に向かって立っておられたが、俗人が言うことに、この聖人は通事(6)でいらっしゃると言ったと思った時に、夢が覚めた。

一、同二十三日卯の時（午前六時）に、念阿弥陀仏がまた夢を見た。空が晴れていて、西の方角を見ると、白い光があった。扇のように末が広く本は狭かった。次第に大きくなって、虚空に一杯になった。その光の中に、円座のような形の紫雲があった。光っている雲と同じく東山の大谷の方角にあって、多くのお参りに来た人々がこれを拝んでいた。「この光は何なのですか」と聞くと、ある人が「法然聖人が往生されるのですよ」と言ったので私も拝み申し上げると、人々の中に「何というよい香りだ」と言う人もあると思って、自分もこれを敬って拝もうと思った時に目が覚めた。

一、聖人が往生された大谷の坊の東側の崖の上に、平らなところがある。その地を建暦二年十二月の頃、そこの地主が聖人にさし上げたので、その地を墓所と定めてそこに葬り申しあげた。その地の北にまたほかの人の房舎がある。そこに住んでいた尼が、先年に夢に見た。その墓どころの地を、天童が行道(7)していると見えた。また同じ房主が去年十一月二十五日の夜の夢に見たところでは、そこの南側にある聖人の墓どころに青蓮華があって開花した。その華は風に吹かれて少しずつこの房へ散りかかると見えたが、そこで夢が覚めた。また同じ房に女がいたが、去年の十二月の頃に見た夢に、南の地にいろいろ様々な蓮花が咲き開いていると見えた。その後、今年の正月十日、その地を聖人の墓所と定めて、穴を掘って準備している時、この房の主が初めて驚いて、「日頃、夢に三度まで見たが、今思い合わせると、夢と現実とが一致していたことだ」と言って不思議がった。

一、建暦元年の頃、聖人が津の国（摂津国）の勝尾というところにおられた時、祇陀林寺の和尚であった西成坊という僧が次のような夢を見た。祇陀林寺の東の山の当たりに金色の光がさしているのを多くの人が見ていたが、不思議に思って問い尋ねると、そばにいた人が「これこそ法然聖人が往生されるしるしですよ」と言ったと思った時に夢が覚めた。その後、聖人は勝尾から大谷に移られて往生されたと聞いて、この僧は人々に、自分はこれこれの夢を見ていた、と語ったとのことである。

一、華山院の前の右大臣の家に仕えていた侍に江内という者がいたが、それが親しくしていた女性が、三日の間続いて三度まで次のような夢を見た。まず正月二十三日の夜の夢では、西山から東山に至るまで、五色の雲が一町（約百十メートル）ほどまっすぐにたなびいていた。大谷の聖人の御房に行って拝んでいると、聖人は墨染めの衣・袈裟を着ておられたが、袈裟の緒は結びが垂れていて、如法経[8]の時の袈裟の緒のようであったので、請用[9]かと思われて、聖人が出立されると思った時に夢が覚めた。また同じ二十四日の夜に次のような夢を見た。昨日の夜に夢に見た五色の雲は少しも散らずに、大筏のように大回りに回り、東側にあった雲の頭が西側に来て、まっすぐにたなびいた。聖人も先と同じ姿でいらっしゃると思っていると、夢が覚めた。また同二十五日に夢を見た。前述の雲が西の方向に流れていた。聖人は七条の袈裟をかけて臨終の作法を行っているようであったが、かの雲に乗って、飛ぶように西へ行かれたと思っていると夢が覚めた。胸が騒いで驚いていると、自分の口も、衣も、周囲までも大変良い香りが漂っていた。この世の普通の香とは違っていて、実にすばらしい香りであった。

一、ある人が二月二日の夜に次のような夢を見た。聖人が往生されて七日目に当たる夜の夢に、ある僧がやって来て、「聖人の御房は、往生の伝記に入られたことを知っていますか」と聞くので、この人は「どなたが書いたどのような伝記に入られたのですか」と聞くと、その僧は指で前にあった書を指して、「この書に入っておられます」と言ったかと思うと夢から覚めた。その書を見ると、善導の『観経疏』であった。これは長楽寺の律師（隆寛）が一昼夜の念仏を申した時の夢である。

一、数年前、直聖房という人が熊野へお参りした時に、聖人がちょっとした事情によって讃岐へ下られると聞いて、自分も山を下りて会いに行こうとしたが、あれこれと具合の悪いことばかりがあって、病気がちになったので、このことについて熊野権現にお祈りしたが、夢の中に権現が現れて「お前はいま山を下りるべきではない。お前の臨終の時がすでに近い」と言ったので、直聖房は「聖人のことをまだはっきり理解しておりません。早く出向いて詳しく教えをいただきたいと思います」と言うと、権現から「かの聖人は勢至菩薩の化身である。お前はこのことを疑ってはならない」というお示しをいただいた。この夢を見終わって後あまり日がたたないうちに、その僧は往生した。このことはまことに驚くべきことである。この有り様は、世の人々に広く知られている。

一、天王寺の松殿法印の御坊静尊は、高雄寺にこもっていたが、日頃法然聖人という人がいるとだけ知っていて、まだ会ったことがなかった。しかるに、正月二十五日午の時頃に、ある貴い方から注文が来て、『阿弥陀経』を書かせていただくことがあり、出文机(10)で書写をしている途中で、しばらく脇息に寄りかかって休んでいると、次のような夢を見た。外で人々が異常なほど大声で叫んでいるのに驚いて縁側の端に立って空を見上げると、普通の乗り車の輪ほどの大きさの八輻輪(11)で、八方の先端ごとに様々な色の幡をかけたものが東から西へ飛んで行ったが、金色の光があって四方を照らした。するとすべての他のものは見えなくなり、金色の光だけが天地に満ち満ちて、日光も覆われ隠された。これを不思議に思って人に問うたところ、傍らの人が「これは法然聖人往生のお姿です」と言う。本当に有り難く、帰命・信仰の心が深くなった時に夢から覚めた。その後同二十七日に白川の乳母から手紙が届いたが、乳母は手紙を送るついでに、一昨日二十五日の午の時に法然聖人が往生された、と知らせてきた。夢に見たこととすっかり符合しているので、いよいよ随喜の思いを持ったとのことである。

一、丹後の国しらふの庄に、別所の一和尚の僧がいた。昔は天台宗の学徒であり、遁世した後、法然聖人に帰依して弟子になり、丹後から上ってきて京の五条の坊門、富小路というところに住んでいた。ある日、昼寝していると夢に、紫雲がたなびいている中に尼が一人いて、ほほ笑んで「法然聖人のお教えによって極楽に往生いたしました。私は仁和寺におりました」と告げた。その後夢が覚めたが、聖人が九条におられたので、すぐに出向いてお目にかかり、「あれは妄想だったのでしょうか。このような夢を見ました」と申し上げた。聖人はしばらく考えた後、「そのような人もあるのかもしれない」と言って、人を仁和寺へ遣わそうとしたが、日も暮れたので、次の朝に仁和寺へ遣わして、用のついでに「何か変わったことがありましたか」と尋ねるようにと使いの者に仰った。すると「その尼公は昨日の午の時に往生されました」との知らせを受けて、聖人は次のように仰った。

あの尼公は「私は法華経を千回読もうと願を起こしましたが、今までに七百回くらい読んだでしょうか。残りをどうすればやり遂げられるか分かりません」と言ったので、私は「歳をとった御身でありながら、ここまでお読みになったのはまことにめでたいことですが、残りは一向念仏でおやりなさい」と言って、名号の功徳を説き聞かせてあげました。すると尼公は経を置いて、この年月、念仏を一向専称して、この度往生極楽の願いを完遂されたのです。

(1) 大進。中宮職、皇太后宮職、春宮坊などの三等官の上位の称。
(2) 薄師。どのような状態の者か、不詳。
(3) 陪従。貴人に付き従う人。
(4) 准后。太皇太后・皇太后・皇后に準ずる待遇を受ける女性。
(5) わりご。白木で作った食べ物を入れる折り箱。ふたがあり、内部に仕切りがある。
(6) 通事。『角川新版古語辞典』によると、①通訳、②間に入って取り次ぐこと、とある。法然聖人が善導大師のお心を日本に伝えたことを言っていると思われる。
(7) 行道。仏を礼讃するため、法会の時、僧が列を作り読経しながら仏像や仏殿の周囲をめぐること。
(8) 如法経。一定の規則に従って経を唱える行事。
(9) 請用。仏事や病気の加持祈禱のために僧侶・修験者が招かれること。
(10) 出文机。ものを書くための机。
(11) 八輻輪。スポークが八本ある車輪、法輪のこと。

康元二年（一二五七年）丁巳正月二日

愚禿釈親鸞八十五歳校了

康元二年丁巳二月二十七日　これを書く

西方指南抄　中（末）

（八）七箇条起請文

【解説】この文書は、元久元年（一二〇四年）に延暦寺の衆徒から天台座主に、専修念仏の徒が既存の教法を謗っているから禁止すべきだ、との訴えがあったので、法然が、もし門弟の中にそういう行為があったのなら今後は固く慎ませることを誓い、百九十人ほどの門弟に署名させて、天台座主に提出したものである。親鸞も「僧綽空」の名で署名している。

一。私の門人として自ら念仏をし、念仏を人々に勧めているすべての上人たちに告げる。

一句一文も見ないで真言宗や天台止観の教えを否定し、阿弥陀仏以外の仏や観音勢至以外の菩薩を誹謗することを禁止する事。

右の件について言うと、自宗の正しさを主張し、他宗を論難することは、学問を積んだ者のすることである。愚人の口出しをすることではない。そればかりか、そのような者は誹謗正法の罪を犯しており、弥陀の本願の働きから除外される。その報いとして、必ず地獄に墜ちるであろう。これは愚かの極みではないか。

一。学識のない身で学識のある人に口論を挑み、他宗の者に遇って好んで論争をすることを禁止する事。

右の件について言うと、論議は学識の深い者のすることである。愚者のすることではない。また論争のあるところには様々な煩悩が起こる。智者はこのような状態に陥ることを遠く避けるものである。ましてや一向念仏の行者はなおさらである。

一。異なった理解を持ち、異なった修行をする者に向かって、愚かで偏った心で、「自分の宗を捨てて、その宗を悪く言い立てよ」と無理強いすることを禁止する事。

右は仏道修行の習いであり、修行者は各々自分の信じる宗の修行に励み、他宗の修行の妨げをすべきではない。『西方要決』(1)に、「異なった理解を持つ者や異なった修行をする者に対しては、必ず敬いの心で接せよ。もしおごり高ぶった心を生ずれば、窮まりのない罪を得ることになる」とある。この掟に背いて良いものであろうか。

一。「念仏門には戒も行もない」と言い放って、みだりに異性との婬行や飲酒や食肉を勧め、たまたま戒を守る者があればそれを雑行の者と呼び、「弥陀の本願を憑(たの)む者は悪を行うことを恐れなくてもよい」と言うことを禁止する事。

右の件について言うと、戒は仏法の大本である。行の形は宗派ごとに異なっているとは言え、どの宗でも同一の戒を守っている。そのため善導和尚は、目を挙げて女性を見ることはなかった。これは、戒律に定められている様々な浄業(清らかな行為)を超えた行為である。善導大師を見習わなければ、すべて釈迦如来の残された教えを忘れ、また祖師(善導)の残された伝統に背くことになる。「念仏門には戒も行もない」という主張には根拠がない。

一。まだ物事の正誤も分からない愚か者が、聖教にもなく、師の教えでもない、恐らくは自分勝手な見解を述べ、みだりに論争を企てて、知識ある人たちから笑われる――そのような行動で、無知の者の心を惑わせ乱すことを禁止する事。

右の件について言うと、このような者は智慧に欠け、仏法に仇する大天魔である。お釈迦様のおられたインドから日本に生まれ変わって来て、むやみやたらに誤った見解を述べている。すなわち九十五種の外道と同じである。最も悲しむべきことである。

一。愚かで智慧がないのに説法を好み、正しい教えを知らないで種々の誤った教えを説き、学問も知識もない出家や在家を教化しようとすることを禁止する事。

右の件について言うと、仏教の正しい理解なしに人の師となることは、『梵網経（ぼんもうきょう）』(2)の禁ずるところである。自分の才能を人に見せびらかそうとして、浄土の教えを説くことを芸能（生活のための技能）として使い、名声や富を貪り、施主を求めるのは、黒闇の類いである。きっと自分勝手な誤った教えを説いて、世間の人々をだまし惑わしているのであろう。人を惑わす教えを説く罪はことに重い。このような者は国賊ではなかろうか。

一。自ら仏の教えでない誤った教えを説いてそれを正法と唱え、偽って師から受け継いだ教えだと称することを禁止する事。

右の件について言うと、たとえこれらが一人ずつしかいないとしても、最終的には、責めは私一身に降りかかってくる。多くの悪によって阿弥陀仏の教えを汚し、師匠である私の悪名を高くする。これほど罪の深いことはほかにない。

以上、問題をまとめるとこれら七箇条になる。少しでも私のところで教文を学んだ弟子たちは、よく私の教えの趣旨を理解して長年念仏を修してきたけれども、聖教によく従って、人心に逆らったり、世間を驚かしたりするようなことをしてはならない。私たちはこのようにして今に至る三十年、何ら問題なく過ごしてきた。しかるに日月を経て近年になって、この十年来、今の天皇の御代に至るまで、知識もなく行いの良くない者どもが、時々門下に紛れ込んできた。その者たちはただ弥陀の浄らかな働きを損なうばかりでなく、釈尊の遺された法をも汚している。この際これらの者に対して明確な誡めを加えなければならない。不正不善のことは大小多くあるので、この七箇条の中ですべてを詳しく述べることはできない。このような法に背くことは慎んで決して犯してはならない。

この上なおこの誡めに背く輩（やから）は、わが門人ではない、悪魔と同族である。再びわが草庵に来てはならない。今後、この掟に背いている者について聞き及んだ者は、必ず私に知らせなければならない。このような者と行動を共にしてはならない。もしそのようなことをすれば、同じ意趣を持った者と見なす。このような過ちを犯すような者は、この掟に対して怒りを持ったり、師匠を恨んだりすることは筋違いである。自業自得の理に従って、自分の行為の結果は自分の身に戻ってくるだけである。このために、今日、四方の念仏行者を招集して一室に集めて私の考えを告げた。右に述べたような不正・不善について少しばかり風の便りに聞いているけれども、確実に誰の過失かは知らないで、非難を受けて嘆き悲しんで年月を送っている。もう黙っているわけにはいかないので、力の及ぶ範囲で禁止の掟を回らすことにした。そのためにその趣旨を文字にして門人たちに示したのがこの文書である。

元久元年（一二〇四年）十一月七日　　沙門源空

信空　感聖　尊西　証空　源智
行西　聖蓮　見仏　道亘（どうかん）　導西
寂西（じゃくさい）　宗慶　西縁　親蓮　幸西
住蓮　西意　仏心　源蓮　蓮西
善信　行空　已上

以上二百余人が連署した。

（1）『西方要決』。一巻、つぶさには『西方要決釈疑通規』といい、窺基の撰述で、西方往生につき十四条をあげ、経論について挙げられた疑問点を理論的に解説している。（大橋俊雄『法然全集』第二巻、三二六頁の注釈に基づく）。

（2）『梵網経』。後秦の鳩摩羅什が四〇八年に訳した二巻。特にその下巻は大乗仏教の修行者（菩薩）が遵奉すべき「十重禁戒」（十種の重大な罪で、犯せば追放される）と「四十八軽戒」を説いていて、大乗菩薩戒の根本聖典として重んぜられた。伝教大師最澄（七六七〜八二二）が畢生の念願であった大乗戒壇の建立の根本理念と成立の根拠を述べた『顕戒論』の中で、特にこの経典を重要視したことから、わが国では天台宗・浄土宗などで重要視される。（岩本裕『日本仏教語辞典』六六八頁）。

(九) 起請 没後二箇条の事

【解説】この章は法然の遺言であり、「没後二箇条の事」と題されているが、『西方指南抄』には第一条の部分だけが記載されている。恵空書写の『漢語燈録』によると、第二条は門弟数人に対する財産分与についての遺言である。(『真宗聖教全書』第四巻、五三〇頁参照)。もっとも親鸞は、「葬家」と「追善」の二件を「二箇条」と見なしたのかも知れない。

一、葬家[1](喪に服す者)と追善の事

門弟たちの服喪の仕方について、いろいろと思うところがあります。自分の所に籠もって念仏に励む意志のある門弟や同朋たちは、私が亡くなった後に決して一つの所に集まってはなりません。その理由は、「ともに仲良く集まっているようであっても、人は集まれば必ず争いが起こる」という箴言は真実だからです。十分に言動を慎まなければなりません。私の希望では、わが同法はわが死後、自分の所に留まって、お互いに会うのを避けるに越したことはありません。争いごとのもとは、人が集まるからです。願わくは、わが門弟・同法たちは、それぞれ閑かに自分の住居の草庵に留まって、心から私が新しく浄土の蓮台に生まれることを祈ってください。決して、一所に集まっても、争いを起こし怒りを懐くことがあってはなりません。私の恩志を知る人は、これから少しでも違わないようにしてください。

さらにまた追善供養についても、私は深く考えることがあります。仏像を描いたり写経をしたりする善行、浴室を設けて人々に風呂を浴びさせたり物を施したりする行は、全くしてはなりません。私に対して追善報恩の志を持つ人は、ただ一向に念仏をしなさい。平生の時、自らのために修行するにせよ他を導くにせよ、ただ念仏の一行に限る、と申しました。私の没後にどうして報恩追善のためとして、わざわざ念仏以外の様々な善行を混ぜる必要があるでしょうか。ただ念仏を行うにしても用心することがあります。私が目を閉じて後すぐに始めて、一昼夜続けなさい。誠の心を持って心を集中して、各人において念仏していただきたい。中陰の間、念仏を中断しないでください。ややもすれば怠け心を生じて、おのおの普段の心に戻って、勇んで行を続けることを疎かにしてしまうかも知れません。およそわが没後の服喪については、皆、真実心を持って行い、虚仮の行を捨てなければなりません。志ある者たちは、くれぐれもこの遺言に背かないよう、お願いしたい。

（1）葬家。大橋俊雄氏は、前掲書第三巻二八九頁で、「葬家」を「葬儀」と解釈しているが、ここには葬儀への言及はなく、法然没後における門弟の生活態度について話しているから、「喪家」（死者の喪に服している者）と同義語と考える。

（一〇）源空聖人私日記

【解説】これは法然聖人の一代記である。法然聖人の生い立ちとその優れた才能、専修念仏との出遇いと浄土宗の創始、南都北嶺からの非難と大原問答での勝利、承元の法難と帰洛、そして建暦二年正月二十五日午の刻の往生などが、様々な奇瑞・霊瑞への言及とともに記されている。

思い起こすに、法然聖人の俗姓は、美作(みまさか)(現岡山県の北東部)の国の庁官、漆間時国(うるしまのときくに)の息子である。美作の久米の南条稲岡庄が誕生の地である。長承(ちょうしょう)二年(一一三三年)、聖人が初めてお母さんの胎内から出た時、二本の旗が天から降ってきた。これは希有で不思議な瑞相である。菩薩の化身の再誕である。見る者は合掌し、聞く者は耳を驚かせた、と言われている。

保延(ほうえん)七年(一一四一年)春の頃、尊父が夜討ちにあって殺されてしまった。聖人は九歳であった。その時、聖人は正義の短矢で敵の目の間を射た。その疵が敵(かたき)の目印となった。すなわちその庄の預所(あずかりしょ)の武者明石源内(あかしのげんない)であった。このために源内は逃げて隠れてしまった。その時聖人は同じ美作の菩提寺の院主・観覚得業(かんかくとくごう)(1)の弟子となった。

天養(てんよう)二年(一一四五年)、初めて比叡山に登った時、得業観覚は手紙に「大聖文殊菩薩の像を一体、進上いたします」と書いた。西塔の北谷持法房禅下である源覚上人は、得業の手紙をみて不審に思っていると小さな子供がやって来た。聖人十三の歳であった。そのあと、十七歳で天台六十巻を読み始めた。

久安(きゅうあん)六年(一一五〇年)、聖人は十八歳で初めて師匠に暇を請うて遁世しようとした。法華修行の時、普賢菩薩を眼前に拝した。『華厳経』を開き覧(み)ていると、蛇が現れた。信空上人はこれを見て怖れ驚いた。聖人はその夜、次のような夢を見た。すなわち、聖人が夜に経論を読んでおられると、燈明がないのに室の中に光があって昼のようであった。信空(法蓮房、法然聖人の同朋)も同じくその光を見た。聖人が真言の教えを修行するために道場に入り、五相成身の観(2)を観じようとした。行によってそれが成就した。聖人は上西門院で七日間、戒を説かれたが、その間ずっと小さな蛇が現れて聴聞した。

第七日に当たって、唐垣の上でその蛇は死んでいた。時に人々が見ていると、その頭が割れて、中からあるいは天人が現れて天に登るのを見た者もあるし、あるいは蝶が出てきたのを見た者もある。戒の講義を聴聞したために、過去の報いとしての蛇の身を離れて、直ちに天上に生まれたのであろうか。

高倉天皇の御代に聖人は戒を受けられた。その戒は南岳大師(3)から今まで絶えることなく相承されてきて、世に流布しているものである。聖人が学んだ諸宗の師匠は四人であったが、四人ともかえって聖人の弟子になってしまった。実に大巻の書であっても、三回読むと文意はすべて明らかになり、深い意味もはっきりと理解できた。それでも、二十余の勝れた功績を挙げたにもかかわらず、天台一宗の大綱を知ることができなかった。そのあと、諸宗の教義の内容を深く知り、顕密の深い趣旨を悟った。八宗以外に仏心・達磨(4)などの宗の奥義も明らかに知った。ここに聖人は醍醐寺の三論宗の師僧の所へ出向いてその理解を述べた。師僧は何も言わずに座を立って内に入り、聖典の入った函を十余合取り出して、「わが法門としては何の躊躇もなくこれを永くあなたに付嘱いたします」と言ったとのことである。

これ以上聖人の才能と徳を賛美讃嘆し始めると、いくら詳しく書いても書ききれない。また蔵俊僧都に会って法相の法門について語り合った時、蔵俊は、「あなたは本当にただ人ではありません。菩薩の化身でいらっしゃいます。智慧の深遠なことは姿を見ても明らかです。私は一生の間、あなたを供養することをお約束致します」と言った。それから毎年供養の物を贈り、懇志のお金を送ってきた。すでに本意を遂げて命を終えた。各宗の長、各教の師僧、すべて随喜して聖人に信服した。

聖人は、本朝に渡ってきた聖教や伝記や目録をすべて一見された。しかしそれでも、出離の道を見出すことができず身心ともに苦しんでいた。そもそも曇鸞・道綽・善導・懐感の著作に始まり、源信僧都の『往生要集』に至るまで、その深い意味を求めて二回読んだけれども、往生の道を見つけることができず、第三回目の時に、「心の乱れた凡夫にとっては、称名念仏の一行に過ぎた道はない。称名の一行は、濁世の私たちの究極の依りどころである」と末代の衆生の出離の道を悟った。まして自身の解脱についてはなおさらであった。

であるから世のため人のため、この行を世に弘く広めようと思ったけれども、時と人がそれに合致しているかを知るのは非常に難しい。人々がどのように感じ応えるかを知ることは難しい。このことをあれこれ考えてしばらく床に伏して寝ていたところ、夢のお告げを示す紫雲が広くたなびいて、日本国全体を覆った。雲の中から無量の光が出ていた。光の中から百の宝の色を持った鳥が飛び出して、虚空に充満した。その時に高山に登ると、直ちに生身の善導大師を拝むことができた。善導は腰から下は金色で、腰から上は常人と同じであった。善導は言った。「お前は愚か者だとは言え、念仏を一天のもとに広めている。称名専修を衆生に広げるために私はここに来たのだ。善導はすなわち私である。これによって、専修念仏の法を広めよ。念仏は年々次第に繁昌し、念仏の流布しないところはなくなるであろう」と。

法然聖人は言った。

わが師、肥後の阿闍梨が言ったことに、「人の智慧は深遠である。しかし自分の能力をよくよく考えてみると、このたび生死を出離することは不可能である。もしたびたび生まれ変わり死に変わりしていると、迷い迷っているから、きっと正しい仏法を見失ってしまうであろう。なによりも長命の報いを受けて、仏の出世に遇いたいと思う。この願いによって私は大蛇の身を受けようと思ったが、もし大海に住めば、若くして死んでしまう恐れがある。このように思い定めて、遠江の国の笠原の庄に桜池という池があるが、領主から送られた認可状を持って、自分はこの池に住もうと誓いを立てた」と。その後、死期が迫った時に、水を求めて手の平にその水を入れた時に息が絶えた。ところがその池に風もないのに浪がにわかに立ち、池の中の塵がことごとく舞い上がった。人々がこれを見てこのことを書いて領主に告げた。その日時が、かの阿闍梨の亡くなった時に当たっていた。このように、阿闍梨は智慧があるが故に、生死を出離することの困難なことを知っていた。道心があるが故に、仏の出世に値いたいと願った。そうであってもまだ浄土の法門を知らなかったので、あのような悪願を起こしたのである。自分がもしその時に浄土の法門に出遇っていたならば、相手の信・不信に関わらず、この法門を伝えていただろう。しかるに聖道門の法においては、道心があっても仏果はずっと遠い未来に期待しなければならず、道心がなければ名誉欲や財欲に捕らわれるだろう。自力の心でたやすく生死を厭うても、帰依の証しとしての往生は得られないのだ、と云々。

また聖人が年来経論を開く時には、「釈迦如来は〈罪が深く、久遠劫より生死を繰り返してきた凡夫は、弥陀の称名の行によって極楽に往生することができる〉と弘く説かれた。教文の意図をよく考慮して、いま念仏三昧を修して浄土宗を立てたのである」と言った。その時、南都北嶺の碩学たちは、こぞって口を極めて聖人を誹謗嘲弄した。

そうしている中に、文治二年（一一八六年）の頃、天台座主中納言の法印顕真は、娑婆を厭い極楽を願って、大原山に閉じこもって念仏門に入った。その時の弟子、相模（さがみ）の公（きみ）という人が「法然聖人が浄土の宗義を立てておられるから、訪ねて行って聞かれたらいかがですか」と言った。顕真は「確かにそのとおりだ」と言った。「ただ私一人だけ聴聞するのはよくない」と言って、あちこちの智者たちを招待して、あの大原の龍禅寺に集まってから、法然聖人に講義していただくことになった。聖人は予定通りに到着された。顕真の喜びは極まりがなかった。集まった人々は次の通り。

光明山の僧都明徧　東大寺三論宗の長者。
笠置寺の解脱上人　侍従の已講貞慶（いこうじょうけい）。
法相宗の人。
大原山の本成坊　この人は、問者（もんじゃ）（質問者）に指名されていた。
東大寺勧進修乗坊　重源（ちょうげん）。
嵯峨の往生院念仏坊　改名して今は、南無阿弥陀仏と号した。
天台宗の人。
大原の来迎院明定坊　蓮慶、天台宗の人。
菩提山長尾の蓮光坊　東大寺の人。
法印大僧都智海　天台山東塔西谷。
林泉坊。
法印権大僧都証真　天台山東塔東谷。
宝地坊。

聴衆は凡そ三百余人であった。

その時法然聖人は、浄土宗の宗義、念仏の功徳、弥陀本願の心を明快にお説きになった。その時、始めに質問者として定められていた本成坊はただ信伏して黙然としているだけであった。集まった人々はすべて歓喜の涙を流した。彼らはただただ聖人の教えに帰伏した。その時から法然聖人の念仏宗が盛んになった。法蔵比丘の昔から、弥陀如来の今に至るまで、本願のお心と往生の子細がすべて明らかになった。聖人がこれを説かれた時、三百余人の中で一人として疑う者はいなかった。聖道門・浄土門の教えの奥深い意味を説かれた時、人々はただ虚空を見上げて言葉を発する人はなかった。集まった人々は、「お姿こそ源空聖人ではあれ、実は弥陀如来が聖人の姿を取って現れられたのであろう」と確信した。そしてこの集まりの験(しるし)として、その寺で三昼夜の不断念仏の勤行をした。結願の朝、顕真は嵯峨の往生院念仏房に、「一人特別に阿弥陀仏の名をつけよ」(5)と指示した。念仏房はその時から南無阿弥陀仏と名乗られることになった。

高倉天皇の御代、安元元年(一一七五年)、聖人は四十三歳の時に始めて浄土門に入り、閑かに浄土を観じられたが、初夜(午後八時頃)に宝樹が現れ、中夜(真夜中)に瑠璃地が現れた。後夜(午前四時頃)に浄土の宮殿(くでん)が現れたのでこれを拝した。阿弥陀の三尊は常に来現された。また霊山寺(りょうぜんじ)で三七日の不断念仏を行っている間、燈明もないのに光明があった。第五夜(6)に勢至菩薩が行道の中に現れて、聖人と同列にお立ちになった。ある人が夢かと思いながら拝んだ。聖人は「おそらくそれは夢ではなく本当であっただろう」と言われた。ほかの人はそれを見ることができなかった。月の輪の禅定殿下藤原兼実(かねざね)(御法名圓照)は、聖人に非常に深く帰依していた。ある日聖人が月の輪殿に参上したが、退出の時に、地上よりも高いところで蓮花を踏んで歩かれた。頭光が明々と輝いていた。それを見た人々は聖人が勢至菩薩の化身であろうと考えた。これらのことは善因が引き起こしたものであるが、業の結果がまた新たな所に現れた。南都北嶺の碩学や顕教・密教の法門が、あるいは聖人がわが宗を誹謗していると主張し、あるいは聖道門を嫉んでいると言いたてて、あれこれの事件にこと寄せて、何かにつけて咎を主張した。ともすれば朝廷まで驚かせたので、聖人は門徒にそれとなく諭してきたが、そうこうしている間に、思いもかけず天皇のお咎めを受け、流刑に処せられてしまった。しかしながら、まもなく帰洛を許された。権中納言藤原朝臣光親が、奉行として勅免の宣旨を下された。

さる建暦元年（一二一一年）十一月二十日に帰洛。東山大谷の別荘を選んで、静かに西方浄土のお迎えを待った。同二年正月三日[7]、老病のためにはかなく耄碌が現れることが予想された。聖人の待つところと憑むところはまことに悦ばしいことであった。高声念仏は衰えることはなかった。ある時、聖人が弟子に次のように語った。「私は昔インドにあって、声聞弟子（釈尊の直弟子）たちに交わって常に修行をしていた。もとは自分は極楽世界にあったが、今は日本国に来て天台宗を学んだ。また念仏を勧め、身心に苦痛はない」と。聖人の耄碌はたちまち晴れた。

建暦二年（一二一二年）正月十一日辰の時（午前八時頃）、聖人は端座合掌して念仏が絶えなかった。そして弟子に「皆それぞれ高声念仏をせよ。観音・勢至菩薩ならびに浄土の聖衆がこの前に現れてくださっている。『阿弥陀経』の説くところと同じである」と言った。随喜の涙が流れ、仏を仰ぐ心が肝に通った[8]。虚空界の荘厳は眼の前に広がり、法を説く妙なる声は耳に満ちた。

同じ月の二十日に至って、紫雲が上空にたなびき、まん丸の雲がその中に鮮やかに見えた。図絵の仏像のようであった。出家も在家も身分の高い者も低い者も、遠近の在家も出家も、見る者は感涙を流し、聞く者は滅多にないすばらしい音に聞き入った。同じ日、未(ひつじ)の時（午後二時頃）、聖人は目を挙げて掌を合わせ、東方から西方を五六度見渡した。弟子が不審に思って聞いた。「仏が来迎してこられたのですか」。聖人は「そうだ」と答えた。

二十三、四日に紫雲が絶え間なく現れ、ますます広く大きくたなびいた。西山(にしやま)の炭売(すみう)りの老人、薪(たきぎ)を運ぶ樵夫(しょうふ)（きこり）、大人も子供も老いも若きもこれを見た。

二十五日午の時の頃になっても、聖人はきちんとした行儀を保っていた。念仏の声は次第に弱くなり、見仏の眼は眠っているようであった。紫雲が空にたなびいていた。遠近の人々が来て集まった。希有な香りが室に満ちた。これを見聞きした人々は皆仰ぎ見て信を起こした。臨終の時がとうとうやって来た。聖人は慈覚大師の九条の袈裟を懸け、西方に向かって、「一一光明偏照十方世界、念仏衆生摂取不捨（一々の光明は十方世界を遍く照らし、念仏の衆生を摂取し捨てず）」（観経）と唱えた。ちょうど正午であった。三春(9)のどの時であったのだろうか。釈迦仏は入滅された。聖人も入滅した。釈尊は二月十五日であった。聖人は正月二十五日であった。八十歳とはどちらの歳であったのだろうか。釈尊が涅槃に入られたのは八十歳であった。聖人も八十歳であった。

園城寺の長吏法務大僧正公胤が、法事のためにこの話をした時、その夜聖人が夢に現れて次のように言った。

源空の教えを伝え人々を利益するために、公胤はよく法を説いた。感謝に尽きない。あなたの臨終には必ずお迎えに来てあげよう。

源空の本地の身は大勢至菩薩である。

衆生を教化するために、度々この世界に現れて来た。このために、この世に現れた勢至菩薩を大師聖人と名づける。それ故に勢至を讃えて無辺光と呼ぶ。智慧の光で普く一切の衆生を照らすからである。聖人を讃えて智慧第一と呼ぶ。深い学徳で日本全土を潤すからである。弥陀は勢至菩薩を遣わして衆生済度の使いとされた。善導は聖人を遣わして仏縁の機を整えられた。明らかに分かったこと——十方[10]三世の無数の世界の生あるものと生なきものは、善導和尚に遇って初めて、世に起こった五乗斉入の道を知ることができた。三界[11]・虚空・四禅[12]・八定[13]・天王[14]・天衆[15]は聖人の誕生によって、有り難くも五衰退没[16]の苦から解放された。まして末代悪世の衆生は、弥陀称名の一行によって悉く往生の願いを遂げるであろう。それは源空聖人が専修念仏の教えを伝え、行を起こされたからである。すなわち源空聖人がこの国に来られたのは、その教えを普く弘め勧めるためである。

釈迦牟尼仏に帰依します。阿弥陀如来に帰依します。

観世音菩薩に帰依します。大勢至菩薩に帰依します。

最高の聖典である浄土三部経に帰依します。法界の衆生が平等に利益されますように。

（1）得業。僧侶の学階の一つ。一定の修行を終え、与えられた質問に答えられた者に与えられる称号。
（2）五相成身の観。密教で、行者の身に本尊の仏身を完成させる五段階の観法。通達菩提心・修菩提心・成金剛心・証金剛身・仏身円満の五相の観を乗じて金剛界大日如来の仏身を成就することをいう。

（石田瑞麿『仏教語大辞典』三一六頁）。

（3）南岳大師。慧思禅師（五一四―五七七）のこと。中国天台宗の第二祖で、湖南省衡山の南岳に十有余年留まって天台教学を弘く宣揚した。ここから南岳大師という。天台大師智顗の師。（岩本裕『日本仏教語辞典』五五四頁）。

（4）仏心・達磨。仏心も達磨も禅宗を表す言葉。

（5）「一人特別に阿弥陀仏の名をつけよ」。原文は「顕真、『法花経』の文字の員数に付いて、一人別に阿弥陀仏の名を付けよと、かの大仏の上人に教訓す」とあるが、「『法花経』の文字の員数に付いて」という語句が前後の文脈とどのように繋がるのか、分からない。

（6）第五夜。一夜を甲夜（初更、午後七～九時）・乙夜（二更、午後九～十一時）・丙夜（三更、午後十一時～午前一時）・丁夜（四更、午前一～三時）・戊夜（五更、午前三～五時）に分けた場合の五番目。

（7）同二年。原文では「同三年正月三日」とあるが、「二年」の誤記だろうと思われる。

（8）「随喜の涙……耳に満ちた」の文には主語がないので、法然聖人のことか、その場にいた者全員の状態かが明らかでない。ここでは法然聖人の状態として訳した。

（9）三春。年の初めの三箇月。初春（一月）・仲春（二月）・晩春（三月）。

（10）五乗斉入の道。乗は乗り物。人々を運んで理想の世界に到達させる教えをいう。一般に、人・天・声聞・縁覚・菩薩の五種類の教えをいい、世間に生まれさせる前二者を世間乗、悟りに導く声聞以下の教えを出世間乗という。「斉入」は「等しく入る」「速やかに入る」。

（11）三界。この世を形成する三つの世界。下から欲界・色界・無色界。すべての衆生はこの三界を輪廻している、とされる。今のところ我々は欲界の中の人界に住んでいる。色界は清浄な物質から成る世界で、四禅を修めたものが生まれる世界。欲界のような諸欲からは離れているが、まだ物質（色）から解放されていない世界。無色界は色身（肉身）を離れ、物質の束縛を離脱した心の働きだけから成る世界。

（12）四禅。色界の四禅天に生ずる四つの禅定。またその禅定によって生まれた四禅天をいう。

（13）八定。色界の四禅と無色界の四無色定を合わせて八定という。四無色定とは、無色界の四天に入る者が入っている四段階の禅定。空無辺処・識無辺処・無所有処・非想非非想処の四天における一切の物質的束縛から解放された境地。

（14）天王。欲界六天のうち、最下天の四天王をいう。東方の持国天、西方の広目天、南方の増長天、北方の多聞天（または毘沙門天）のそれぞれを主宰する王の総称。

（15）天衆。天人のこと。六欲天や色界諸天に住する衆生。

（16）五衰退没の苦。死期の迫った天人に現れるという五種の衰相。教説によって差異があり、『涅槃経』では次の五種を挙げる。頭上の花鬘がしぼみ、天衣が汚れ、身体から不快なにおいが出、脇の下から汗が出、どこにいても自分の座を楽しまない。

（一一）三機分別

【解説】善導の教説によって、決定往生の機（行者）に三種類あると言い、それぞれについて解説している。最後に結論として、各人自分の気質と能力をよく考えて、自分に適した形で往生浄土を決定すべきである、と言っている。

善導和尚の『観経疏』によると、決定往生の姿には、三種類の流れがある。第一に信心が決定した者、第二に信行ともに具えた者、第三にただ行だけを励む者である。

第一に信心が決定した者というのは、これについてまた二種類の行者がある。一にはまず精進（努力）の行者であり、二には懈怠（怠け）の行者である。

まず精進の行者については、また二種類ある。一つには、「本願を思う[1]と往生は一声の念仏で決定する」と、心の底から真実にうららかに一念の疑いもなく決定心を得ての上に、往生には一声の念仏で不足がないとは思っていても、さらに仏の恩に報いようと思って、精進して念仏をする者である。また信心を得た上には、特別な努力をしなくても念仏は申されるものである。これらの行者の中には、信心を得たと思った上で念仏を喜ぶべきだと思っていても、いまだに信心が決定していない人もあるだろう。しかし信心を得たか得ていないかは、自分の心で計り知ることはできない。たとえ信心が十分ではなくても、間断なく念仏することから往生は起こる。二つには、上に言ったように、決定心を得た上で、本願によって往生するのだという道理を仰ぎ知った後に、自分の方から自分の信心を揺るがせて、すでに信心を得たと気がつかず、「自分は凡夫である。仏の智慧の眼の前では、自分の信心は不十分であろう」と小賢しく思って、なお信心を決定しようとして念仏を励む者である。決定心を得たにも関わらず、それに気づかず自分の信心を疑うのは、全く疑心とはならない。精進の二種類の機とはいま述べた通りである。これがまた第二の信行ともに具えた者の姿である。

次に懈怠の行者というのは、決定心を得た上で、喜んで仏恩を報ずるために常に念仏しようと思っても、あるいは世間の仕事や雑務に妨げられたり、また生来怠け者であったりするために、あまり念仏をしない者である。この行者はひたすら信心を得ようと励まなければならない。励むと言っても、また精進の者もあれば、懈怠の者もあるだろう。精進の者というのは、常に本願を思うべきである。そうすれば、また自然にきっぱりした念仏も申すことができる。この念仏は最上の念仏である。この念仏を悪く考えて、次のように思う者がある。「この念仏を最上のものだと思うと、この念仏で往生することは難しい。また願に乗じようと思うのは良くない。その理由は、一声でもわが名を称える者を浄土に迎えよう、という仏の御誓いであるから、最初の一念の念仏こそ願に乗ずることであるはずである。また常に本願を思えば、本願をたのもしく思う心も出てくるだろう。その時にその心をよく相続しているからと言って、それによって往生することができると思ってはならない」と。このように思うのは疑惑となる。心が緩んでいる時は、往生を不定に思うからである。ただ持つべき思いとしては、「自分の方には一分の功徳もなく、本願のお約束に対して用意した念仏の功徳も怒りの炎に焼けてしまったけれども、あの全く誤りのない不取正覚のお誓い(2)の力に救われて往生をするのだ」と、何度も何度も思うことが大切である。懈怠の者というのは、雑務に妨げられもせよ、たまにでも本願を思うべきである。たまにでもと言っても、その時の一念にいただく信心はいささかも揺るがず、その時には決定心が起こってくる。信心決定の中の二種類の行者とは以上の通りである。これが第一の、信心を決定した行者のことだと理解しなさい。

いま上に挙げた四人は、真実に決定心をさえ得たならば、精進の行者であれ、懈怠の行者であれ、本願を思う心は、たとえば黒雲の間からまれにでも常にでも現れる満月の光を見るようなものであろう。信心を得たか得ていないかは、それぞれ自分の心で知るであろう。何事につけても一念の信心がゆるがなければ、よい信心だと知るべきである。これは理屈にすぎないものであって、「自分は信心を持っている、この心を揺るがしてはならない」とまじないのように唱える必要はない。凡夫の心は常にあちこちに散っているが故に、信心がすこしでも揺るぐようでは、信心が弱いと知るべきである。信心が弱いと思えば、懈怠の行者はなお信心を得ることに励んで、ますます本願を思うべきである。それでもなお信心を得ることのできない者は、必ず行の面で励むべきである。精進の行者はただひたすら絶え間なく行に励むべきである。行とは正助二行[3]のうち、ただひたすら正定業である念仏行を行っても良いし、また助業である読誦・観察・礼拝・讃嘆供養を含めても良い。各人の心の趣きに任せるべきである。

第三に行（念仏）を励む者というのは、上に挙げた信精進・信懈怠の者が、自分の信心が決定しているかどうかをよくよく考えてみる時に、「自分の信心は決定していない。ややもすれば行業（念仏）が起こるにつけ、信心が断続するにつけ、往生が不定だと思うほどではないけれども、また往生が決定しているとも思えないのは、信心が決定していないからだ」と考えて、ひたすら行（念仏）に心を向けて励む者を言う。このような者は、懈怠の心が現れ、念仏にも気乗りがしない時は、気を引き締め直して行を励むべきである。信心も弱く念仏もおろそかならば、往生は不定である。この人がまた誤った理解を持って行を励み、この行業によって往生できる、と思えば、それは疑惑の人となる。いま念仏の行を励む心というのは、つねに念仏をあざやかに申せば、念仏の方から信心が引かれてくるのである。信心が出てくれれば、本願を思うことになる。本願を思えば、本願を憑（たの）む心も現れる。この心が現れれば、信心が守られて、決定して往生を遂げることができると心得るべきである。

これについてある人が疑いを持って言った。「念仏を励むことによって信心が守られ、往生を遂げると言うのなら、励む念仏は自力往生になってしまうのではないでしょうか。どうして他力往生ということができるのでしょうか。いま自力と言うのは聖道門の自力と同じ意味ではなく、いささか援用しております」と。

聖人が答えて言った。

念仏を相続して、その相続によって往生をするのは、全く自力往生ではありません。その理由は、もともと『観経』の三心[4]は本願に由来するものではなく、自力の心だからです。三心が自力だというのは、本願の綱に引かれて、行者が信心の手を伸ばして本願にとりつこうとすることを指すのだと心得なさい。いま念仏を相続して信心を守護しようとするのは、三心の中の深心を励む行者のことです。相続の念仏の功徳を回向して往生を期すのは、まことに自力往生を望むことだと言わなければなりません。また念仏はするけれども、常に信心も起こらず、常には本願を思うことがないからといって、往生を不定に思ってはなりません。その心はなくても、ただ自力を憑む心を持たず、全く疑惑の心がなくて常に念仏すれば、自分では気づかなくても信心の兆しが光り、念仏を相続する間に必ず往生を得る身となると理解しなさい。その心は、たとえば月の光が薄雲に覆われて、満月の本体は見えなくても、月の光によって、世間は暗くないのと同じです。

行を励む三種類の行者の有り様は以上の通りである。つまり信心が弱いと思えば、念仏を励むべきである。決定心を得たと思っての上に、なお賢明な人は、よくよく念仏すべきである。また信心を確かに得たと思って後の念仏は、本願の御恩に報いるための特別な奉公だと思うにつけても、このような奉公は当然よくすべきことであるから、念仏を励みなさい。自分がどんな種類の行者であるかは、自分の心の特質をよく考えて、行によってでも信によってでも、自分の気質と能力に従って、自分にふさわしい方法によって念仏に励むべきである。このように心得て励めば、往生は決定間違いなしである。

（1）本願を思う。この章には「本願を縁ず」という言葉が多く使われている。「縁ず」とは「対象を認識する」という意味であるから、「本願を縁ず」とは「自分の身の上に働く本願をしみじみと思い浮かべる」という意味であろう。ここでは「本願を思う」という訳語を使うことにする。

（2）不取正覚のお誓い。法蔵菩薩の四十八願はすべて「不取正覚」（もしこの誓いが成就しなければ、自分は最高の悟りを取らない」という語句で結ばれている。「必ず成就させる」という決意の表明である。

（3）正助二行。善導が『観経疏』の中で提唱した、往生浄土の直接の原因となる五つの行（五正行）のうち、第四の称名を正定業、他の四つ（読誦・観察・礼拝・讃歎供養）を助業という。

（4）『観経』の三心。『観経』の散善義の上品上生の項に説かれている、往生に必要な三心、すなわち至誠心、深心、回向発願心を言う。

（一二）二位の禅尼に答ふる書

【解説】文意から判断すると、この手紙は、法然の念仏往生の教えを理解しない者が「法然房は、熊谷の入道と津の戸の三郎が無智の者であるからこそ、他の行をさせずに念仏だけを勧めたのだ」と言いたてたことに関する二位の禅尼（北条政子）の問い合わせに答えたものである。法然は、念仏が時と場の制限を超えて、一切の衆生を平等に救おうとする阿弥陀如来の本願に基づくものであることを説明し、さらに念仏行を修める者が社会で生きる上での心構えを説いている。

お手紙を詳しく拝読致しました。念仏の功徳については、仏も説き尽くすことができないと仰いました。また智慧第一の舎利弗も多聞第一の阿難も、念仏の功徳は知り尽くすことができないと言われたほどの広大な善根でございますから、まして私・源空などには説明を尽くすことはできません。源空は日本に渡ってきた仏典をずいぶん多く開いて拝読しましたが、浄土の教文については、中国から伝来した聖教の心でさえ、一年や二年で説明し尽くすことができるとも思えません。とは言え、お問い合わせいただいたことでございますから、申し述べることに致します。

まず念仏を信じない人々が言い立てたこと――法然房は、熊谷の入道[1]と津の戸の三郎[2]が無智の者であるからこそ、他の行をさせずに念仏だけを勧めたのだ――は全く馬鹿げた言い分です。そのわけは、念仏の行は始めから有智・無智（学問の有無）の分け隔てをいたしません。弥陀が昔建てられた大願は、あまねく一切の衆生のためであります。無智の者には念仏往生を願とし、有智の者のためには他の行による往生を願とされるようなことは一切ありません。十方世界の衆生のために建てられた願なのです。有智・無智、善人・悪人、持戒・破戒、貴・賤、男・女といった分け隔てをせず、釈尊在世の時の衆生から、仏滅後の衆生、末法万年の後に三宝が皆消滅した時の衆生に至るまで、ただ念仏だけが現在・未来の衆生のための祈りとなっているのです。善導和尚は弥陀の化身であり、ことに一切の聖教を読み鑑みて専修の念仏を勧められたのも、広く一切の衆生のためであります。時節として末法に当たる今の教えはこれしかありません。ですから、無智の人に限らず、広く弥陀の本願を憑み、善導の御心に従って、あまねく念仏の一門を勧めておりますのに、どうして無智の人だけに限って往生させ、有智の人を除外して往生させせない、というようなことをしましょうか。そのようなことをすれば、大願にも背き、善導の御心にも適わないことになります。ですから、こちらの方に来られて往生の道を問い尋ねられる人々にも、その人の有智・無智を問わず、ひとえに専修念仏を勧めているのです。きっと、そのように専修念仏を非難し妨げをしようとしている人たちは、前の世で念仏三昧によって成道する法門を聞かず、後世にまた必ず三悪道に堕ちることになっている者が、当然の成り行きとして、そのように言っているのでしょう。そのわけは聖教に広く見えております。すなわち善導大師は、「修行をするものを見ては毒心を起こし、さまざまな手段を使って意気込んで悪をなす、このような生盲闡提(3)の者たちは、頓教(4)を誹り滅ぼそうとして永く三悪道に沈むことになる。大地が微塵劫という長い時間を過ぎても、三途の身を離れることはできない」(法事讃巻下)と説いておられます。

修行することを見ては瞋毒を起こし
方便して破壊し競いて怨を生ぜむ

かくのごとき生盲闡提の輩は
頓教を毀滅して永く沈淪せむ
大地微塵劫を超過すとも、
いまだ三途[5]の身を離ることを得べからず
大衆は同心に皆、懺悔すべし
所有の破法の罪の因縁を。

この文の心は次の通りです。

浄土を願い、念仏を行ずる人を見ては害毒心を起こし、悪事を企みめぐらして、様々な方策を用いて専修念仏の行を破り、仇をなして言葉を使って妨げようとする。このような輩は生まれた時から仏性を見る眼も閉じてしまっていて、善の種を失った闡提人の仲間である。人はこの弥陀の名号を称えて、永い生死を離れて常住の極楽に往生するのであるが、この教法を誹り滅ぼそうとする者は、この罪によって永く三悪道に沈むことになる。その時その者は、大地微塵劫という想像を絶する長い時間を過ぎても、永く三途の身を離れることはない。

それ故に、そのような馬鹿げたことを言う人々を、かえって憐れに思われるべきです。それほどの罪人の申すことによって、専修念仏に怠け心を起こし、念仏往生に疑いを持ち、不審の心を持つような人については、言う価値もないことでしょう。およそ仏縁が浅く、往生の時が熟していない者は、念仏往生の教えを聞いても信ぜず、念仏の信者を見れば腹を立て、念仏の声を聞いては怒りをなし、念仏を悪く言い、経論にも書いていないことを言い立てます。どうかこれらのことに留意されて、彼らが何を言おうとも、心変わりをしてはなりません。信じない人に無理に念仏をお勧めにならないでください。このような不信の衆生であっても、思えば過去世では父母・兄弟・親類であった、と思い、彼らに慈悲を起こして、念仏を欠かさず申して、上品上生(じようほんじようしよう)(6)として極楽に生まれて悟りを開き、生死の世界に還って、正法を誹謗し念仏の法門を信じない人をも浄土に迎えようと、善根を修しては思われるべきことでございます。この意味を十分に心得られてください。

一。異なった理解を持つ人々が念仏以外の行を修するのに対しては、相手の持っている財宝にさらに財宝を加えるようにお考えになればいいのです。すなわち、自分はこの一向専修の念仏によって必ず往生すべき身であるから、他人の歩む遠い道を自分の近い道に縁を結ばせよう、とお考えになるべきです。その上で、相手が専修念仏を妨げなければ、その人々と縁を結んでも不都合なことはありません。

一。人々が堂を造り、仏像を造り、経を書き写し、僧を供養するような場合、心を乱さないで、慈悲の心を起こして、「このような種々の善根を実践しなさい」とお勧めになってください。

一。念仏の心を知らないで、現世利益のために仏や神にもお祈りし、経をも写し、堂をも造ろうという人は、これも前に申した如く、結局はまた後世のためにしているのでしょう。そのようなことは意味がない、と言ってはなりません。専修念仏を妨げる行為ではないことだ、とお思いになってください。

一。念仏申すことについては、様々な意味がありますが、六字を称えることにすべてが収められています。心には本願を憑(たの)み、口には名号を称え、手には念珠をもって数をくるだけのことです。常に念仏を心にかけて忘れないことが、究極の決定往生の行為です。念仏の行は言うまでもなく、行住坐臥、まわりの状況に関わらず、体や口が汚れていても不都合でない行ですから、楽行（らくぎょう）往生と言われています。ただし心を清くして念仏申すことを第一の行と言います。浄土を心にかければ心の浄い行法なのです。そのようにお勧めなさい。そのように常日頃仰っているのなら、これ以上取り立てて申し上げることはありません。自分自身もこのようにしてこのたび往生するのだ、とお思いになって、是非この心を強くお持ちください。

一。念仏の行を信じない人に会って論争し、異なった行を異なった理解で行っている人々に向かって、しつこく議論してはなりません。異なった理解を持ち異なった教えを学んでいる人を見ては、その人を馬鹿にしたり非難したりしてはなりません。そのようなことをしてますます罪の深い人になられることがあれば、まことに残念です。自分と同じ心で極楽を願い、念仏を申す人に対しては、たとえ身分の低い人であっても、父母の慈悲に劣らぬ思いをお持ちください。この世の生活でお金がなくて困っている人には力を添えてあげてください。そうであっても、少しでも念仏に心をかけている者には、念仏をお勧めになってください。これは弥陀如来への宮仕えとお思いください。釈迦如来の入滅から今に至るまで、人間は智慧も衰え、行も疎かになっています。我も我もと、智慧者であるかのように言う人は、自分で悟りを開いたと思っているのでしょう。経録（きょうろく）(7)に載せられた経教さえ聞きも見もしないで、ましてや経録所載でない聖典は見たこともないのに、智慧あり顔にものを言うのは、井の底の蛙に似ています。私はずいぶんに中国・日本の聖教を取り集めて、今まで、読み考えてまいりました。念仏を信じない人は、前世に重罪を犯して地獄に永く居たのに、またすぐに地獄に還らなければならない人です。たとえ千人の仏がこの世に出られて、念仏より外にまた往生の行があると教えられても、信じてはいけません。「念仏の教えは釈迦・弥陀から始まり、ガンジス河の砂ほど多くの仏によって証誠されたものだから」とお考えになって、念仏往生の志を金剛よりも固く持って、一向専修の念仏から心変わりをしてはなりません。もし念仏について論争を挑むような人があれば、こちらへ送り、私が専修念仏を創立した理由を聞いてこい、と仰ってください。念仏往生の教えが正しいことを証明する様々な文を書き記してお送りすべきだとは思うのですが、念仏の教えについての趣旨は、ただここに書いたことに尽きています。また娑婆世界の人が他の仏の浄土への往生を願うことは、弓がないのに空の鳥を捕ろうとしたり、足がないのに高い梢の華を取ろうとしたりするのと同じです。間違いなく専修の念仏は現世と来世のための祈りとなるものです。専修念仏について略して言うとこのようなものです。これも経に説かれてあることです。お身内の人々には、その人の願いに従って九品の業(8)を、始めから終りまで全うするようにお勧めください。あなかしこ　あなかしこ。

（1）熊谷の入道。一二〇八年没。俗名は熊谷直実。武蔵熊谷郷の人。源頼朝に仕えて源平合戦で軍功をたてた。後に出家して法然の門弟となり、蓮生（れんせい）と号した。

（2）津の戸の三郎。武蔵国の住人、法然に帰依して尊願と号した。

（3）生盲闡提の者。生きてはいるが仏性を見る目がなく（生盲）、世俗的な快楽を追求するのみで正法を信ぜず、悟りを求める心がなく、成仏することのできない衆生（闡提）のこと。親鸞はこのような者でも回心すれば往生できる、とした。「闡提」は「一闡提」の略で、梵語 icchantika の音写。

（4）頓教。速やかに仏果を得ることのできる仏道を言う。ここでは念仏一つで往生できる専修念仏の教えを指す。

（5）三途。地獄・餓鬼道・畜生道という、苦しみの絶えない世界。

（6）上品上生。『観経』に説かれる散善の中で、最も能力が勝れているとされる者の往生の姿。三心（至誠心・深心・回向発願心）を具して往生する。臨終に観世音菩薩・大勢至菩薩や無数の浄土の聖衆に囲まれた阿弥陀仏の来迎を受ける、とされている。

（7）経録。仏教の経典目録。梁の僧祐の『出三蔵記集』、隋の法経などの『衆経目録』、唐の道宣の『大唐内典録』、智昇の『開元釈教録』などの目録。（石田瑞麿、前掲書、一九五頁）。

（8）九品の業（行）。『観無量寿経』では、阿弥陀仏の浄土へ往生を願う衆生を、その能力と気質によって九種に分類し、それぞれに適した行法を充てている。上品上生・上品中生・上品下生の三種は大乗の善（行福）を修める凡夫、中品上生・中品中生は小乗の善（戒福）を修める凡夫、中品下生は世俗的な善（世福）を行う凡夫、下品上生・下品中生・下品下生は罪悪の凡夫とする。

（一三）四箇条問答

【解説】法然の説く専修念仏に関して、特に本願の体と用（本体と働き）について、「ある人」が問うた四つの質問と、それに対する答えである。この章の始めから第一の「問」に至る解説の文が誰の言葉なのか明記されていないが、法然の説法かも知れないし、親鸞が書き加えた解説である可能性もある。

ある人が、阿弥陀仏の慈悲とその名号が他の諸仏よりも勝れていること、そして本願の体と用について問うてきた。

「私が仏になる時、十方の衆生がまことの心で私を信じ、私の国に生まれたいと願って十回まで念仏して、もし生まれなければ、私は最高の悟りを取らない」（第十八願）。この本願文の中で「十方衆生」というのは、諸仏の教化に漏れて、常に迷いの海に没している衆生である。これらの衆生を憐れに思ってくださる点では、諸仏のお慈悲も阿弥陀仏のお慈悲と同じであろう。この観点を惣願という。しかし仏たちがそれぞれの思いで建てられた別願の観点から言うと、阿弥陀仏のお慈悲は、他の仏たちのお慈悲よりも勝れている。そのわけは、阿弥陀仏の願は、常に迷いの海に沈んでいる衆生を、十声・一声の称名の功徳によって清浄の報土へ往生させようという願であるからである。阿弥陀仏の名号が諸仏の名号よりも勝れているというのも、阿弥陀仏が因位の時に建てられた名号であるからである。そうでなければ、阿弥陀仏の名号が、私たちの報土往生の因となることはないだろう。その場合は、諸仏の名号と同じだということになる。

そもそも阿弥陀仏の本願とはどのようなことかと言うと、本願という言葉は、惣願（すべての仏に共通している願）と別願（それぞれの仏が独自に建てた願）の両方に使われるとは言え、言惣意別（本願という言葉はどの仏の願にも共通して使われるが、内容はそれぞれ異なっている）であり、特に別願を本願と名づけるのである。本願ということは、「もとの願い」という意味である。「もとの願い」というのは、法蔵菩薩であられた昔、常に迷いの海に沈んでいる衆生を、一声の称名の力によって、称える衆生を我が国に生れさせようと願われたことである。だから本願という。

問。本願には、体（本体）と用（働き）がありますが、その違いはどういうことでしょうか。

答。本願というのは、阿弥陀仏がまだ法蔵菩薩と呼ばれた因位の時に、「私が仏になった時の名を称える衆生を極楽に生れさせよう」と願われたので、法蔵菩薩の御心を本願の体とし、名号を本願の用とします。これは十劫の昔に正覚を取られる以前に、兆載永劫（想像を絶する長い時間）の修行を始められ、願を起こされた時の法蔵菩薩の立場から、体用を論ずるのです。今は法蔵菩薩は因位の願を成就されて果位の阿弥陀仏となられたので、法蔵菩薩はおられません。だから法蔵菩薩の立場から本願の体用を論ずることはできません。ただしそこから発展させて言うと、やはり本願には体と用が考えられます。体については二つの意味が考えられます。一つには行者を本願の体とし、二つには名号を本願の体とします。まず行者を本願の体とするというのは、法蔵菩薩の本願に、「私が成仏した時の名前を一声でも称する衆生を極楽に生まれさせよう」と願われたが故に、いま信じて一声でも称名をする衆生は必ず往生できます。この称名の行者が往生することを指して、行者を本願の体とすると心得られるのです。

問。「私が仏になった時の名を称する者を生まれさせよう」と本願にお立てになったが故に、名号を称する者を、すなわち本願の体と心得るのでしょうか。

答。これについては、与（あたえる）という意味と、奪（うばう）という意味があります。与の意味では、行者がまさしく穢土から浄土の蓮台に移って往生することを本願の体とします。奪の意味では、往生すべき行者であるから、今の身体で称名する行者を本願の体とするのです。行者を本願の体と言う時は、特別に用の意味はありません。蓮台に登って往生した後に仏道に励むことを用とします。これは極楽で起こることです。

次に、「名号を本願の体（たい）とする」というのは、これも成仏の時の名を称する衆生を往生させようと、法蔵菩薩が願われたが故に、信じて名を称える衆生は必ず往生するので、名号を本願の体というのです。名号を称える衆生が往生するのは、名号の用（ゆう）（働き）です。今「名号を本願の体とする」というのは、法蔵菩薩のお心の底を本願の体とする場合は、名号がその用となります。しかしここではまさしく名号を本願の体だと言っています。このように体と用は時と場合によって変わるのです。

たとえば、灯火（ともしび）と光の関係を考えてごらんなさい。灯火が明るく燃え上がっているのは、火の体です。灯火によって暗闇が晴れて明るくなるその光は火の用です。この光の明るいのを体とするときは、その明るさの中に黒白などの一切の色や形が見えるのは、明りの用です。このように用をもって体とも言うのは珍しいことではありません。このことをよくご理解ください。

行者が往生することを本願の体とすると言うことは、実際は名号を称えなければ往生する道理がありません。つまり名号によって往生するのです。そうとは言え、このようなことは、約束によって言う時は、行者の往生を本願の体だとも言うことができます。名号を本願の体と言う時は、称える行者が往生することは名号の用です。ですから、行者は、あるいは本願の体にも、あるいは名号の用にもなるのです。この道理によって、本願の体について考えると、本願すなわち行者、行者すなわち本願、本願すなわち名号、名号すなわち本願というように、ただ一つになって混乱してしまいます。用について考えると、名号すなわち行者、行者すなわち名号と言うことができます。煎じ詰めて言うと、体がなければ用はあり得ません。用は体によるが故に、本願と行者はただ一つのものであって、どちらも離れて存在できないものなのです。

問。法蔵菩薩の本願のお約束は、十声でも一声でも称える者を往生させるというものです。一度名号を称えた後は、法蔵菩薩の因位の本誓に心をかけることが大切で、さらに名号を称えるべきではないのではありませんか。

答。教えを深く理解していない人は、このように思って、因位の願を心に懸けて念仏を申せば、それで往生は確定したという気になり、願を心に懸けないで申す念仏は往生のためには効果がないと思って、念仏に善い念仏と悪い念仏があるかのように言っています。これは教えを十分に理解していないからです。法蔵菩薩はその五劫の思惟の中で、衆生が心の中で仏を念ずることを基本とすると、意識が落ち着かず心があちこちに飛ぶので往生を遂げられない、と思われて、名号を本願として立てられたのです。この名号はいかに心が乱れていても、称えることができます。名号を称えると、法蔵菩薩の昔の願に心を懸けようとしなくても、自然(じねん)に、これこそ本願であった、と気づかされるのがこの名号です。従って、念仏する時はことさらに、法蔵菩薩の本願を心に懸けなければならない、と思う必要はありません。

問。本願と本誓(ほんぜい)との違いは何でしょうか。

答。私が成仏した時の名を称する衆生を往生させよう、というのは本願です。もし念仏の衆生が往生できなければ私は仏にならない、というのが本誓です。全体として四十八願は法蔵菩薩として昔に立てられた本願です。この願がすべて成就して仏果を得られた今は、第十九願の来迎の願[1]に限って衆生を導く方便が設けられています。阿弥陀仏の名号は他の諸仏の名号よりも勝れています。それが本願であるからです。もし本願によって立てられていなければ、名号を称しても私たちの無明が破られませんから、報土に生まれる因とはなりません。諸仏の名号と同じになるでしょう。ところが阿弥陀仏は、「乃至十念、若不生者、不取正覚」（衆生が十回まで私の名を称えて、もし往生しなければ、私は最高の悟りを取らない）と誓われて、この願を成就させるために、兆載永劫の修行を送られて、今すでに仏と成っておられます。この本願は、その内容を実現する力を具えているから、その名号は、諸仏の名号よりも勝れていて、称えると、その願力によって必ず往生することになります。従って、如来の本誓を聞けば疑いなく往生するという道理をよく心に受けて、南無阿弥陀仏と称えれば必ず往生できる、という思いを持たれるべきです。

たとえば、薫き物（お香）の匂いが薫ぜられた衣を身に着けると、その香りの源は薫き物の匂いであるとは言え、衣の匂いが身に薫ぜられるために、その人が香ってくるというようなもので、本願の香りを持った薫き物の匂いは、名号の衣に薫ぜられ、またその名号の衣を一度南無阿弥陀仏と称えて身につけた者は、名号の衣の匂いが身に薫ぜられるために、必ず往生すべき人になります。大願業力（本願の力、働き）の匂いは、往生の匂いです。大願業力の往生の香は、名号の衣から伝わって、行者の身の香りとなるという道理によって、『観経』には「若念仏者、当知、此人是人中芬陀利華」（念仏する者は、人中の芬陀利華(2)である、と知りなさい）と説かれています。念仏の行者を蓮花に喩えることは、蓮花は「ものに染まらない」の意味であり、本願の清浄の名号を称すれば、十悪・五逆の濁りにも染まらないことを喩えているのです。また同じ『観経』に、「観世音菩薩大勢至菩薩為其勝友」（観世音菩薩・大勢至菩薩はその念仏者の勝れた友となる）とも言っています。この文の心はやはり、往生の匂いを名号からいただいた行者は必ず往生する、ということです。これによって善導和尚も、三心(3)をすべて具えている者を、極楽の聖衆と同列にしています。極楽の聖衆というのは、因中説果（因の中にすでに果を見ている）、すなわち、往生の因である名号をいただいたものはすでに往生した者の素質を具えている、という意味です。念仏者は必ず聖衆となるので、今からすでに二菩薩も念仏者と肩を並べ、膝を交えて勝れた友となってくださる、という意味です。命が終わった後は、往生して悟りを開き仏となるので、『観経』に「当座道場生仏家」（必ず如来の説法の道場に座し、仏の家に生まれるであろう）と説いておられるのです。それ故に、一念に無上の信心を得た人は、往生の香りを薫ぜられた名号の衣を何枚も重ね着しようと思って、歓喜の心に住して、ますます念仏に励むべきです、と法然聖人は仰った。

（1）　第十九願の来迎の願。「たとひわれ仏を得たらんに、十方の衆生、菩提心を発し、もろもろの功徳を修して、至心発願してわが国に生ぜんと欲せん。寿終わる時に臨んで、たとひ大衆と囲繞してその人の前に現ぜずは、正覚を取らじ」。ここでは、菩提心（仏になろうという決意）を起こし、念仏を含む様々な善行をして功徳を積んで、往生を願う衆生を浄土に迎えとることが誓われているが、法然・親鸞は衆生のこれらの菩提心と善行を、如来の方便（手だて）によるものと見ている。

（2）人中の芬陀利華。梵語 puṇḍarīka の音写。白蓮華のこと。蓮の華のなかで最も高貴なものとされ、仏や真実の教法の喩えとされる。また念仏の行者、信心の人を讃嘆する語としても用いられる。

（3）三心。『観経』に説かれた、往生に必要な三つの心。至誠心（誠の心）、深心（阿弥陀仏への深い信心）、回向発願心（浄土に往生したいと願う心）。

康元元年（一二五六年）丙辰十月十四日

愚禿親鸞八十四歳これを書写す。

康元二年丁巳三月二十日

これを写す。

西方指南抄　下（本）

（一四）実秀の妻に答ふる書

【解説】鎌倉武士大胡（おおご）の太郎実秀（さねひで）の妻にあてた返書。念仏が他の行に比して特に勝れていること、念仏一つによれば百人中百人まで往生できるが、他の行では往生は望むべくもないことを懇切丁寧に説いている

お手紙を注意深く拝読致しました。遠くにおられるのに、念仏のことをおたずねになるために、わざわざ使いの者をよこされましたこと、念仏を求めるお志には本当に尊く思いました。

さて、おたずねになっている念仏について申しますと、往生極楽のためには、どのような行と比べても、念仏よりも勝れた行はありません。その理由は、念仏は弥陀の本願の行であるからです。本願というのは、阿弥陀仏がまだ仏になっておられず、法蔵菩薩というお名前であった昔、清らかな国土を造り、衆生を往生成仏させるために、世自在王如来という仏の前で四十八の大願を起こされましたが、その中でも、一切衆生の往生のために一つの願を起こされました。これを念仏往生の本願と申します。すなわち、『無量寿経』の上巻に「私が仏になる時、十方の衆生がまことの心で私を信じ、私の国に生まれたいと願って十回まで念仏して、もし生まれなければ、私は最高の悟りを取らない」とあります。善導和尚はこの願を釈して、次のように仰っています。

法蔵菩薩は「私が仏になる時、十方の衆生が十回までも私の名号を称えて、もし私の国に生まれなければ、私は最高の悟りを取らない」と仰っている。その方は今すでに仏になっておられる。これによって明らかなことは、本誓・重願は真実であり、衆生は念仏を称えれば必ず往生を得られる、ということである。（往生礼讃）

念仏というのは、仏のお姿を憶念する（心に念ずる）ことでも、仏のお身体のさまざまな特徴を観念する（目の前に観ずる）ことでもありません。ただ一心に、専ら阿弥陀仏の名号を称える、これを念仏と申すのです。ですから「私の名号を称える」と言うのです。念仏以外の一切の行は、阿弥陀仏の本願ではないので、たとえそれが立派な行であっても、念仏には及びません。およそ仏の国土に生まれようと思う者は、その仏の誓いに従わなければなりません。ですから、阿弥陀仏の浄土に生まれようと思う者は、阿弥陀仏の誓願に従うべきです。本願の念仏と本願でない他の行とでは、全く比較になりません。ですから往生極楽のためには念仏の行を超えるものはない、と私は申すのです。往生を目指さない道としては、他の行を用いる方法があります。しかし衆生が生死を離れる道としては、仏の教えは様々に多くありますが、今の末法の時代の人が生死を離れて、三界（迷いの世界）を出離する道は、ただ阿弥陀仏の極楽に往生することにつきます。これが聖教に貫かれた大いなる道理なのです。

次に、極楽に往生するためには、様々に多くの行がありますが、私たちが往生するためには、念仏以外の道では不可能です。そのわけは、念仏は仏の本願に順じていますから、願力に身も心もゆだねると往生することは易しいのです。詮ずるところ、極楽に生まれなければ、生死を離れることはできません。念仏でなければ、極楽に生まれることはできないのです。深くこの道理を信じられて、一筋に往生極楽を願い、一筋に念仏をして、この度は必ず生死を離れようと思われるべきです。

また一々の願の終わりに、「もしそうでなければ、私は最高の悟りを取らない」と誓われました。しかし法蔵菩薩が阿弥陀仏という仏におなりになってすでに十劫が経っています。このことで分かるのは、阿弥陀仏の誓願は真実だということです。ですから、称名念仏する衆生は一人も漏れず往生できるのです。もしそうでなければ、阿弥陀仏が仏になられたことを誰が信じることができるでしょうか。三宝が悉く滅んでしまう法滅の時代であっても、一念の念仏をすれば往生することができます。五逆を犯した重い罪の人でも、十念すれば往生します。ましてこの三宝の世に生まれて、五逆の罪を犯していない私たちは、弥陀の名号を称えると往生することは疑いがありません。今この願に遇ったことは、まことに並の縁ではありません。深くお慶びになってください。たとえ本願に出遇った、とは言っても、もし本願を信じなければ、遇わなかったのと同じです。あなたは深くこの願を信じておられます。ご自分の往生を疑ってはなりません。必ず必ず、ふたごころなく、よくよくお念仏をなさって、このたびこそ生死を離れて極楽にお生まれになってください。また『観無量寿経』に、「一々の光明はあまねく十方の世界を照らす。念仏の衆生を救い取ってお捨てになることはない」とあります。これは、阿弥陀仏の光明はただ念仏の衆生を照らして、他の行をする者を照らすことは全くない、ということです。ただし、他の行をしていても、極楽を願う者であれは、仏の光が照らして救い取ってくださるでしょう。

なぜただ念仏の者だけを選んで照らされるのでしょうか。善導和尚は『観経』の一節を釈して、

「弥陀のお身体は金山のようである。そのお身体から出る光明は十方を照らす。ただ念仏の者だけが光を身に受けて救い取られる。これによって明かなことは、本願が最も強いということである」（往生礼讃）と仰っています。念仏は弥陀の本願の行ですから、成仏によって得られた光明は、元々の誓願を強く照らされるのです。他の行は本願に順ずる行ではないので、それらを行ずる者を弥陀の光明は嫌って照らされないのです。いま極楽往生を求める人は、本願の念仏を行じて摂取の光に照らされようとお思いになるべきです。これにつけても、念仏は大切です。よくよく念仏を申してください。

また釈迦如来がこの経の中で、定善散善の様々な行を説き終わった後に、この経を阿難に付嘱された時には、前に説いた散善の三福業、定善の十三観を付嘱されずに、ただ念仏の一行を阿難に付嘱されました。『観無量寿経』に、「仏が阿難に告げられた。〈汝はよくこの語を持て。この語を持てとは、すなわち無量寿仏の御名を持てという意味である〉」とあります。善導和尚はこの文を釈されて、「〈仏が阿難に告げられた。汝はよくこの語を持て〉より以下は、まさしく弥陀の名号を阿難に付嘱して、はるか未来に伝え広がらせることを明らかにしている。『観経』は、始めからこの前までは、定散両門の利益を説いているけれども、仏の本願を考えると、釈尊の本意は、衆生をして一向に専ら阿弥陀仏の名を称えさせることにある」と言っています。この定散の様々な行は、弥陀の本願ではありません。だからこそ釈迦如来が往生の行を阿難に付嘱された時に、他の定善散善の行を付嘱されませんでした。念仏は弥陀の本願であるが故に、まさしく念仏を選んで本願の行として阿難に託されたのです。いま釈尊の教えに従って往生を求める者は、釈尊が阿難に付嘱された念仏を修して、釈尊のお心に適うようにしなければなりません。このことを考えるにつけても、またよくよくお念仏されて、仏の付嘱に適うようになさってください。

また六方恒沙（ろっぽうごうじゃ）の諸仏が、それぞれ三千世界を覆うほど舌を伸ばして、「〈専らただ弥陀の名号を称えて往生する〉という釈尊の教えは真実である」と証誠（証明）しておられます。これもまた念仏往生は弥陀の本願ですから、六方恒沙の諸仏は証誠しておられるのです。他の行は本願の行ではないために、六方恒沙の諸仏は、証誠しておられません。これにつけても、よくよくお念仏をなさってください。弥陀の本願、釈尊の付嘱、六方の諸仏の証誠と護念を深く身にお受けになってください。弥陀の本願、釈尊の付嘱、六方の諸仏の護念、これらは一つ一つどれも真実です。それ故に、念仏の行は、他のどの行よりも勝れているのです。

また善導和尚は弥陀の化身です。浄土教の祖師は多くおられますが、私はただひとえに善導の教えに依っています。善導大師は、往生の行は多くあるけれども、大きく分けて二種類ある、と説かれました。一つには専修（せんじゅ）、いわゆる念仏です。二には雑修（ざっしゅ）、いわゆる一切の様々な行です。上に挙げられた定散の行などがこれに当たります。『往生礼讃』に「上に述べたように、命終わるまで念仏を行じ続ける者は、十人中十人、百人中百人、必ず往生する」と仰いました。これが専修と雑修の得失です。得とは、往生することを得る、という意味です。つまり、念仏する者は、十人は十人ながら往生し、百人は百人ながら往生するということです。失とは、往生の利益を失う、という意味です。雑修の者は、百人の中でまれに一、二人往生することを得て、そのほかの者は往生しません。千人の中でまれに三、五人が往生して、その他は往生できません。専修の者が皆往生できるというのはどうしてかというと、阿弥陀仏の本願に相応しているからです。釈迦如来の教えに随順しているからです。雑業の者で往生する者が少ないのはどうしてかというと、弥陀の本願に違（たが）っているからです。念仏して浄土を求める者は、二尊の御心に深く適っています。雑修をして浄土往生を求める者は、二仏の御心に背いています。善導和尚が専雑二行の得失を判別する根拠はこれだけではありません。『観経疏』という書の中に、多く専雑二行の得失を挙げておられます。その内容があまりに多いので、ここでは省略致します。これによって、ご理解ください。およそこの念仏を謗る者は、地獄に堕ちて、五劫の間、極まりのない苦を受けることになります。念仏を信ずる者は浄土に生まれて、永劫の間、この上ない楽しみを受けます。いよいよますます信心を深くして、ふたごころなく念仏なさってください。詳しいことはお手紙に書き尽くすことができません。このお使いの方に申しておきます。

（一五）実秀に答ふる書

【解説】大胡の太郎実秀は上野国在住の御家人で、法然聖人の門弟の一人であるが、実秀の所で念仏していた者が「一向専修の趣旨はよく分かったが、時には『法華経』を読んでもかまわないのではないか」と質問してきたので、聖人に問い合わせたことに対する聖人の返事である。法然聖人は善導和尚の教えに基づいて「三心具足」について丁寧に説明し、念仏の人が『法華経』を読むのは本願を疑う行為であり、そういう人は百人中一、二人しか往生できない、と説いている。

上野（こうずけ）の国の住人、大胡（おおご）の太郎という者が、京都にやって来たついでに、法然聖人にお目にかかって、念仏について詳しくおうかがいし、本国に下って念仏を励んでいると、ある人から「〈どのような罪を犯した者でも念仏を申すと往生する、それが一向専修である〉とは言っても、時々は『法華経』をも読んで、それからまた念仏申しても、何かいけない理由があるのでしょうか」と聞かれた。まことにそういう人もある、と思って、太郎は法然聖人の許へ手紙で、「このことをどう思われますか」、と聞いてきた。そのお返事は次のようであった。その太郎は法然聖人の教えに従って念仏の生活を送り、夫婦ともども往生を遂げた。

聖人のお返事

前のお便りをいただいた時にちょっとしたさしさわりがあり、お手紙をきちんと読まず、細かいお返事もせず、きっと不審に思っておられる事だろうと、心配しております。さて、おたずねの件は、手紙などで簡単に説明できることではありません。本当に残念なことに、京都に長く滞在されていた時に、吉水の坊で詳しくお話しくだされればよかったのに、と思います。そもそも「念仏して往生する」ということだけを少しばかり善導大師よりお教えいただいて、わが心一つに深く信じているだけで、人に事細かくお教えするような身ではございません。まして教えについての細かい点や、不審に思われる点など、お手紙で説明できるとは思いませんが、善導大師よりお教えいただいた少しばかりのことをお伝えするのをためらって、全くお返事をしないということも不本意ですので、私の心の及ぶ範囲内で、形ばかり申しあげようと思います。

まず「三心を具えて往生する」ということは、まことにその言葉だけを聞くと、どのような心を言うのだろうかと、大層に思われるでしょうが、善導のお心に従うと、分かりやすいことなのです。学問と無縁の無智の人、悟りを得られない女人などでも具えられないような心得ではありません。まじめに往生しようと思って念仏申す人が、自然（じねん）に具えることのできる心です。そのわけは、三心というのは『観無量寿経』に、「阿弥陀仏の浄土に生まれたいと願う者は、三種の心を起こすと直ちに往生すべき身となる。その三心というのは、一には至誠心（しじょうしん）、二には深心（じんしん）、三には回向発願心（えこうほつがんしん）である。三心を具える者は必ず弥陀の浄土に往生する」と説かれています。

さて、善導和尚のお心によれば、始めの至誠心とは真実心のことです。真実というのは、内を空し（むなし）くして、外にも飾る心のないことを言うのです。すなわち善導は『観無量寿経』を釈して、「外に賢（けん）善精進（ぜんしょうじん）の相を現じて、内には虚仮（こけ）をいだく事なかれ」（散善義）と仰っています。この言葉のお心は、内は愚か者であるのに外は賢者だと思われようと振る舞い、内には悪心を持っているのに外には善人の姿を現し、内は怠け心ばかりなのに外はまじめな修行者のふりをするのを、実のない心、と呼びます。内にも外にもただあるままに振る舞い、飾る心のないのを至誠心と名づけたのです。

二に深心とは、深く信ずる心です。何を深く信ずるかというと、あらゆる煩悩を具え、多くの罪を作り、善根の全くない凡夫は、阿弥陀仏の大悲の願を仰いでその仏の名号を称え、百年でも、四、五十年でも、または十、二十年でも、もしくは一、二年でも、ともかく仏を念じ始めた時から臨終の時に至るまで怠けることなく、さらには七日でも一日でも、十声でも一声でも、多くても少なくても称名念仏すれば必ず往生すると信じて、一念に至るまで疑うことのないことを深心というのです。しかし往生を願う多くの人たちが、本願の名号を持（たも）ちながらも、なお内に妄念が起こるたびに往生できないのではないかと恐れ、外には善行が少ないと思ってただ自分を低く見て、自分の往生を不定に思うのは、すでに仏の本願を疑っているのです。ですから善導は、はるかに未来の行者がこの疑いを持つことを考慮に入れて、彼らの疑いを除いて往生への決定心を持たせるために、煩悩を具えて罪を作り、善根が少なく自分で悟りを得ることができない凡夫が、一声までの念仏で往生が決定する道理を『観経疏』に次のように細かく解説しておられます。

たとえ多くの仏たちが空を埋め尽くして、光を放ち舌を伸ばして「罪を作る凡夫が念仏して往生するということは嘘である、信じてはならない」と仰っても、それによって一瞬も驚き疑う心を起こしてはならない。そのわけは、阿弥陀仏がまだ仏になっておられなかった昔、「私が仏になる時、私の名号を十声、一声までも称える者が、もし私の国に生まれなければ、私は仏にならない」とお誓いになった。その願が実を結んですでに仏になっておられる。これによって明らかなことは、その名号を称える人は必ず往生できるということである。また釈迦仏がこの娑婆世界に出られて、一切衆生のためにかの阿弥陀仏の本願を説き、念仏往生をお勧めくださった。また六方の諸仏は、釈尊のこの教えが正しいことを証誠しておられる。そうであるのに、どのような仏がこれらの諸仏と相違して「凡夫は念仏しても往生できない」と仰るようなことがあろうか。この道理に反して「凡夫は往生できない」と言うような仏が現れても、それに驚いて信心を失い、釈尊や阿弥陀仏の教えに疑いを持つようなことがあってはならない。そのようなことを言うのが仏たちであっても信じてはならない、ましてや仏よりも劣る辟支仏（びゃくしぶつ）などであればなおさらである。

善導和尚はこのようにこまごまと解説してくださっています。ましてこの頃の凡夫で、念仏の行者を非難して妨げようとする者の言葉は、なおさら信じてはなりません。いかに立派な人であっても、善導和尚に勝って往生の道を知っている人はありません。善導はまた、ただの凡夫ではありません。阿弥陀仏の化身です。かの仏は、自分の本願を広めて、弘く衆生を往生させるための手だてとして、仮に人として生まれ、善導と名乗られたのです。その教えは、言わば、仏説そのものです。まして善導は、仏が衆生を救うためにこの世に生まれ出た方だとは言え、現身で三昧を得て、目の当たりに浄土の荘厳をも見、仏にお目にかかって直接に仏の教えをうけたまわって、その教えを私たちに伝えてくださっているのです。善導の本来の身である阿弥陀仏を思うにつけても、仏の現世での姿である善導を訪ねるにつけても、私たちすべてが仰ぎ信ずべき教えです。ですから、どなたも自分の煩悩の薄い濃いをも考えず、罪障の軽い重いをも問題にせず、ただ口で南無阿弥陀仏と称えれば声とともに、往生が決定したという思いを持つでしょう。この決定心をすなわち深心と名づけるのです。その信心を具えれば、往生すること確実です。詮ずるところ、ただとにもかくにも念仏して往生するということを疑わないのを深心と名づけるのです。

三に回向発願心というのは、これは特別な心ではありません。自分の修めている行をただ一向に回向して往生を願う心です。

「このように三心を具えると、必ず往生する。この心が一つでも欠けると往生できない」(礼讃)と善導は釈しておられます。たとえまことの心があって表面を飾ることがなくても、仏の本願を疑えば、深心を欠いた心です。たとえ疑う心がなくても、表面を飾って、内心に本願をまことに思う心がなければ、至誠心が欠けた心だと言わなければなりません。たとえまたこの二つの心を具えていて、表面を飾る心もなく、本願を疑う心もなくても、極楽に往生したいと願う心がなければ、回向発願心が不十分だと言うべきでしょう。また三心と分ける時は、右のように別々の心であるようですが、詮ずるところ、真実の心を起こして、深く本願を信じ、往生を願う心を三心具足の心というのです。本当に、これほどの心さえ具えられなければ、どのように往生ほどの大事を遂げることができるでしょうか。右に説明したように心得て知っていなければ、三心を具えていない、というわけではありません。三心の名前さえ知らない者でも、この心を具えることはできるし、また三心についてよくよく知っている人でも、その通りに具えられない人もある、そういう心なのです。だからこそ、地位も名前もない人でさえ、ただひとえに念仏申すだけで往生した、ということは、昔から言い伝えられていることです。それは三心について全く知らなくても、三心を具えた人であった、と考えられることなのです。

また長年念仏を申していた人で、臨終の姿が悪いことがあるのは、前に言ったように、うわべだけを飾って、あれは尊い念仏者だ、などと人に言われたいと思って、心の中では深く本願をも信ぜず、まじめに往生をも願わない人であったのだろうと思われます。だからこの三心を具えていないために、臨終の姿も悪く、往生も遂げることができない、と言うのです。このように言うと、それでは往生は大変なことだ、と思われることは決してあってはなりません。必ず往生すると確信できない心を、深心が欠けて往生することのない心と言いますので、往生が定まっていると思うことはますます大切です。まじめに往生を願う志を持ち、弥陀の本願を疑わないで念仏申す人は、臨終の姿が悪いということは全くあり得ないことです。その理由は、仏が来迎されるのは、基本的に、臨終の時に行者に正念を持たせるためです。それを心得ない人は皆、自分が臨終の時に正念を持って念仏を申した時に、仏がお迎えくださるとのみ考えています。そのような人は、仏の願をも信ぜず、経の文の心をも心得ていないからです。『称讃浄土経』(1)には、「仏は慈悲によって功徳を加え助けてくださり、行者の心を乱れさせることがない」と説かれています。平生の時によくよく称えていた念仏によって、臨終には必ず仏が来迎してくださいます。仏が来迎してお姿を現してくださるのを見て、正念に住すのだと伝えられています。しかるに平生の念仏を疎かにし、いたずらに臨終正念をのみ祈る人などがありますが、それは甚だしい誤解です。ですから仏の願を信ずる人は、日頃から臨終での弥陀の来迎と正念を疑う心があってはならないと思います。ただ今後申す念仏については、ますます心を込めて申すべきです。いつ仏は、臨終の時に念仏を申す人だけを迎えよう、という願をお建てになったでしょうか。臨終の念仏によって往生する、ということは、平生に往生をも願わず、念仏をも申さず、ひとえに罪だけを作ってきた悪人が、今にも死のうとする時に始めて善知識の勧めに遇って、念仏して往生する、と『観経』にも説かれてあります。平生から念仏をしていた行者は、臨終の行儀などは特別にしなくてもいいのです。仏の来迎が定まっておれば、臨終正念はまた定まっているとお考えになってください。このことをよく理解されて、そのお心を忘れず、常の心得となさってください。

また、「罪を作った人でさえ念仏して往生する、まして『法華経』などを読んで、その上で念仏するのは、どうして悪いはずがあろうか」と人々が言うことについては、京都のあたりにもそのように言う人々が多くおりますので、ご当地にもそういうことがあるでしょう。これは他宗の人々の考えです。それが良いとか悪いとかを判定すべきことではありません。それが誤りだと言えば、気を遣わなければならない人も多くおられるでしょう。ただし浄土宗の心はと言えば、善導は『観経疏』の中で、往生の行を大きく二つに分けております。一には正行、二には雑行です。始めに正行というのは、その中にまた多くの行があります。始めは読誦正行。これは『大無量寿経』、『観無量寿経』、『阿弥陀経』などの三部経を読むことです。次に観察正行。これは極楽の依正二報(えしょうにほう)(2)を目の前に観ることです。次に礼拝正行。これは阿弥陀仏を礼拝することです。次に称名正行。これは南無阿弥陀仏と称えることです。次に讃嘆供養正行。これは阿弥陀仏を讃え、食べ物や香や花のお供え物をすることです。これらを指して五種の正行と名づけますが、讃嘆と供養を二つに分ける場合は、六種の正行とも言います。

さらに善導は、「またこれらの正行をまとめて二種とする。一には一心に専ら弥陀の名号を称えて、行住坐臥、夜も昼も、念仏を忘れることなく、どんな時でも捨てないのを正定の業と名づける。かの仏の願に依るからである」と言って、念仏を正(まさ)しく定まった往生の業として立て、「もし礼拝などに依れば、それを助業と名づける」と言い、念仏以外の礼拝や読誦や観察や讃嘆供養などを、かの念仏者を助ける行業と仰っておられます。さてこの正定の業と助業とを除いて、そのほかの諸行――布施・持戒・忍辱(にんにく)・精進などの六度万行(3)や、『法華経』を読んだり真言を行じたりするような様々な修行――を、すべて悉く雑行と名づけておられます。前者の正行を修する人を専修の行者と言い、後者の雑行を修する人を雑修の行者と言います。この二行の得失を判じて「前者の正行を修すると、心は常に浄土に親しみ近づき、仏を念ずることが途切れることがない。後者の雑行を行ずれば、浄土を思う心は間断する。その功徳を回向すると往生できるとは言っても、疎雑(そぞう)の行と名づける」と言い、極楽には疎い行だと仰っています。また善導和尚は、専修念仏の者は十人は十人ながら往生を遂げ、百人は百人ながら往生する。なぜかというと、外からの雑縁がないために正念を得るからであり、弥陀の本願と相応しているからであり、釈迦の教えに順じているからであり、ガンジス川の砂の数ほどもおられる諸仏のお言葉に従っているからである。雑修の者は、百人に一、二人、千人に四、五人しか往生できない。なぜかというと、雑縁が乱動し、正念を失うからである。弥陀の本願に相応しないからであり、釈迦の教えに順じていないからであり、諸仏のお言葉に従っていないからであり、浄土を思うことが相続しないからであり、仏を念ずる心が間断するからであり、名声や利得を追う心に相応しているからであり、自分の往生を妨げ、他人の往生も妨げるからであり、好んで雑縁に近づいて、往生の正行を妨げるからである」（礼讃）

と釈しておられるので、浄土宗に入信する人は、善導和尚を深く信じて、一向に正行を修すべきだということです。その上で、善導の教えに背いて他の行を修しようと思う人は、それぞれ学んだことがあるからでしょう。それを良いとか悪いとか、どうして言うことができましょうか。善導のお心で勧めてくださった行をさしおいて、善導が勧められなかった行を少しとは言え加える必要はないということです。善導がお勧めになった正行でさえもなお面倒に思う方が、全くお勧めになっていない雑行を加えようというのは、誠実でないとも言えます。

また、「罪を作った人でさえ往生するのだから、まして善行であれば、どうして往生に差し障ることがあろうか」、と言う人があるのは、まことに聞き苦しいことです。往生の助けとなることであれば、それは勝れたことですが、往生の妨げにならないだけのことを勝れたものとして加え行っても、いったい何になるでしょうか。それなら仏のお心に、悪を勧め、この罪を作れとお勧めになるでしょうか。心してやめよ、とはお戒めくださるけれども、凡夫のならいとして、その時の惑いに引かれて悪をなしてしまうのは、どうにもできないことです。まことに、悪をなす人のように、成り行きによって『法華経』を読みたくなり、また他の行をも加えたくなるのは、仕方のないことです。ただし『法華経』を読むことを、一言でも悪をなすことと比較して、悪をなすことも不都合ではないから、まして『法華経』を読むことはかまわない、などと言うのは筋が通りません。深い御法も誤った理解を持つ人に会うと、かえってつまらないものに聞こえるのは嘆かわしいことです。

このように言っているのを他宗の人たちが聞くと腹を立てるでしょうから、いま言っていることはお心一つに納めて、あちこちに言い広めないようにしてください。異なった理解を持った人々があれこれと言っていることには耳を貸さないで、ただ一筋に善導のお勧めに従って、一定往生の念仏を少しでも多く申そうとお考えになってください。

たとえ往生の妨げとはならなくても、『法華経』などを読むのは不定往生だと聞いておりますから、一定往生の行を修すべき時間を割いて不定往生の業を加えるようなことは損ではないでしょうか。よくよく考えるべきことです。ただしこのように言っても、念仏のほかに難行を加える人はいつまでも往生できない、と言っているわけではありません。どのようにも、たとえ相手が他宗の行者であっても、人を貶したり、謗ったりすることは、すべて重大な罪であります。よくよく言動を慎んで、雑行の人だからと言って、侮るような心があってはなりません。良かれ悪しかれ、人の善悪を考えないのがよいことです。始めからこの浄土門に志があってそれに進もうと思う人を導き、この道を勧めるのが大切です。異なった理解を持ち、異なった状態の人などと議論しあうことは決してあってはなりません。大変学問が深く、知識のある出家者でさえ、そのようなことは慎み避けていらっしゃることです。ましてあなたのような立場にある人が他宗の人と議論したり争ったりすることは、全く望ましくない行為です。ただあなた一人について、まずよくよく往生をも願い、念仏をも励まれて、最高の位に往生して（仏となって）、急ぎこの世に還り来たって、人々を導こうと思われるべきです。このように細かに書き続けて申しあげましたが、返す返す失礼なことをしたのではないかと恐れております。あなかしこ　あなかしこ。

この手紙を他人にお見せにならないでください。お読みになってご理解なさった後は、速やかに引き破ってくださるようお願い致します。あなかしこ、あなかしこ。

三月十四日　　源空

（1）『称讃浄土経』。正式には『称讃浄土仏摂受経』。唐の玄奘の訳。鳩摩羅什訳『阿弥陀経』の異訳。『小経』の六方段が十方四十二仏になっている。（『真宗新辞典』二六五頁）。

（2）依正二報。極楽の風光と阿弥陀仏のお姿。

（3）六度万行。「六度」は六波羅蜜、すなわち仏果を願う大乗の菩薩のための行。布施・持戒・忍辱・精進・禅定・智慧。「万行」とは六度の中に一切の修行が包み込まれていること。

（一六）正如房(しょうにょぼう)へ遣はす書

【解説】正如房は後白河天皇の第三皇女で、承如法という法号を持っていた式子内親王に比定されている。和歌をよくした人で、百人一首にも登場する。建久八年（一一九七年）頃出家し、正治三年（一二〇一）正月二十五日に没した。（大橋俊雄『法然全集』第三巻、三〇九頁）。

文面から判断すると、正如房は、自分が世を去る前に一度お目にかかりたいと、法然に懇望したようである。法然は、自分の気持ちではすぐに会いに行きたいが、それでは執着のもとになるので、自坊であなたのことを思って念仏している。あなたも命のある限り、往生を願ってひとえに念仏をして過ごしなさい、と諭している。感情をさしおいて仏法を勧めた好例である。なお、形の上ではこの書簡は、正如房に近侍する女官にあてたものである。

正如房のご容態については本当に驚きました。前にお目にかかって以後、不本意ながらご無沙汰してしまい、念仏の御信心はいかがであろうかと気にはかかっておりましたが、大した用事もなく、またお便りをするほどのこともなくて、気にはかかりながら何となくご無沙汰してしまいました。しかしご病気でご容態が大変悪くなっておられるとうかがいました。もう一度お目にかかりたく思いますし、ご臨終までのお念仏についても不安に思っておられるでしょうに、まして私のことを心に懸けて、常にたずねてくださっているとのこと、まことに有り難くも心苦しくも思っております。ともかくもお言葉通りにそちらに参ってお見舞いしたいとは思うのですが、思い切って、今は出歩かないで、念仏していようと思い始めたことをお知らせしようと思います。そのような思いを退けてでもお目にかかりに来るべきですが、また思い直せば、煎じ詰めて言うと、この世でお目にかかることは、大して意味のあることではないのです。かえってこの老体に執着する惑いにもなってしまうかもしれません。誰もいつまでもこの世に留まり続けることはできません。私も人も、この世を離れるのが早いか遅いかの違いだけです。その時間の切れ目を思っても、またいつまで続くかはっきりしない上に、たとえ別離の時間が長いと言っても、夢まぼろしのごとく、つかの間のことでしょう。だから初めてお目にかかった時から申しておったことですが、何よりも大切なことは、私たちがただ間違いなく同じ仏の国に生まれ、蓮の花の上でこの世での不快な思い出も払い除き、ともに過去の因縁をも語り、互いに助け合って未来に衆生を化導することなのです。よくよく本願の意味をお考えになって、一念も疑うお心なく、一声に南無阿弥陀仏と申せば、我が身はいかに罪が深くとも、仏の願力によって必ず往生するぞ、と心得られて、よくよく一筋にお念仏なさってください。

私たちの往生は、決してわが身の善し悪しによるものではありません。ひとえに仏のお力だけによるものです。いかに位が高く貴い方であっても、今の末法の時代では、自分の力だけでは直ちに浄土に生まれるようなことはあり得ないのです。また仏のお力によって往生するのですから、いかに罪深く愚かで身分の低い者であっても、それが原因で往生ができないということはありません。ただ仏の願力を信じるか信じないかによって、往生するかしないかが決まるのです。だから、『観無量寿経』にも説かれているように、生まれてよりこの方、念仏を一回も申さず、それどころか、善根（善い結果を生み出す善因）も全くなくて、朝夕生き物を殺し盗みもし、などの様々な罪ばかりを犯して年月が経っても、一念も懺悔の心もなく明かし暮らしてきた者が、臨終の時になって善知識の勧めに遇って、ただ一声「南無阿弥陀仏」と称えたことによって、五十億劫の間、迷いの世界にさまようことになるほどの罪を滅して、化仏・菩薩三尊の来迎にあずかって、「お前は仏の御名を称えたが故に罪が消えた。私はここに来てお前を迎えるのだ」とのお誉めにあずかって、直ちに浄土に往生する、と説かれています。また五逆罪と言って、この世で父を殺し、母を殺し、悪心を持って仏を殺し、教団の平和を破り、など、このような重い罪を犯して一念の懺悔の心もない者が、その罪によって無間地獄に堕ちて多くの劫を過ごして苦を受けるはずの者が、臨終の間際に善知識の勧めによって、南無阿弥陀仏と十声称えると、一声ごとにそれぞれ八十億劫の間、生死の世界にさまようべき罪を滅して往生する、と説かれています。それほどの罪人であっても、十声一声の念仏で往生をするのですから、まことに仏の本願の力によるのでなければ、どうしてそういうことが起こり得るでしょうか。本願が空虚でないことは、これでも信じることができるのです。これはまさしく釈尊によって説かれた教えです。仏の仰る言葉は一言も誤りがないと言われておりますから、ただ仰いで信じなければなりません。これを疑うと、仏が嘘をついたと言うことと同じになり、かえってまたそれが罪となります。深くお信じになってください。

さて、念仏によっては往生はできない、と言い立てる人々がいるとのこと、何とも嘆かわしくやりきれない思いです。どのような智者でどれほど高貴な人の言うことであっても、そういったことに驚かされてはいけません。それぞれの道では位が高く貴い人であっても、真実を知らず異なった行をしている人の言うことは、往生浄土のためには、むしろ大変な退縁であり、その人たちは悪知識とも呼ぶべき者です。ただ、凡夫の計らいの言葉はお聞き入れにならないで、一筋に仏の御誓いをおたのみ申し上げてください。

異なる理解を持つ人が、念仏者の往生について様々に言って妨げようとしても、一念も疑う心を持ってはならないことは、善導和尚が次のようによくよく細かに説いてくださっていることです。

たとえ多くの仏が空中に満ち満ちて、光を放ち口々に「悪を犯した凡夫であっても一念の念仏で必ず往生するということは、間違っている。信じてはならない」と仰っても、それによって一念も疑う心を持ってはならない。そのわけは、阿弥陀仏がまだ仏になっておられなかった昔、始めて道心を起こされた時、「私が仏になる時、私の名号を十声一声も称える者が、もし我が国に生まれなければ、私は仏にはならない」とお誓いになった。その願は虚しくはない。阿弥陀仏はすでに仏におなりになっている。また釈迦仏はこの娑婆世界に現れて、一切衆生のために阿弥陀仏の本願を説き、念仏往生をお勧めくださった。また六方におられるガンジス河の砂ほど多くの数の諸仏が、「この〈念仏するものは必ず往生する〉との釈迦仏の説法は真実である。すべての衆生は一念も疑ってはならない」と一仏も例外なく、すべての仏方がことごとく証誠しておられる。すでに阿弥陀仏は願を建て、釈迦仏はその願を説き、六方の諸仏はその説の真実を証誠されている。このほかにはどんな仏がこれらの諸仏とは異なって、凡夫は往生しない、と言われるだろうか。この道理によって、仏が現れて、凡夫は往生できないと言っても、それに驚いて信心を破り、疑う心を持ってはならない。まして菩薩たちの仰ることはなおさらである。また辟支仏（びゃくしぶつ）についても同じである。

このようにこまごまと善導は釈しておられます。ましてこの頃の凡夫たちがどのように言い立てようとも、「本当はどうなのだろうか」などと不安に思われるようなことは、決してあってはなりません。いかに立派な人であっても、善導和尚に勝って往生の道を知っていることはあり得ません。また善導は凡夫ではなく、阿弥陀仏の化身です。阿弥陀仏が、わが本願によって多くの衆生を往生させようと願い、その手段として、仮に人に生まれて善導と名乗られたのです。その教えは、言うなれば、仏説そのものなのです。あなかしこ、あなかしこ。お疑いになってはなりません。

　また始めから仏の本願に信心をお持ちになったそのお心はよく存じておりますが、そのような方がどうして往生を疑われるのですか。『観経』に説かれているようなことは、まだ往生の道も知らぬ人にとってのことです。あなたは日常からよくよく教えを聞き、心に刻み込んでこられ、その上にお念仏の功徳を積んでこられたのですから、たとえ臨終の時に善知識に遇われなくても、往生は定まっていることです。しかしほかの道を歩む人は、そうは行かないでしょう。ただどのような人にも、たとえ尼女房であっても、近くにいる人には常に念仏を勧め申させ、教えを聞かせられて、お心を強くお持ちになって、ただともかく一向に、凡夫を善知識として頼るような考えは捨て、仏を善知識としておたのみなさってください。

　言うまでもなく仏が来迎されるのは、行者に臨終正念（臨終の時に正しく仏を念じる）を持たせるためです。ところが人が皆、自分が臨終正念を持って念仏すると仏が迎えてくださる、と心得ているのは、仏の願を信ぜず、経の文を信じていないからです。『称讃浄土経』の文を信じていないのです。『称讃浄土経』には「仏は行者に慈悲を加え助けて、臨終の時に心が乱れることのないようにしてくださる」と説かれています。平生によくよく称えた念仏によって仏が来迎してくださる時に、行者は正念に住す、と言うべきです。誰でも仏をたのむ心が少なく、とるに足らない凡夫の善知識をたのんで、平生の念仏を大切に思わず、臨終正念をのみ祈っていますが、これは大変な誤りです。これをよくよく理解されて、常に目をふさぎ掌（たなごころ）を合わせ心を静めて、往生のことをお念じになってください。「願わくは、阿弥陀仏の本願に誤りがなく、臨終の時に必ず私の前に現れて、慈悲を私に加え助けてくださって、動かぬ正念を私の中に生まれさせてください」とお心にも念じられて、口にも念仏を称えてください。これに過ぎたことは何もありません。決して弱い心をお持ちになってはなりません。このように私が引きこもって念仏を称えようと思っているのも、ただ私一人の往生のためと思っているわけではありません。ちょうどこの度、あなたの御病気が重いことをうけたまわったのですから、今からは一念も残さず、悉く御往生の助けになるようにと、その功徳を回向いたします。必ず必ずお望みのように往生をお遂げになるようにと、深く念じ申しあげております。もしこの志がまことならば、どうして仏がお助けにならないことがありましょうか。どうか仏をおたのみになってください。

だいたい私が申した言葉にお心をお留めくださることも、この世一つの縁によるものではないと思われ、前の世も懐かしく愛しく思い知られることです。ですから仰せのように、この度あなたが本当に先立たれるにしても、またこの世の無常によって、思いがけなく私が先立つことになるとしても、最後には二人とも阿弥陀一仏の浄土に参ってまた出会うことは、疑いのないことだと思います。夢まぼろしのようにはかないこの世にあって、もう一度会いたい、と思うのは、いずれにせよ、仕方のないことです。しかしこのような思いは一筋にお捨てになって、ますます往生を深く願う心を持たれ、お念仏をも励まれて、かの浄土で私を待とうとお思いになってください。返す返すも、決して往生を疑う心をお持ちになってはなりません。五逆十悪の重い罪を作った悪人でさえ、十声・一声の念仏によって往生をいたしますのに、ましてあなたはどんな罪を作られたでしょうか。たとえ罪を作られたことがあるとしても、どれほどのことでもないでしょう。『観無量寿経』に説かれている罪人とは比較にならないでしょう。それにまず仏への帰依の心を起こされ、出家を遂げられ、ありがたい仏法にも縁を結ばれ、時と日が経つにつれて、ただ善根のみを積んで来られました。その上深く決定往生の法門を信じ、一向専修の念仏に入って、一筋に弥陀の本願をたのみ始められてから長い年月が経ちました。どうして一言でも、往生をお疑いになる理由があるでしょうか。「専修念仏の人は、百人は百人ながら、十人は十人ながら往生する」と善導が仰っているので、あなたが一人だけその数にもれるようなことは決してありません。もしあなただけがもれるようなことがあれば、善導を恨み、仏の本願をもお責めになってください。決して弱い心をお持ちにならないでください。あなかしこ、あなかしこ。

（侍者への追伸）

訪問へのご希望にそえない理由を申し開きしようと思ったのですが、大変長くなってしまいました。御病気の重い時に不適切だとは思いますが、御病気が長引いておられるのかどうか、こちらでは分かりませんので、このたび申し上げなければ、いつその時があるでしょう。もし穏やかにお聞きくださって、一念でも念仏のお心を励ますご縁となれば、と思ったために、途中で止めることができず、これほどこまごまと申してしまいました。御容態を存じませんので、どれほど書いて良いのか推測できず、心苦しいことです。もし大変弱くおなりになっているのでしたら、この手紙は長すぎるでしょう。要点を取って、お伝えくださいますようお願い申し上げます。ご質問をいただいたままに、何となく切ない思いにとらわれましたので、お返事をしたためました。

（一七）光明房（こうめいぼう）に答ふる書（1）

【解説】「一念往生の義」（略して一念義）とは、『大経』（下巻）に「阿弥陀仏の名号を聞いて一念までの信心を喜び、その浄土に生まれることを願えば、直ちに往生を得る」とあるのを誤解して、ただ一回念仏すればそれで往生は決まるから、その後はどのような悪を犯しても往生の妨げとならない、と主張した者たちを指す。法然はこの邪見を厳しく批判している。

また故聖人の御坊の御消息

一念往生の義が京の都でもあちこち流布していますが、実に言語道断のことです。まことにほとんどご質問に値しません。つまりこれは『大無量寿経』の下巻に「乃至一念信心歓喜（一念までの信心を喜ぶ）」と言い、また善導和尚が「上尽一形、下至十声一声等、定得往生、乃至一念無有疑念（上は一生の間念仏する者から、下はわずか十回・一回しか念仏しない者に至るまで、必ず往生を得る。疑いを一念も持ってはいけない）」（礼讃）と言っているのを誤解した者たちが、とんでもない邪見を持って言っているのです。乃至といい、下至と言っているのは、みな上尽一形（上は一生の間念仏をする）という意味を兼ねた言葉です。ところが近頃、愚かで智慧のない多くの者たちが、ただ十念・一念でいいのだ、という考えに執着して、上尽一形を無視しているのは全くの恥知らずの振る舞いです。まことに十念・一念で命が終わる者までも、仏の大悲本願は必ずお救いくださる無上の働きだと信じて、一生の間怠けひるむことなく念仏を行ずべきです。これを証明している文は多いけれども、それらを一々引用するまでもありません。一念往生の義は話題にする価値もありません。

ここにかの邪見の人がその批判に答えて、「私も、一念の信心をいただいて念仏するべきである、と言っている。だからといって、その一念の念仏の後にまた念仏してはいけない、と言っているわけではない」と言っています。これはまた言葉はまともなように聞こえるが、心は邪見を離れていません。その理由は、「確固たる信心をもって念仏を一回した後は、ふたたび念仏を一回もしなくても、また十悪五逆(2)を犯しても決して往生の障りとならない。ましてほかの小さな罪の場合はなおさらそうである、と信ずべきである」と言っていることです。この考えに執着している者は、たとえ念仏を多く称えるとしても、阿弥陀仏のお心に適うでしょうか。それはどの経・論または人師の説でしょうか。これはひとえに怠け者・道心のない者・誤った考えの者・不善の者の類いが、ほしいままに悪を為そうと思って言っていることなのです。悪を犯した後にまた念仏を称えなければ、その悪がすでに称えた念仏から起こる往生への因を妨げて、むしろ地獄・餓鬼道・畜生道の三途に墜ちることになるのではないでしょうか。『観無量寿経』に、一生のあいだ悪を造った者が臨終に十念して往生する、と説かれているのは、懺悔念仏の力です。この場合の悪人と混同してはなりません。後者は懺悔の人です。前者は邪見の人です。このような説は絶対に言ってはならないことです。もし念仏に精進している人があっても、この説を聞けば、たちまち怠け心を起こすでしょう。まれに戒を持（たも）っている人があっても、この説を聞くと、たちまち恥を知らない人となるでしょう。総じてこのようなことを言う人は、附仏法（ふぶっぽう）の外道（げどう）（3）です。獅子の身体につく虫です。また疑われるのは、天魔・波旬（はじゅん）（4）のために仏法精進の気を奪われた者が、往生を志す多くの人々を妨げようとしているのです。心を許してはなりません。深く恐れるべき者です。一々筆端に書き尽くすことができません。慎んで申し上げました。

これは越中国の光明房という聖（ひじり）に宛てた手紙である。成覚房（幸西）の弟子たちが一念義を立てて、念仏の回数を少なくしようと言って、わざわざ手紙で言い広めようとした。光明房が法然聖人からいただいたお返事を国の人々に見せようと思って法然聖人に質問をしてきたので、このお返事を書かれた。

（1）光明房。俗姓ならびに生年等は不明。法然に師事して浄土の法門を学び、後に越後で成覚房幸西の弟子が一念往生の義をとなえた時に、光明房はこれを排斥するために努力した。（大橋俊雄、前掲書第三巻、三一〇頁参照）。

（2）十悪五逆。十悪は身体・言葉・心で行う三種の行為の中で、特に著しい十種の悪行。殺生・偸盗・邪淫・妄語（うそ偽り）・両舌（人を仲違いさせる言葉）・悪口（ののしり）・綺語（まことのない飾った言葉）・貪欲（貪り）・瞋恚（怒り）・愚痴（真理に対する無知）。五逆は地獄必定の五種の悪行。父を殺す・母を殺す・阿羅漢を殺す・仏身から血を流す・教団の和を破る。

（3）附仏法の外道。親鸞はこの語句に「フブチホフトイフハブチホウニツキタルグエダウナリ」という左訓をつけている。すなわち「附仏法とは仏法に寄生する外道である」という意味。

（4）天魔・波旬。どちらも仏法を妨げる悪魔。

（一八）基親の領解

【解説】平基親は、『尊卑分脈』第十一によれば、親範の子で、母は若狭守高階泰重の女、左大弁兵部卿従三位の位にあった。『公卿補任』には保元三年蔵人に補され、建永元年（一二〇六）従三位になったと記されている。（大橋俊雄、前掲書第三巻、三一一頁）。この手紙には、平基親が一念義の者との議論で彼らの過ちを指摘したこと、そして自分が法然聖人の教えを忠実に守っていることを報告している。

平基親が信心をいただいて本願を信ずる有り様

『大無量寿経』の上巻に、「私が仏になる時、十方の衆生がまことの心で私を信じ、私の浄土に生まれたいと思って十回までの念仏をして、もし生まれなければ、最高の悟りを取ることはない」とあります。同じく下巻に、「無量寿仏の名号を聞いて信心歓喜し、わずか一回でも仏を念じて、まことの心でその功徳を回向して無量寿仏の国に生まれたいと願えば、直ちに往生を得るべき身となって不退転に住する」と説かれています。『往生礼讃』には、「今まことに知ったことは、阿弥陀仏の広大な本願は、衆生が名号をわずか十回でも一回でも称えれば、必ず往生させてくださる、ということである。これについては一念の疑いも持ってはならない」とあります。

『観経疏』（散善義）には次のように説かれています。「一つには、決定して深く信じる――自身は現に重い罪悪を持ち、生死の世界に迷う凡夫であり、久遠の昔から今に至るまで、常に沈み常に流転して、迷いの生を離れる縁が全くない――と。二つには、疑いなく深く信じる――かの阿弥陀仏の四十八願は、衆生を救い取るために建立されたものであり、疑いなく計らいなく、その願力に乗じると、必ず往生させてくださる――と」。

これらの文を深く考えて、私基親は罪悪生死の凡夫だとは言え、一向に本願を信じて名号を称えております。毎日五万回です。仏の本願に乗じて、必ず上品に往生しようと深く心しています。このほかには別の料簡はありません。

しかるにある人が、「本願を信ずる人は一念で往生するのだから、一日五万回の念仏は無益である。本願を信じていない者だ」と言いました。基親が答えて、「一声の念仏のほかに百回ないし一万回の念仏をするのは本願を信じていない者だ、という文があるのか」と聞きました。すると基親を非難した者は、「自力で往生することはできない。ただ一念の信心をいただいた後は、いくら多く念仏をしても無益である」と言いました。基親がまたその者に、「自力往生とは、他の雑行などを行じて往生を願うことを自力と言うのだ。従って善導の『観経疏』に、〈上は百年を尽くし、下は一日、七日間であっても、一心に弥陀の名号を専念すれば、必ず往生を得る。決して疑ってはならない〉とあるのは、百年間念仏しなさい、という意味であろう。また聖人の御房（法然）も一日に七万回念仏を称えておられる。基親は聖人の御弟子の一人である。だから数多く称えようと思っているのだ。仏の恩に報いるためである」と申しました。すなわち『礼讃』に「絶えることなく念仏して阿弥陀仏のご恩に報いようとしない者は、心に驕り高ぶりの心を生じる。その理由は、さまざまな行業を修しても、常に自分の名声や損得を考えているからである。また我執に覆われて、念仏同行の善知識に親しく近づかないからである。また好んで雑多な縁に引かれて、往生のための正行（念仏）を自ら損ない、他人をも妨げるからである」とあります。基親はさらに「仏恩を報ずるためにも、念仏の数は多い方がよい」と言ってやりました。

（一九）基親の追伸・法然聖人の返書

【解説】前出の文に付けた追伸である。基親はさらに自分の領解を書き加えて、自分を非難する者に見せるために、聖人のお考えをこの手紙の裏か余白に少し書いてほしい、と依頼している。聖人は、自分の理解も基親の領解と変わりがないと明言している。

兵部卿三位（基親）のもとより聖人の御房へ送られたお手紙。基親はただひたすらに本願を信じ、念仏を申している。それ以外の料簡は何もないからである。

その後お変わりありませんか。そもそも念仏を称える回数や本願を信じることについては、粗末ながら、私基親の理解は前に述べた通りであります。しかるにそれを非難する者がおりますが、その言い分は根拠がないと思います。この手紙の余白または裏側に、お考えを御自筆で書いていただきたく存じます。非難する者に言い負かされないためです。本願念仏の教えとは異なる理解を持ち、異なる修行をしている人たちであれば、耳にも聞き入れないのですが、聖人の御弟子などが言っていることですから、不審に思っているのです。また彼らは、念仏者が女性と交わることを避ける必要はない、と言い合っております。在家はもちろんかまいませんが、出家は本願を強く信じるからといって、女に近づくのは間違っていると思います。善導は、「目を上げて女人を見てはならない」と言っています。このことについて大体で結構ですから、お教えをいただきたく存じます。恐れながら申し上げました。

基親

聖人御房のお返事の文

仰せの旨、慎んで承りました。御信心をいただかれた御様子を、お手紙で詳しく拝見いたしましたが、一分も私の思うところと異なっておりません。深く随喜しております。しかるに最近、一念の念仏の後の念仏は何度称えても無益である、と言う者が現れたとのことは、おおよそ伝え聞いております。もちろん取り上げる価値もない主張です。聖教の言葉を離れてこのように言い立てる者は、すでに悟りを得た者なのだろうか、などと不審に思っています。また、深く本願を信ずる者は破戒も意に介することはない、と言っているようですが、これもまた問い合わせてこられる必要もないことです。典型的な附仏法（ふぶっぽう）の外道（げどう）（仏法に寄生した外道）です。もしかして、近頃念仏に仇をする天魔が競い現れて、このように人を狂わす言葉を吐いているのでしょう。全く考慮に値しないことです。恐れながら申しあげました。

八月十七日

（二〇）十一箇条問答

【解説】「ある人」が念仏についてのごく一般的な疑問を法然聖人に問い、聖人も簡潔に答えている。

ある人が念仏についての疑問を聖人におうかがいしたこと。

［一］

問、八宗・九宗（くしゅう）(1)のほかに、浄土宗の名を立てることは、勝手気ままな行為だと(2)他宗の人が言っておりますが、いかがお考えですか。

答、宗の名前を立てることは、仏説に基づくものではありません。自ら真実といただく経典と教えについて、そこに説かれる内容を学び極めて、宗義を立てるのです。これはどの宗でもみな行っていることとです。このたび浄土宗の名前を立てることについて言うと、浄土の依正経（えしょうきょう）（依りどころとなる正しい経）に基づいて、往生極楽の道を悟り究められた先師たちが、宗の名をお立てになったのです。宗の起源を知らない者が、そのようなことを言うのです。

［二］

問、法華や真言を雑行の仲間に入れるべきではない、という人がいますが、いかがでしょうか。

答、先徳である恵心僧都は、釈尊一代の聖教の中の重要な文を集めて『往生要集』をお作りになりましたが、その中で十門を立てて、第九門「往生の諸行」の中に、法華や真言などの大乗の諸教を入れられました。諸行と雑行と、言葉は異なっているけれども、意味は同じです。その非難者が恵心先徳よりも勝れている、ということはないでしょう。

［三］

問、阿弥陀仏以外の諸仏や浄土三部経以外の諸経に従って、善根を修行している人と縁を結び、助けの手をさしのべるのは、雑行となるのでしょうか。

答、自分の心を弥陀仏の本願におまかせし、決定往生の信を取ったからには、他宗に依って善根を励む人と縁を結んだり助けの手をさしのべたりするのは、全く雑行とはなりません。それは自分の往生のための助業となります。他人の善根を随喜讃嘆せよ、と先徳が説いておられることもお心得ください。

［四］

問、極楽往生に九品（くぼん）の区別がありますが、それは阿弥陀仏がそのように設けられたのでしょうか。

答、極楽往生に関わる九品の区別は、阿弥陀仏が建てられたことではありません。四十八願の中にそのようなものはありません。これは釈尊の方便の言葉(3)です。善人も悪人も同じ所に生まれる、と言うと、悪業の者どもは、驕りの心を起こすでしょうから、九種の区別を建てて、善人は上品に進み、悪人は下品に下るのだと説かれたのです。早く浄土に生まれて、本当のところを見てご覧なさい。

［五］

問、持戒の行者で念仏の回数の少ない者と、破戒の行者で念仏の回数の多い者とでは、往生の後の進み具合の浅深はいかがでしょうか。

答、法然聖人は座っておられた畳を指して仰った。「この畳があるからこそ、それが破れているか破れていないかという議論が起こりますが、畳が全くなければ、それは問題にならないでしょう。〈末法の時代には、持戒も破戒も無戒もない。ただ名字の比丘〈名前だけの比丘〉しかいない〉と伝教大師が『末法燈明記』にお書きになっているからには、持戒・破戒のことは議論すべきではありません。このようなどうしようもない凡夫のために起こしてくださった本願だから、と思って、一刻でも惜しんで名号を称えなさい」。

［六］

問、念仏の行者たちの中で、日々の所作において、声を出して称える人もあれば、心に念じながら数を数える人もあります。どちらの方がよいのでしょうか。

答、それは、一方は口に名号を称え、他方は心に名号を念ずるのですから、どちらも往生の業にはなります。ただし、仏の本願は称名の願ですから、声を出して称えるべきです。従って、『観経』には「声を絶やさないで十念せよ」と説かれ、『礼讃』には「私の名号を、わずか十回でも称えよ」と説かれています。人の耳に聞こえるほどの称名念仏は、高声念仏と言われます。だからといって、周りの人たちから誇られたり嫌われたりするほど大声で称えてはなりません。基本的には、声に出して称えようと思うべきです。

［七］

問、日々の念仏の回数について、何回ほどが念仏相続と言えるのでしょうか。

答、善導のお言葉によると、一日に一万回以上称えると相続と言える、とのことです。ただし一万回を急いで称え、その後は全く念仏しないで一日を過ごすということではいけません。一万回と言っても、一日一夜の所作としなければなりません。一般に、一食の間に三度ほど称えるのがよい相続でしょう。しかし、衆生の根性は一人一人異なっていますから、一律に言うことはできません。往生の志が深ければ、自然に念仏の相続はできるものです。

［八］

問、『礼讃』の深心の解説の中で善導大師は「十声の念仏であろうと、一声であろうと、必ず往生を得る。これについて一念も疑心があってはならない」と釈され、また『観経疏』の中の深心釈には、「念々に念仏を捨てないことを、正定の業と名づける」と説いておられます。どちらを自分に合った教示だと思い定めるべきでしょうか。

答、十声・一声の教えは、念仏を信ずる有り様を言っています。従って、信心の一念で往生が定まると受け取って、念仏の行を一生の間励みなさい、と勧めておられるのです。善導大師のお心は「いったん往生への心を起こせば、一生の間念々に念仏を捨てないでおれ」にあると知って、それを根本として生活しなさい。

［九］

問、本願の一念（本願を信じて一回の念仏をする）は、平生の者にも、臨終の者にも通ずるのでしょうか。

答、一念の願は、臨終間際に一回の念仏をして息が絶え、二回の念仏をすることのできない者のためです。平生の時でも一念の念仏で十分なのなら、「上尽一形」（上は一生を通じて念仏する）の言葉があるはずがないでしょう。この言葉によってお分かりになるでしょう。「往生のためには一念の念仏で十分だ」ということは、仏の本願だとは言うことはできません。「念々に念仏を捨てないことを、正定の業と名づける。かの仏の本願に順じているからである」（散善義）というお言葉は、「念仏を多く称える者をも往生させるのが本願である」と聞こえるけれども、衆生が本願に出遇うのに遅い速いがあるから、「上尽一形下至一念」（上(かみ)は一生涯念仏する者も、下(しも)はわずか一念しか念仏できない者も往生する）というのが本願のお心である、と心得るべきです。だからこそ念仏往生の願と、善導は釈されたのです。

［十］

問、自力・他力のことはどのように心得るべきでしょうか。

答、源空には殿上へ参れるような器量はないけれども、お上よりお召しがあったので、二度参上しました。これは私が昇殿する身分ではないけれども、お上のお力によってそれができたのです。まして阿弥陀仏の仏力によって、称名の願に応じて念仏すると、来迎してくださることに何の疑いがありましょうか。自分は罪が重く、無智であるから、どうしてこのような者を仏は救ってくださるだろうか、と思う者は、全く仏の願を知らない者です。このような罪人たちをたやすく助け救う手段として起こしてくださった本願の名号を称えるのですから、塵ほども疑いの心があってはなりません。「十方衆生の願」（第十八願）のうちに、有智(うち)・無智、有罪(うざい)・無罪、善人・悪人、持戒・破戒、男子・女人、そして三宝滅尽[4]の後百年までの衆生が皆含まれているのです。かの三宝滅尽の時の念仏者を今のあなたたち御坊たちと比べると、御坊たちは仏のようなものです。三宝滅尽の時は、人の寿命が十年の時で、戒・定・慧の三学[5]は、名前さえ聞けないでしょう。言う価値もない者たちが来迎にあずかるという道理を知りながら、あなた方が捨てられるようなことは考えられるでしょうか。ただし、往生極楽も願わず、念仏も申さないことこそ、往生の障りだと言わなければなりません。そうであるからこそ、他力の本願とも言い、超世の悲願（世を超えた、仏の切ない願い）とも言うのです。

［十二］

問、至誠心などの三心を具えるとは、どのように理解すればいいのでしょうか。

答、三心を具えるとは、特別なことではありません。阿弥陀仏が本願に、「私の名号を称念しなさい。必ず迎え取ってあげよう」と仰ったことですから、必ず仏に救い取られることを深く信じて、怠ることなく名号を心に念じ、口に称え、すでに往生したという気持ちを持って、たゆまなく励めば、自然に三心を具えることになります。また在家の者たちはそこまでは思わなくても、念仏を申す者は極楽に生まれるのだと信じて念仏をさえ申せば、三心はすべて具わるのです。だからこそ言うほどの価値のない者たちでも、仏の不可思議な力によって往生を遂げるのです。

（1）八宗・九宗。八宗とは、平安時代に広く行われた、仏教の八つの宗派。倶舎・成実・律・法相・三論・華厳の南都六宗に、天台・真言を加えたもの。これに禅を加えて九宗と言う

（2）勝手気ままな行為。原文は「自由にまかせたつること」。「自由」には「自己の主体を堅持する」という意味と、「自分の思い通りにする」という意味がある。ここでは後者の意味。

（3）方便の言葉。原文では「巧言」（げうごん）。親鸞は「カマヘタマフミコトナリ」という左訓をつけている。すなわち「釈尊が巧みに設けられた言葉」という意味。

（4）三宝滅尽。釈尊入滅から正法五百年、像法千年、末法万年の後、仏法僧の三宝がことごとく滅ぶと

されている時代。『大無量寿経』の最後の部分（流通分）に、釈尊がその時代の衆生でも救われるようにと、阿弥陀仏の本願を説く『大無量寿経』を残し、念仏を残した、とされている。

（5）戒・定・慧の三学。仏教の基本的な修行の分野で、持戒・禅定・智慧を言う。どれも成就するのに時間がかかるから、寿命十年の仏法滅尽の時代には、これらを完遂する者がいないことになる。

（二一）浄土宗大意

【解説】法然の立てた浄土宗の大意を簡明に説いている。『西方指南抄』だけに見られる章であり、親鸞の『愚禿鈔』にも通ずるところがあるから、これまでのまとめとして、この節は親鸞が執筆した可能性がある。

また浄土宗の大意として法然聖人がお教えくださったことは、三宝滅尽の時であっても、十念の念仏をすれば必ず往生する、まして三宝が行われている世に生まれて五逆の罪も犯していない私たちは、弥陀の名号を称念すると往生が得られることは疑いない、ということである。さらにお教えでは、浄土宗の心では、釈尊一代の諸教は、聖道門・浄土門の二門の中に収められる。聖道門とは、娑婆の中で悟りを求める道である。自力によって惑いを断ち生死を出離することを目指す教えであるから、凡夫のためには修しがたく、行じがたい。浄土門とは、極楽に往生してから涅槃の悟りを開くことを目指す仏道である。他力（仏による救い）によって惑いを断ち浄土に往生させていただく仏道であるから、凡夫のためには修しやすく、行じやすい。その行というのは、ひとえに凡夫のためにお教えくださった願と行であるからである。五説[1]の中では仏説である、四土[2]の中では報土である、三身[3]の中では報身（ほうじん）である、三宝の中では仏宝である、四乗[4]の中では仏乗である、二教[5]の中では頓教である、二蔵[6]の中では菩薩蔵である、二行[7]の中では正行である、二超[8]の中では横超である、二縁の中では有縁の行である、二住[9]の中では止住である、思・不思の中では不思議[10]である。また仰ったことに、聖道門の修行は智慧を究めて生死を離れることを目指すが、浄土門の修行は、愚痴に返って極楽に生まれることを目指す、と。

（1）五説。仏説・聖弟子説・仙人説・諸天説・化人説の五つ。『大智度論』巻二に説く。
（2）四土。仏の四身（法身・報身・応身・化身）それぞれの国土。
（3）三身。右の四身の中で、応身と化身を合わせて応化身とし、法身と報身を数えたもの。
（4）四乗。声聞乗・縁覚乗・菩薩乗・仏乗。乗は教えを指す。
（5）二教。仏道を悟りに至る時間の遅速によって、速やかに仏果に至らせる頓教、時間をかけて仏果に至らせる漸教の二つに分ける言い方。
（6）二蔵。声聞蔵と菩薩蔵の二種類の教え。
（7）二行。仏道を末法の衆生の資質に適った正行と、その他の種々の雑行との二つに分ける言い方。善導と法然によると、正行は読誦・観察・礼拝・称名・讃嘆供養の五つ。特に称名を正定業と呼び、他の四つを助業と呼んだ。
（8）二超。横超（おうちょう）と竪超（しゅちょう）。弥陀の本願に乗じて、菩薩のすべての修行の段階を一気に飛び越えて仏果に達する仏道を横超と言い、自力の修行で菩薩の段階を速やかに飛び越えて行く仏道を竪超と言う。親鸞は、浄土真宗を横超に、禅宗・天台・真言・華厳を竪超に充てている。

（9）止住。親鸞は「ヨケフハカクレテコノホウハトヽマルトイフココロ也」という左訓をつけている。すなわち、末法の時代では、真の浄土門（浄土の真宗）以外の教えは衆生を導き救う力を失い、この法（浄土の真宗）だけが止まって衆生を救い続ける、という意味。

（10）不思議。仏の願力によって救われるから、人間の思いはかり（思議）を超えている、という意味。

康元元年丙辰十月三十日これを書く。

愚禿親鸞　八十四歳

西方指南抄　下（末）

（二二）四種往生

【解説】阿弥陀仏の浄土に往生する人の臨終のあり方を四種に分類したもの。

四種往生の事
一、正念念仏往生(1)　『阿弥陀経』の説。
二、狂乱念仏往生(2)　『観無量寿経』の説。
三、無記心往生(3)　『群疑論』（懐感作）の説。
四、意念往生(4)　『法鼓経』の説。

『法鼓経』に「もし臨終の時に念仏することができなければ、ただ浄土に仏がましますことを知って、そこに往生したいと思えば、その人は往生することができる」と説かれている。

（1）正念念仏往生。心が乱れることなく、正念に住して往生すること。
（2）狂乱念仏往生。極悪の人が狂乱の中にあって、善知識の導きにより、十声・一声の念仏を称えて往生すること。
（3）無記心往生。臨終に心は無記（善とも悪とも言えない）状態となった者が、前世に念仏者であった宿業によって、仏の光明に収め取られて往生すること。

（4）意念往生。声を出さず、心に念ずるだけで往生すること。（以上の注は石田瑞麿、前掲書、四三二頁による）。

（一三）黒田の聖(ひじり)へ遣す書

【解説】黒田とは伊賀国名張郡黒田を指す地名と思われるが、黒田に住んでいた念仏聖については未詳。ここでは専修念仏の要点を簡潔に述べている。本願を信じて念仏を一回でも十回でもすれば、本願の働きによって、いかなる罪人でも救われる。受けがたい人身をうけ、遇いがたい本願に遇い、起こしがたい道心を起こしたのであるから、この度は必ず往生できることを喜ぶべきである、と説いている。

末法の時代の衆生が往生極楽を遂げられる器かどうかを考えてみると、修行が十分でないからといって、往生を疑ってはなりません。一念・十念の念仏で十分なのです。自分が罪人(つみびと)であるからといって、往生を疑ってはなりません。罪の深い者であっても嫌うことはない、と如来は言われました。釈尊の時代から遠く離れているからといって、往生を疑ってはなりません。法滅以後の衆生でもなお往生することができるのです。ましてまだ法滅ではない今の時代の者は、なおさら往生は確実です。自分が悪人だからといって、往生を疑ってはなりません。「自分は煩悩をすべて具えた凡夫である」(1)という言葉もあります。十方に多くの浄土がありますが、私たちが特に西方浄土への往生を願うのは、十悪五悪の衆生も、その浄土に生まれることができるからです。多くの仏の中で阿弥陀仏に帰依するのは、三念・五念しかできない者に至るまで、仏が自ら来て迎えてくださるからです。多くの行の中で念仏を用いるのは、念仏の衆生を救うという阿弥陀仏の本願であるからです。いま弥陀の本願に乗じて往生するということは、願として成就しないということは決してないからです。本願に乗ずるには、ただ深い信心を持つことが大切です。受けがたい人身を受け、遇いがたい本願に遇い、起こしがたい道心を起こし、離れがたい輪廻の世界を離れ、生まれがたい浄土に往生することは、喜びの中の喜びであります。

罪に関して言えば、十悪・五悪の者でも往生すると信じて、少しの罪も犯すまいと思いなさい。罪人でさえ往生するのです、まして善人の往生は間違いありません。行としては、一念・十念の念仏だけでも往生できると信じて、途切れることなく念仏しなさい。一念の念仏によってでも往生できるのです。まして多く念仏すれば往生疑いありません。阿弥陀仏は不取正覚のお言葉[2]を成就して、現にかの浄土にいらっしゃるのですから、念仏の衆生の臨終の時には、間違いなく来迎してくださるでしょう。釈尊は、「すばらしいことだ。わが教えに従って生死を離れようとしている[3]」とご覧になることでしょう。六方の諸仏は「喜ばしいことだ。私たちの勧めを信じて不退の浄土に生まれようとしている」とお喜びになるでしょう。このたび阿弥陀仏の本願に遇えたことを、天を仰ぎ、地に伏して喜びなさい。歩いている時にも、止まっている時にも、座っている時にも、横になっている時にも、どんな時にもお念仏を称えなさい。阿弥陀仏の恩徳を憑(たの)んでもなお憑むべきは乃至十念のお言葉、信じてもなお信ずべきは（善導和尚の）必得往生の文であります。

黒谷聖人源空

（1）「自分は煩悩をすべて具えた凡夫である」。智昇の『集諸経礼懺儀』（下巻）に「自身はこれ煩悩を具足せる凡夫、善根薄少にして三界に流転して火宅を出でずと信知す。いま弥陀の本弘誓願は、名号を称すること下至十声聞等に及ぶまで、定めて往生を得しむと信知して、一念に至るに及ぶまで疑心あることなし」とある。

（2）不取正覚のお言葉。「たとえ十回であっても（乃至十念）念仏する衆生を往生させることができなければ、最高の悟りを取らない（不取正覚）」という第十八願のお言葉。

（3）不退の浄土。一度生まれると、決してもとの生死の世界にもどることがない浄土。

（二四）念仏大意

【解説】法然聖人が専修念仏の要諦を身近な例を挙げながら懇切丁寧に説いている。末法の時代の凡夫にとっては高邁な聖道門では往生・仏果は望むべくもなく、阿弥陀仏の大慈悲によって建てられた本願をたのみ、ひたすら念仏をして浄土に生まれることを願うのが唯一最善の道である、と言っている。

末代悪世の衆生が往生を志す場合は、他の行に頼ってはなりません。ただ善導の教えに従って、一向専修の念仏門に入るべきです。ところが、一向の信心を持って浄土門に入る人は極めて少ないのです。その理由は、あるいは他の行に心を惹かれ、あるいは念仏の功能を重く認めないからです。よくよくこのことを考えてみると、まことに往生浄土の願いを持って、ひたすら深い信心を持つ人がほとんどいないからでしょうか。まずこの道理をよくよく考えてみるべきです。総じて天台・法相の経論聖教について言うと、それらによって修行をしても害になるものは一つとしてありません。ただし仏道修行をするには、よくよく自分の能力を考え、時を考えるべきです。仏の滅後第四の五百年の時代でさえ、智慧を磨いて煩悩を断ずることは非常に難しく、心を清浄にして禅定を得ることも困難であったために、人は多く念仏門に入りました。すなわち道綽・善導などの浄土宗の聖人はこの時代の人々です。まして今の時は第五の五百年、[1]世の中に争いが満ち満ちている時代です。他の行法はますます成就することが困難になっています。そればかりでなく、念仏門は末法の後、法滅の時代までもなお人々を利益し続けます。まして今の世は末法万年の始めの時です。一念の念仏を称えると、どうして往生を遂げられないことがありましょうか。たとえ私たちが往生に相応しい器でなくても、末法の末の衆生とは全く比較になりません。さらにまた釈尊在世の時でさえ、即身成仏を達成したのは、龍女のほかにはほとんどありませんでした。たとえまた即身成仏まで行かなくても、この聖道門で修行された菩薩・声聞たち、そのほかの高僧・聖たち、その後の比丘・比丘尼などの今までに経論を学んだ方々、『法華経』を篤く信仰した人たち――これらの人たちはどれほど多くおられたことでしょうか。いま私たちが中途半端に聖道門を学んでも、これらの人々には全く及びません。このような末代の衆生を阿弥陀仏はかねてから見通されていて、五劫のあいだ思惟して四十八願を起こされました。その中の第十八願に、「十方の衆生がまことの心で私を信じ、私の国に生まれたいと願って私の名を十回まで称えて、もし生まれなければ、正覚（最高の悟り）を取らない」とお誓いになり、すでに正覚を取られました。このことをまた釈尊が説かれた経が、すなわち『観無量寿経』などの三部経です。これらの経は純粋に念仏門の経です。たとえ悪業を重ねた衆生であっても、弥陀の誓いをひとえに信じれば、釈尊が誓いの内容を一々細かく説かれた三部経に、空虚な言葉が一言としてあるでしょうか。その上また六方・十方の諸仏が、弥陀の誓いの真実を証誠されていることが、これらの経に説かれています。念仏以外の行に対しては、このような証誠は見えません。ですから、釈尊入滅から長い時が過ぎ、私たちの能力には相応しない禅定や智慧を修行するよりも、利益が現にあって、しかも多くの仏たちが証誠しておられる弥陀の名号を称念すべきです。

また後世者（ごせしゃ）の中には、「極楽は浅い浄土であり、阿弥陀仏は力が劣っている、我々の望むところは密教・華厳・法華などの世界である」と言って、それらに心を懸ける人もいるようですが、それは甚だ身の程知らずです。これらの浄土には、煩悩無明を断じた菩薩以外の者は入ることができません。

また一向専修の念仏門に入っている者の中にも、念仏を毎日三万回、五万回、さらには十万回も称えた後に、何年も信仰し読誦して功を積んできた諸経を読むことは罪になろうか、という疑いの心を起こして、本願を裏切る者たちも混じっています。それが罪になるという理由がどこにあるのでしょうか。末代の衆生は様々な行を成就することが困難であるために、まず阿弥陀仏の願力に乗じて、念仏による往生を遂げた後に、浄土で阿弥陀如来・観音・勢至にお目にかかって、様々な聖教を学んで覚りを開くべきなのです。また末代の衆生が念仏を専ら行ずべきことについては、多くの注釈書があるけれども、一つには十方（じっぽう）のガンジス河の砂の数ほど多くの仏が証誠しておられます。また『観経疏』の第三（定善義）に、善導が次のように言っています。

念仏以外の様々な行は、善と名づけるとは言え、念仏に比べると全く比較にならない。このために諸経の中の所々に、念仏の効能が広く讃えられている。たとえば『無量寿経』の四十八願の中では、ただ弥陀の名号を専念すれば、往生を得ることが明かされている。また『阿弥陀経』は、一日七日阿弥陀仏の名号を専念すれば、往生を得ると説いている。また十方恒沙（じっぽうごうじゃ）の諸仏による証誠は真実である。また『観経』の中の定散文の中に、ただひとえに名号を念すれば往生を得ることが説かれている。こうした例は一つならずあり、広く念仏三昧を顕している。

また善導の『往生礼讃』の中の専修・雑修の文などにも、雑修の者が往生を遂げるのは万人の中に一、二人もあり得ない、専修の者は百人のうち百人とも往生を遂げる、と言っています。これらはすなわち、何事もその道に入ると、ひたすらそれに心を向け、他に心を向けることがあってはならないからです。たとえば今生でも、主君に仕えたりして他人を頼る場合、主君以外の人にも心配りをするのと、ただ一向に主君をたのむのとは同じではありません。ただし家が豊かで、乗物や召使いも十分にある人は、あちこちの人々に心配りを分けても、その効力は無駄ではありません。しかしそのような力を持たない者があちこちに心配りをしようとすると、身は疲れてしまっても、はっきりとした効果は得られません。一向に一人の人をたのめば、貧しい者も、必ずその哀れみを受けることができます。すなわち末代悪世の無智の衆生は、この貧しい者と同じです。昔の高僧は家豊かな人と同じようなものです。ですから、無智の身でありながら、智者の行を学ぼうとするのは、貧者が富者のまねをするようなものです。またさらにたとえて言えば、高い山で、人が到達することができないような岩石を、十分な力のない者が石の角（かど）や木の根に取りすがって登ろうと努めるのは、雑行を修して往生を願うようなものです。かの山の峰から下ろした丈夫な綱にすがって登るのは、弥陀の願力を深く信じて、ただ一向に念仏を勤めて往生しようとするのと同じです。

また一向専修には、ことに三心を具えなければなりません。三心というのは、一には至誠心、二には深心、三には回向発願心です。至誠心というのは、余仏を礼拝せず、阿弥陀だけを礼拝し、余行を修せず、専ら弥陀だけを念じて念仏を修することです。深心というのは、弥陀の本願を深く信じることです。わが身は無始よりこのかた罪悪生死の凡夫であり、一度として生死を免れるべき道がない。それにもかかわらず、阿弥陀仏の不可思議の本願の力によって、かの名号を一向に称念して疑いの心がないと、一念の間に八十億劫の生死の罪を滅して、最期臨終の時に、必ず弥陀の来迎にあずかるのです。回向発願心というのは、自分のための行および他人のための行を真実心の中に回向して、ともに往生浄土を遂げようと願うことです。

この三心のうち一つでも欠けていれば、往生を遂げることはできません。ですから、他の行を混ぜても罪にはならないけれども、それはなお念仏往生を完全には信ぜず、いくらかの疑いを残しているので、他の行を加えているのです。ただしこの三心の中の至誠心をさまざまに計らって、特別にまことの心を持つことが困難だと言う者もあるのでしょう。その場合、弥陀の本願の本意にも背いて、信心が欠けていることになります。いかに強い信力を持っていても、このような造悪の凡夫の身が生み出す信力だけでは、往生の願いを成就するほどの信力を持てるはずがありません。ただ一向に本願の念仏で往生を決定するからこそ、本願の不思議と言えるのです。たとえそのように信力が深く善徳を積んだ人があるとしても、そのような人のために、阿弥陀仏がわざわざ不思議の本願を起こされたのではありません。この道理を知った上で本当に専修念仏の一行に入る人は、滅多にありません。
ところで道綽禅師は、念仏によって往生を決定（けつじょう）された先達です。もともと智慧が深く、『涅槃経』の講説を深く学んでおられました。曇鸞法師の三代後の弟子です。「かの曇鸞師は智慧が高遠であるにもかかわらず、四論[2]の講説を捨てて念仏門に入られたではないか。私の知識や学問など全く比較にならない」と判断して、涅槃の講説を捨てて、ひとえに往生の業を修して、一向に専ら阿弥陀仏を念じて間断なく念仏を続けられ、実際に往生を遂げられました。このように道綽は、『涅槃経』の講説をやめて念仏を修し、善導は雑修を嫌って専修念仏をお勧めになりました。また道綽禅師の勧めによって、并州（へいしゅう）の三県の人は皆、七歳になると一向に念仏を修するようになったと言われています。ですからわが国の末法の衆生が、どうしてわざわざ雑修を好む必要があるでしょうか。雑行を修して往生極楽の果を不確定にするよりは、ただ速やかに弥陀如来の本願、釈迦如来の教説、道綽・善導の釈を守り、専修念仏を行じて、往生の望みの成就を確実にすべきです。

またかの道綽・善導などの釈は、念仏門の人々の書かれたものですから、あれこれと言う必要はないでしょう。法相宗においては、専修念仏門には特に心を向けて信じることはないのではないかと思っていましたが、慈恩大師の『西方要決』には「末法万年には他の経は悉く滅び、弥陀の一教のみがますます衆生を利益（りやく）する」と釈しておられます。また同書に、

> 深遠な三空（さんくう）[3]の経文を理解しようとし、菩薩として十地[4]の位を経過しようとしても、命は短く、修行を成就するまでに死がやってくれば大変な悲運である。多くの教えを聞き、広く学問をするようなことはしばらくやめて、専ら念仏一つを修めるに越したことはない。

と言っています。そればかりではなく、また大聖竹林寺の『記』に、

五台山竹林寺の大講堂の中で、普賢・文殊が西東に対座して、多くの衆生のために妙法を説かれた時、法照禅師がひざまずいて、文殊菩薩にお尋ね申しあげた「未来悪世の凡夫はどの法門を行えば、永遠に三界を出離して浄土に生まれることができるでしょうか」と。文殊菩薩は答えて、「往生浄土をとげるには、弥陀の名号に過ぎたものはなく、速やかに仏果を得る道はただ称名念仏の一門にある。このために釈迦一代の聖教が讃めるのはみな阿弥陀仏である。まして未来悪世の凡夫はなおさら称名念仏の道に依るべきである」とお答えになった。

とあります。このように往生浄土の要の文や、智者たちの教えを見ても、なお信心を持てないで、生れがたいこの人界に生を受けたにもかかわらず、往きやすい浄土にも生まれることができなければ、これほど悔やむべきことがあるでしょうか。さらにまた近年には、このような専修念仏の行者たちをただただ非難して、嘲る者が多くいると聞いております。昔の権者たちは、この行為が愚かであることをすでに悟り知っておられたことです。

善導は『法事讃』（巻下）で次のように言っています。

世尊が法（阿弥陀経）を説き終わろうとする時に、懇切に阿弥陀仏の名を舎利弗たち仏弟子に付嘱された。五濁がますます増える時に、弥陀の名号を疑い謗るものが多く、出家も在家もこれを嫌って聞こうとしない。称名念仏を行ずる者を見ては怒りの毒を起こし、様々な手立てで妨害しようとし、競って怨みを生ずる。このように無明に沈んだ仏縁なき者は、この頓教（速やかに往生をもたらす教え）を滅ぼそうとするために、永く大地微塵劫を超えた長い時間、迷いの世界に

沈み、三途の生を離れることができない。人はみな心を一つにして持てるところの破法の罪の因縁を懺悔せよ。（法事讃巻下）

また『平等覚経』には次のように説かれています。

善男子・善女人がこのような浄土の法文が説かれているのを聞いて、もし悲喜のために身の毛がよだつ思いを持ち、この迷いの世界から抜け出て行きたいという思いを持てば、過去世ですでに仏道を修行して来た者である。また浄土の教えを聞いても、全く信じることができない者は、初めて三悪道の世界から来た者である。

従って、このように浄土の法を謗り非難する者たちは、間違いなく罪人（つみびと）であると知られるから、ともに論じたり語ったりする価値のない者です。また十善(5)をしっかり守らないで、忉利天（とうりてん）・都率天（とそつてん）に生まれたいと願ってもかなうはずがありません。極楽は五逆の者でも念仏によって生まれるのです。まして十悪の者は、それらの悪が障りとなることはありません。また慈尊・弥勒仏が現れてくださるのを待つとしても、五十六億七千万年後のことです。極めて待ち遠いことです。他方の浄土には、どこにもこのような本願はありません。極楽は阿弥陀仏の願力が非常に深いのです。どうして他の浄土を求める必要があるでしょうか。またこのたび仏法に縁を持って、三生・四生（三度もしくは四度生まれた後）の解脱に望みをかける人々があります。この願いの成就は極めて不確かです。大通結縁の人(6)が、信心慚愧の衣の裏に一乗無價（むげ）(7)の玉をかけて生死を繰り返し、三千塵点劫のあいだ六道に輪廻していたではありませんか。たとえまた、三生・四生に仏法と縁を持って、必ず解脱すべき身になったとしても、それを待つ輪廻のあいだの苦しみは極めて耐えがたく、さぞ待ち遠いことでしょう。またかの聖道門は、三乗・五乗の仏道です。この行は、成就するのに何百千劫もかかります。私たちはこのたび初めて人界に生を受けたのではありません。生まれ変わり死に変わりしているうちに、如来の教化にも菩薩の弘経にも何度も遇ってきたことでしょう。ただそれらの教えを信じることができなくて、教化にもれてきたのです。三世（過去・現在・未来）の諸仏、十方の菩薩は、思えばみな昔の友です。釈迦も五百塵点劫の過去、弥陀も十劫の過去には、かたじけなくも、私たちと互いに父母師弟ともなってくださっていたことでしょう。仏は前仏の教えを受け、善知識の教えを信じて、早く発心修行されて、成仏されて以来長い時間がたっています。私たちは信心が不十分であるために、いまだに生死の世界にとどまっているのです。過去に輪廻転生を繰り返してきたことを思うと、未来もまた同じことが起こります。たとえ二乗（声聞・縁覚）の心を起こすことはあっても、菩提心（仏になろうという心）は起こしがたいものです。如来は勝れた方便（手段）によって人々を導かれます。濁世の衆生が自力の修行を励んで百千億劫の難行苦行をしても、その修行は仏果をもたらすには至りません。また聖道門は、身心が清浄で、十分な器量を持っている人が勤めることのできる行です。生来怠け者で、十分な信心を持たない者にとっては、それらの行は全うできないばかりか、かえって罪業の因となることもあるでしょう。念仏門においては、行住坐臥、寝ても覚めても念仏を持っていると、その縁によってすべての罪が滅せられ、その劣った器量も嫌われることがなく、ことごとく往生の因となることは疑いがありません。法照の『五会法事讃』には次のように述べられています。

かの阿弥陀仏は法蔵菩薩の時に広大な誓いを立てられた。

我が名号を聞いて念仏するものはすべて迎え取って、往生させよう。

貧窮の者と富貴の者を区別せず、
智慧のないものと勝れた者とを区別せず、
博学の者と戒を持つ者をえり好みせず、
破戒の者と罪根の深い者を除かず、
ただ衆生を回心させ多く念仏させて、
よく瓦礫を変えて黄金にしてやろう。

また勝れた経論聖教の学者であっても、最期臨終の時にそれらの聖教の文を暗誦することはできません。念仏においては、命が終わる瞬間までそのような心配なく称名念仏することができます。また仏方の誓願の事例を見ても、薬師如来の十二の誓願には不取正覚の願はなく、千手観音の願(8)では不取正覚をお誓いになっているけれども、いまだ正覚を取って仏になっておられません。阿弥陀仏は不取正覚の願を起こし、しかも正覚を成就されてすでに十劫が過ぎました。このような阿弥陀仏の誓いを信じない人は、また他の法門を信仰することもできません。ですから返す返すも一向専修の念仏を信じて、他に心を向けることなく、昼にも夜にも朝にも暮れにも、行住坐臥に怠ることなく称念すべきです。当世でも、専修念仏の行者で、往生を遂げたと言われる人は多くあります。雑修の人においては、そのようなことはほとんど聞いておりません。そもそもこれを見ても、なお非道な心得違いを持って浄土宗の者を非難しようと思う者たちは、きっとますます怒りの心を強くして、「もしそうなら、昔より仏が説いておいてくださった経論や聖教は、みな効力のない虚しいものだから捨てよう、と言っているようなものではないか」などと言って嘲るでしょう。それは天台、法相の本寺本山で修行学問をすることによって、名声と利得を獲得し、朝廷にも仕え、官位をも得ようと思う人たちであって、そういう人たちについてはあれこれ言う必要はありません。また上根（勝れた資質の人）や利智（智慧の優れた人）の人については、必ずしもこれに当てはまりません。上根・利智の心を得て物事をよく考える人は、誤って聖道門を特に重く考えるから、浄土門を非難するのだろうと理解すべきです。であるのになお念仏に完全には遇えないで、聖道門の修行もしている者は、聖道門を念仏の補助的な行として用いているのではないかと思います。それこそかえって聖道門を失うことになっています。ただこのように申しているのは、この念仏門で他心なく後世を思っていた者たちが、根拠のない心得違いに陥って、今の時も自分の能力も考えないで雑行を修して、このたびたまたま生まれがたい人界に生まれて、極めて遇いがたい阿弥陀仏の誓いに出遇ったにもかかわらずそれを捨てて、また三途の旧里に還って生死に輪転して、百千劫もの長い間を過ごす悲しさを思い知るであろうことを憂えているからです。ですから諸宗が憤りを持つには及ばないことです。

（1）第五の五百年。釈尊滅後の時代を五百年ごとに区切ると、第五の五百年は、争いに満ちて、仏法は隠れ滅する、とされている。（『教行証文類』化身土巻）。

（2）四論。中国の四論宗がよりどころとした四種の論書。三論（『中論』『百論』『十二門論』）に龍樹の『大智度論』を加える。

（3）三空。いくつかの意味があるが、その一つをあげると、「空の本質」も空であり、「空を否定した空」も空であり、以上の二つの空によって現される究極の真理もまた空である、という論理。（中村

元『広説仏教語大辞典』上巻、五六八頁)。

(4) 十地。菩薩が修行すべき五十二の段階のうち、特に四十一位から五十位までを十地という。(中村元、前掲書中巻、七六四頁)。

(5) 十善。身口意の三業の中で特に顕著な善い行いのこと。不殺生・不偸盗・不邪淫・不妄語・不両舌・不悪口・不綺語・不貪欲・不瞋恚・不邪見をいう。反対の語は十悪。

(6) 大通結縁の人。親鸞聖人は左訓に「ホフクヱシユノココロ(法華宗のこころ)」と書いている。大通智勝仏の時、十六王子の教えを聞いて仏となるべき縁を結んだ者。『法華経』化城喩品に出る。大通智勝とは偉大な通智によって勝れた者の意。『法華経』化城喩品に出る如来の名前。(中村元『広説仏教語大辞典』中巻、一一二七頁)。

(7) 一乗無價。比類なき最高の教えの意。ここでは『法華経』を指す。

(8) 千手観音の願。観世音が千手、千眼を身に備え一切衆生を救おうとして立てた誓願。

(二五) 九条殿北政所(きたのまんどころ)に答ふる書

【解説】九条殿とは摂政関白にまで昇った九条兼実(かねざね)のことであり、北政所は摂政関白の正妻に与えられた称号である。往生の行としては、念仏が他の行よりも勝れていることを簡明に説いている。

九条殿北政所への御返事

謹んで申し上げます。さて、お念仏を申していらっしゃるとのこと、大変うれしく存じます。まことに往生の行としては、念仏が勝れていることでございます。その理由は、念仏は阿弥陀仏の本願の行であるからです。他の行は、たとえ真言や天台止観が尊い行法であるとは言え、阿弥陀仏の本願ではありません。また念仏は釈尊が弟子たちに後世に伝えることを付嘱された行であります。他の行は、まことに定善・散善の勝れた行であっても、釈尊はこれらを付嘱されませんでした。また念仏は六方の諸仏がその真実を証誠している行です。他の行は、たとえ顕教や密教など、事理(1)の教理に基づく尊い行だとは言え、諸仏はこれを証誠しておられません。このように、様々な行が多くありますが、往生の道としては、ひとえに念仏のみが勝れております。

しかるに往生の道に疎い人が、念仏は真言・止観の行に堪えない人が安易な生活のままに行ずるものだ、と言っていますが、これはひどい誤りです。その理由は、阿弥陀の本願ではない他の行を嫌い捨て、また釈尊の付嘱でない行を選びとどめ、また諸仏の証誠でない行をやめ納めて、今はただ阿弥陀仏の本願に任せ、釈尊の付嘱を頼り、諸仏の証誠に従って、愚かで自分勝手な計らいをやめて、ひたすら強い念仏の行を勧めて往生を祈れと、ということであります。これは恵心僧都の『往生要集』に、「往生の業、念仏を本とす」(巻中末)とあるのがこの心です。

いまはただ他の行をとどめて、一向に念仏に慣れ親しんでください。念仏の中でも、一向専修の念仏です。その旨が、三昧発得(さんまいほっとく)(2)の善導の『観経疏』に見えています。また『無量寿経』(巻下)に「一向に専ら無量寿仏を念ず」と言っています。一向の言葉は、二向・三向に対する言葉であり、ひとえに他の行を嫌い、選び除く、という意味です。祈りの方法としても念仏が勝れています。『往生要集』にも、他の行の中にあって、念仏が勝れているという趣旨の言葉があります。また伝教大師の説かれた七難消滅の法[3]にも、念仏を勤めよ、と仰っています。およそ十方の諸仏、三界の天衆が嘘偽りでこの行を讃えているわけではありませんから、現世・後世の御勤めとしては、これに勝るものはありません。今はただ一向専修の道を行く「ただ念仏者」におなりになってください。

（1）事理。現象と本体。「事」は因縁によって生じる個々の事物、現象。「理」は因縁の造作を離れた絶対の本体（真理）をさす。（石田瑞麿、前掲書、六〇八頁）。

（2）三昧発得。三昧の境地に入って仏を見ること。

（3）七難消滅の法。「七難」は七種類の災難。経典によって、その内容が異なる。『人王経』「受持品」では日月失度難・星宿失度難・災火難・雨水難・悪風難・亢陽難（ひでり）・悪賊難をいい、『法華経』「普門品」では火難・水難・羅刹難・刀杖難・鬼難・枷鎖難（自由を奪われる）・怨賊難をいう。また一般に種々の災難などに用いる。（石田瑞麿、前掲書、四五一頁）。親鸞は『浄土和讃』（現世利益和讃）に「山家の伝教大師は　国土人民をあはれみて　七難消滅の誦文には　南無阿弥陀仏をとなふべし」と詠った。

（二六）熊谷入道へ遣す書

【解説】源平合戦で勇名をはせた熊谷直実は、一一九二年に法然門下に入り、真剣な念仏行者となった。一二〇七年二月八日に世間に往生を予告したが失敗し、同年九月四日に延期した。法然はこの書簡で直実に、念仏を怠らず、この度は必ず往生をとげるようにと励ましている。

お手紙を詳しく拝読いたしました。このように念仏を真剣に大切に思っておられることは、本当に尊く思います。まことにこの度こそ必ず往生しようと思い切られてください。受けがたい人身をすでに受け、遇いがたい念仏往生の法門に遇われました。娑婆を厭うお心もあり、極楽を願う心も起こしておられます。阿弥陀仏の本願は深く、往生はただ如来のお心によります。決してお念仏を怠らず、往生は決定（けつじょう）しているとお思いになってください。念仏以外のことは何事もおとどめください。

九月十六日　　源空

（一七）要義問答

【解説】長大な章で、内容が多岐にわたっており簡単にはまとめきれないが、仏道修行の意味と心構えから始まって、他の行に比べて念仏が勝れていること、末法の時代では念仏が最勝唯一の出離の道であること、などを様々な聖典を引用して、問答の形式で詳しく説いている。

まことにこの身は、道心に欠けることと病身であることが、嘆きとなっております。世間的な営みに従事していないので四方に走り回ったりせず、衣食ともに不十分ではあっても、身命を惜しむ心が痛切に起こらないのは、決して嘆くべきことではありません。心を安らかにするためにも、世は捨てるべきでしょう。まして無常の悲しみは目の前に充満しています。どの月どの日にこの世の命の終わりが来ると予測できるでしょうか。栄える者も、繁栄がいつまでも続くわけではありません。命あるものにも憂いがあります。総じて厭うべきは六道生死の世界、欣（ねが）うべきは浄土での仏果です。天上に生まれて楽しみをほしいままにしても、五衰(1)が現れて身が衰え滅んで行く苦しみがあります。人間に生まれて国王の身を受けて、天下を従えることになっても、生老病死・愛別離苦・怨憎会苦（おんぞうえく）のうちの一つでさえ免れることができません。たとえこれらの苦がなくても、地獄・餓鬼・畜生の三悪道に還る恐れがあります。心ある人は、どうしてこれらを厭わないでおられましょうか。受けがたい人界の生を受け、遇いがたい仏の教えに遇ったのですから、この度は輪廻の生からの出離（しゅつり）をお求めになってください。

問、大体はそのようには思っているのですが、このように仰る言葉に従ってためらわずに出家をしたけれども、名誉や富を求める心はなくなりません。戒を持（たも）って清らかな生活をすることもなく、仏道に励もうという気もなくて、人に非難されるのはいかがなものかなと思っております。それでも在家にあって、多くの輪廻の原因となる業を増やすよりはよいことでしょうか。

答、ふざけて尼の衣を着たり、酒に酔った勢いで出家したりした人が、みな仏道に入る因となった、と古い文書にも書き伝えられています。『往生の十因』と言う文書には、勝如聖人の父母がともに出家した時、男は四十一歳、妻は三十三歳でした。修行を積んだ僧を師に迎えました。師がほめて、「まだ老齢に達していないし、病気にもなっていないのに、いま出家をするのは、最上の善根(2)である」と言いました。釈迦如来が未来に仏となって世を導く弥勒菩薩に教えを付嘱された時にも、「破戒・重悪の者であっても、頭を剃り衣を染めて袈裟をかけた者は、皆あなたの許に来る」と仰っています。ですから破戒の人であっても、三会得脱(3)の望みを持つことができます。ある経の文には「在家で戒を持(たも)っている者よりは、出家で戒を破った者の方が勝れている」と述べられています。まことに仏法の広まった世に生まれて、出離の道（仏道）を得て、僧侶の衣を肩にかけ、仏弟子の列に連なっていながら仏道修行をしないのは、まことに宝の山に入って、手に何もつかまないで帰るのと同じです。

問、まことに出家などをすると、やはり生死を離れ、仏果に到ろうとすることが第一の勤めとなることでしょう。どのように勤め、どのように願うべきでしょうか。

答、『安楽集』に、「大乗の聖教によると、二種類の勝れた道がある。一つには聖道門、二つには往生浄土門である」とあります。穢土の中にいてそのまま仏果を求めるのは聖道門です。諸法の実相(4)を観じて悟りを得る、法華三昧を行じて六根清浄(5)を求める、三密の行法(6)をこらして生身のまま成仏しようと思う、あるいは四道(7)の果を求め、また三明(さんみょう)(8)・六通(9)を願う――これらはみな難行道です。往生浄土門というのは、まず浄土に生まれて、浄土で悟りをも開き、仏にもなろうと願うのです。これを易行道と言います。生死を離れる道はたくさんあります。どこからでもお入りください。

問、では、私たちのような愚かな者は、浄土に往生することを願うべきでしょうか。

答、『安楽集』（巻上）には、次のように言っています。

聖道門では、今の時代には悟りを得ることは極めて難しい。一つには大聖釈尊からはるかに長い時が経っていることによる。二つには聖道門の教理が深くて、悟りを得る人が少ないことによる。このために『大集月蔵経』に、「わが末法の時の何億もの衆生は、行を起こし道を修しても、一人も悟りを得る者はいない」と説かれている。まことに今は末法の世、五濁[10]の渦巻く悪世である。ただ浄土の一門によってのみ仏果を得ることができる。このために諸仏は大悲によって「浄土門に帰せよ」と勧めてくださる。一生の間、悪ばかり犯していたとしても、ただよく弥陀の浄土に心を懸けて、ひたすらまことの心を持って、常によく念仏せよ。一切の障りは自然に除かれて、必ず往生を得る。どうしてこのことに思いを致さないで、穢土を去ろうという心を起こさないのか。

永観は「真言・止観は教理が深くて悟りを得難く、三論・法相は道がほのかであって、惑いやすい」（往生十因）などと仰っています。まことに観相念仏をするほどの能力もなく、聖道門の行法をやり遂げることもできない人は、浄土の往生を遂げてから、一切の法門をたやすく悟るのがよいと思います。

問、十方の世界に多くの浄土がありますが、どちらの浄土への往生を願えば良いのでしょうか。弥勒菩薩のおられる兜率天への往生を願う人も多いです。どのように思い定めれば良いのでしょうか。

答、天台大師は「諸教が讃えるのは、多く阿弥陀仏である。それ故、西方極楽浄土を第一とする」（止観輔行巻二の一）と仰いました。また顕密の教法の中にも、専ら阿弥陀仏の極楽浄土を勧めるものは数知れずあります。恵心僧都は『往生要集』の中で、十方諸仏の浄土に対して西方浄土を勧め、兜率天に対して多くの勝れた点と劣った点を論じ、西方への往生は易く、兜率への浄土は難しいことの証拠となる文を引用しています。どうかこれらの書を手にとってお読みになってください。極楽はこの穢土との縁が深いです。阿弥陀仏は私たちと縁の深い教主です。過去からの因の故に、本願の故に、ただ西方への往生を願われるのがよい、と私は思います。

問、それではまことに一筋に極楽への往生を願うべきですね。極楽往生を願うには、どの行が勝れているのでしょうか。

答、善導が次のように仰っています。

行に二種類ある。一には正行(しょうぎょう)、二には雑行(ぞうぎょう)である。正行の中に五種の行がある。一には礼拝の正行、二には讃嘆供養の正行、三には読誦正行、四には観察正行、五には称名の正行である。一に礼拝の正行とは、礼拝するには阿弥陀仏を礼拝して、他の仏への礼拝を混ぜないことである。二に讃嘆供養の正行とは、阿弥陀仏を讃嘆し、衣食香華で供養して、他の仏への讃嘆供養を混ぜないことである。三に読誦の正行とは、読誦するには『阿弥陀経』などの三部経を読誦して、他の経の読誦を混ぜないことである。四に観察の正行とは、憶念観察するには、阿弥陀仏とその浄土を心に念じ観察して、他の仏たちやその浄土の観察を混ぜないことである。五に称名の正行とは、仏名を称えるには、阿弥陀仏の名を称えて、他の仏の称名を混ぜないことである。この五種を往生の正行とする。この正行の中にまた二種類ある。一には正業(しょうごう)、二には助業(じょごう)である。称名を正業とし、礼誦などを助業と名づける。この正助二行を除いて、他のいろいろな善行はみな雑行と名

づける。（散善義意）

善導はさらに同書の中で、「念仏以外の様々な善行は、善とは名づけられてはいるが、念仏とは全く比較にならない」（定善義意）とも仰っています。浄土への往生を願われるのであれば、一向に念仏を申してください。

問、念仏以外の行を修しても、弥陀の浄土に往生することはかなわないのでしょうか。しかしながら、『法華経』には「すなわち安楽世界の阿弥陀仏のもとに往く」（巻六）とあり、密教の中にも往生を決定させる真言や、罪を滅する真言があります。それ以外の教えの中にも浄土に往生するための功徳の力が説かれています。また穢土の中にありながら仏果に到るという、確固たる功徳を具えている教えを修行して、往生の容易な極楽に回向すれば、仏果を得るのは難しいとしても、往生を得ることは易しいのではないかと思います。また聴聞などで教えをうかがっていますと、法華と念仏の教えは同一のものだ、という理解がひとりでに起こってきます。二つを並べて修するのがどうしていけないのでしょうか。

答、『大無量寿経』（巻下）に、三輩（三種類の行者）のための往生の行業が説かれていますが、どの種類の者にも「無量寿仏を一向に専念しなさい」という教示があります。『観無量寿経』には様々な往生の行が説かれていますが、その終わりに釈尊が阿難にこの経を付嘱して、「汝はよくこの語を持て。この語を持てとは、無量寿仏の御名を持て、という意味である」とお説きになっています。善導が『観経』を釈して、「『観経』は定散二門の利益を説いているとは言え、仏の本願のお心を考えると、一向に専ら阿弥陀仏の名号を称えさせることを第一の眼目としている」（散善義）と言っています。同じ『観経』に、「一々の光明は十方世界の念仏の衆生を照らし、救い取って決してお捨てにならない」と説かれています。善導が釈して「この経は、念仏以外の様々な行の者を照らし救い取るとは論じていない」（観念法門）と仰っています。

念仏以外の行の者は、全く往生しないと言うのではありません。善導も「他の行を回向しても往生することはできるけれども、それらは疎雑な行と名づける」[11]（散善義）と仰っています。『往生要集』の序にも、「顕教・密教の教法を説く聖教は多くある。事理を悟るための修行の方法は多い。利智精進[12]の人にとっては、これらの修行は難しくはないだろう。私のような頑嚕（頭が固くて愚か）の者にとっては易しいはずがない。この理由で念仏の一門に依って、ここに経論の中の重要な文を集めた。これを開き、これを修すれば、悟りやすく、行じやすい」と言っています。これらの証拠をはっきりと理解してください。教えを選ぶのではなくて、自分の資質と能力を考えるのです。自分の力で生死を離れることは、いくら努力しても成就が困難であるので、ひとえに他力の弥陀の本願をたのむのです。

先徳たちもこれらのことを思い計られたからこそ、道綽は聖道門を捨てて浄土門に入られ、善導は雑行をやめて一向に念仏して三昧を得られたのです。浄土宗の祖師たちは教えを次から次へと受け継いで来られましたが、今はわずかにお二人を例に挙げたに過ぎません。日本でも恵心・永観という方々は、自宗の人にも他宗の人にもひとえに念仏の一門をお勧めになりました。念仏一つを行ずる専修と、念仏以外を行ずる雑修については、ここに始めて申したわけではありません。浄土宗の文書が多くありますから、注意深くご覧ください。

また現身で仏果を求める即身得道の行[13]が、往生極楽の道に及ばないことがあろうか、という人がいます。もっともなようにも見えますが、どちらの道にも、宗（教えの中心）というものがあります。善導の『観経疏』に、「『般若経』は空を体得して得られる智慧を宗とし、『維摩経』は思議を超えた境地に至ることを宗とする。いまこの『観経』は観仏三昧を宗とし、念仏三昧を宗とする」（玄義分）と言っています。同様に、『法華経』は、真如実相[14]平等の妙理を観じて悟りとなし、現身に五品弟子位[15]・六根清浄位[16]に至ることを宗としています。また真言宗では、即身成仏を宗としています。法華宗（天台）でも、『法華経』の多くの功徳をあげて讃めるついでに「即往安楽」（直ちに安楽国に往生する）とも言い、また「即往兜率天上」（直ちに兜率天に往生する）とも言っています。これは便宜的にこのように説いているだけで、『法華経』は往生を宗とする教えではありません。真言もまたそうです。法華と念仏が同じであると言って、二つ並べて修せよと言うのなら、善導和尚は、もともと『法華経』・『維摩経』などを読誦していたけれども、浄土の一門に入ってからは、一向に念仏して、決して他の行を混ぜることはありませんでした。それればかりではなく、浄土宗の祖師たちは皆次々と、「一向に名号を称えて、他の行を交えてはならない」と勧めておられます。これらを考え合わせて、専修念仏の一行にお入りなさい、と私は言うのです。

問、浄土の法門を理解するには、まず何を読むべきでしょうか。

答、読むべき経には、『双巻無量寿経』・『観無量寿経』・『小阿弥陀経』があり、これを浄土の三部経と言います。注釈書としては、善導の『観経疏』・『六時礼讃』・『観念法門』、道綽の『安楽集』、慈恩の『西方要決』、懐感の『群疑論』、天台の『十疑論』、わが朝の人師・恵心の『往生要集』などが、常に読むべきものです。ただ何を読まれても、よく心して念仏を称えられれば、往生することに何の疑いもありません。

問、心をどのように使えばよいのでしょうか。

答、三心をお具えください。その三心というのは、一には至誠心、二には深心、三には回向発願心です。一に至誠心というのは、真実の心です。善導は次のように釈しています。

　至とは真という意味、誠とは実という意味。真実の心の中に、他者との関わりの中で得た身体と環境を厭い捨てて、身・口・意の三業で修する行業には、必ず真実を用いよ。外に賢善精進の人の姿を現して、内心に嘘偽りを懐く者は、日夜二十四時間、頭についた火を払うように勤め励んでも、往生を得られない。ただ内外明闇(17)の区別をせず、真実を宗とするので、至誠心と名づける。

　二に深心というのは、深い信である。決定して深く信ぜよ——自分は現に罪悪深重で、生死のまっただ中にいる凡夫である。久遠の昔から常に沈み、常に流転して、迷いの生から出離する縁が全くない——と。また決定して深く信ぜよ——かの阿弥陀仏は、四十八願によって衆生を救い取られる。私たちは疑いや計らいを離れて、かの願力に乗ずれば必ず往生する——と。仰ぎ願うことは、仏のお言葉を信ぜよ。もし百千万人の智者がすべてやって来て、経論の証拠を引いて、「一切の凡夫は、念仏によっては往生できない」と言っても、一念の疑心や退心（ひるむ心）を起こしてはならない。ただ次のように答えなさい。「私はあなたが引いた経論を信じないわけではありません。しかしあなたが信じる経論は、あなたと縁のある教えであり、私が信じるのは、私と縁のある教えです。あなたがいま引かれた経論は、菩薩・人・天などのために説かれたものです。この『観経』などの三部経は、濁悪（じょくあく）不善の凡夫のために仏がお説きになったものです。ですから、あなたたちの経を説かれた時には、教えを聞く者も異なり、所も異なり、利益（りやく）（働き）も異なっていました。今、浄土の教えに対するあなたの疑いを聞くにつけても、ますます信心を深めることができました」と。

たとえ羅漢[18]・辟支仏（びゃくしぶつ）[19]・初地（しょじ）から十地までの菩薩がたが十方に満ち満ちて、化仏や報仏が光を輝かして虚空に現れ、口をそろえて「凡夫は念仏では浄土に生まれられない」と仰っても、次のように答えなさい。「一仏の教えは一切の仏説と同じです。釈迦如来の説かれた教えを変えるのであれば、釈尊が制止された殺生に始まる十悪などの罪も変えて、それらを犯してもよいということになるのでしょう。前の仏が嘘をつかれたとすれば、後の仏もまた嘘をつかれたことになるでしょう。同じ信じるのならば、ただ始めに信じた法を変えるようなことはいたしますまい」と言って、決して退心を起こしてはならない。それだから深心と言うのである。

三に回向発願心というのは、一切の善根をことごとく往生極楽のために回向することである。確実に真実に出遇った心の中に善根を回向して、浄土に往生する思いをなすのである。この心は金剛石のような堅固な深い信心であり、この心を持って、どのような異なった見解や理解や教えや修行の人に出遇っても、混乱したり言い負かされたりすることはない。今、さらに一つの喩えを説いて、外道・邪見・異見に襲われる災難を防ごうと思う。

ある人が西に向かって百里・千里を行くと、突然目の前に二つの河が現れる。一つには火の河で、南にある。二つには水の河で、北にある。どちらも広さは百歩で、底なしの深さである。南北には限りがない。さらに水火両河の中間に一本の白道がある。幅は四、五寸ほどである。この道は東の岸から西の岸に至っており、長さは百歩である。その水の波浪は荒れ狂い、溢れて白道を濡らしている。火炎もまた道に迫って、道を焼いている。水と火が常に混じり合って、止むことがない。この人が荒野のまっただ中に至ると、周りには人はなく、群賊・悪獣が現れる。この人がただ一人で歩いているのを見て、競い追いかけてきてこの人を殺そうとする。この人は死を恐れて、直ちに西に向かって走る。突然この大河を見て心に思う、「南北には限りがない。中間に一つの白道がある。極めて狭い。両岸は大して離れていないとは言え、渡るすべがない。今日自分は必ず疑いなく死ぬだろう。後ろに戻ろうと思えば、群賊・悪獣が次から次へと襲って来るだろう。南か北に逃げようと思えば、悪獣・毒虫が競って私を追いかけてくるだろう。西に向かってこの白道を通って逃げようとすれば、恐らくはこの二つの河に落ちてしまうだろう」と。この時この人の恐怖は言い尽くせないほどである。そこで思ったことは、「後ろに戻っても死に、南北に逃げても死ぬだろう。どちらに行っても死を免れることはない。自分はとにかくこの道をたずねて前に向かってここを離れよう。すでにこの道がある。必ず渡りきろう」と。この思いを持った時に、たちまち東の岸から人の励ます声を聞く、「君は心を定めて、この道を通って前に行きなさい。必ず死の難を免れるだろう。ここに留まれば直ちに命を失うだろう」と。西の岸に人があり、旅人に大声で呼びかけて、「旅人よ、一心に深く念じて、身心を一つにしてこの道を通って真っ直ぐに進みなさい。疑いや恐れや退心を起こしてはならない」と。ところが道の十分の一か二を行くと、群賊などが叫んで、「君、こちらに戻って来なさい。この道は険しく悪道である。向こう岸まで渡ることはできないだろう。命を落とすことは疑いない。我らには君に対して悪心はない」と言う。この人は西の岸に向かいながら、彼らの叫び声を聞いても、後ろを振り返らず、直ちに前に進み、この道を信じてさらに行くと、たちまち西の岸に至って、永久に諸難を離れることができた。善友が迎えて互いに限りなく喜び合った。

これは喩えである。この喩えの意味を考えると、「東の岸」というのは、この娑婆の火宅に喩えている。「群賊・悪獣いつわりちかづく」というのは、衆生の六根[20]・六識[21]・六塵[22]・五陰[23]・四大[24]である。「人のいない荒野」というのは、悪友の言いなりになっていて、本当の善知識に遇わないことを言う。「水火の二河」というのは、衆生の貪りと執着を水に、怒りと憎しみを火に喩えている。「中間の白道四、五寸」というのは、衆生の貪瞋（貪りと怒り）などの煩悩の中にあっても、よく浄土往生を願う清浄の心が起こることを指す。貪瞋は大変強固なので、水火の如しと喩えている。「その水の波浪は荒れ狂い、溢れて白道を濡らしている」というのは、執着の心が常に起こって、善心を染め汚すことである。また「火炎もまた道に迫って、道を焼いている」というのは、怒り嫌う心が、仏道修行で得た功徳を焼いてしまうことである。「人が仏道を歩むには、直ちに西に向かう」というのは、修行の功徳をすべて、西方浄土への往生に振り向けることに喩えている。「東岸の人の声が白道を勧めるを聞いて、直ちに西に進む」というのは、釈尊はすでに入滅されていてお目にかかることができないけれども、なお釈尊の教えがあるので、その教えをたずねることができる。これを「声」に喩えているのである。「ところが道の十分の一か二を行くと、群賊などが呼び返す」というのは、異なった理解を持ち、異なった行を修し、念仏の道に悪意を持つ者たちが、みだりに自分の意見を述べ立ててたがいに混乱させようとしたり、自ら罪を作ったりして、正しい道から遠ざかることである。「西の岸に人があり、旅人に大声で呼びかける」というのは、弥陀の願のお心をそのように喩えているのである。「たちまち西の岸に至って、永久に諸難を離れることができた。善友が迎えて互いに限りなく喜び合った」というのは――衆生は永く生死の海に沈んで、久遠の昔から迷いの世界を輪廻し、迷い迷って自分でそこから解脱する手段がない。ありがたくも釈尊が衆生を阿弥陀仏の西方浄土に向かわせてくださる。また阿弥陀仏が大悲心から衆生を西に招き呼び寄せてくださる。私たちは二尊のお心に信順して、水火の二河の難をかえりみず、念念に二尊のご恩を忘れず、阿弥陀仏の願力に乗じて、この白道に命を捨て終わって後に、弥陀の浄土に生まれさせていただいて、仏にお目にかかることによって、極まりなき慶びをいただくことになる――という意味である。

行者は、歩いている時も、止まっている時も、座っている時も、寝ている時も、身口意の三業において、昼も夜も時間にかかわりなく、常に二尊のご恩を思い、この教えに思いをかけるが故に、回向発願心というのである。また回向というのは、弥陀の浄土に生まれ終わってから、仏の大悲を自らの中に起こし、生死の世界に還り来たって衆生を教化するのを回向と名づける。三心をすでに具えれば、行は必ず成就する。願と行が成就しているのに、もし往生しないということがあれば、この法は真実でないことになる。

以上が善導の『観経疏』のお言葉です。

問、『阿弥陀経』の中に、「一心不乱」という言葉があります。これは南無阿弥陀仏を申す時、他のことを全く思い混ぜてはいけない、ということでしょうか。一声の念仏を申す間は、他のことを思い混ぜないことは容易ですから、一念の念仏で往生させていただくことに漏れる人はおらないと思います。また命の終わる時まで雑念があってはならないというのであれば、凡夫は往生できないでしょう。このことはどのように考えれば良いのでしょうか。

答、善導がこのことを釈して、「いったん三心を具えれば、その心は金剛の如く、決して乱れたり壊れたりすることはない。命の終わるまでを一期としてこの状態が続くのを、一心と名づける」と仰っています。阿弥陀仏の本願の文に、「たとひわれ仏を得たらんに、十方の衆生、至心に信楽して、わが国に生れんと欲ひて乃至十念せん。もし生ぜずば正覚を取らじ（私が仏になる時、十方の衆生がまことの心で私の救いを信じ、私の国に生まれようと願って十回まで念仏して、もし往生できなければ私は最高の悟りを取らない）」とあります。この文の「至心」というのは、『観経』に明かされている三心の中の「至誠心」に当たります。「信楽」というのは「深心」に当たります。これらを合わせて、命が終わるまでを一期として心の乱れないことを「一心」というのです。この心を具えた者は、たとえ一日、二日の念仏から、一回、十回の念仏であっても、必ず往生することができる、ということです。

どうして凡夫の心が散り乱れないことがあるでしょうか。だからこそ易行道というのです。『大無量寿経』（巻下）の文に「横さまに五悪趣(25)を截れば、悪趣自然に閉づ。道を昇ること窮極なからむ。往き易くして人なし（一気に五悪道の縁を断ち切ると、悪世界への道は自然に閉じる。浄土への道は大きく開かれている。浄土へは往きやすいのに、その道を往く人がいない）」と説かれています。まことに本願念仏の道ほど、往きやすい道はほかにあるでしょうか。往生するのに何劫もかかるというのであれば、命も短く身も修行に堪えられない人はどうなのか、と思われますが、本願に「乃至十念（十念までの念仏）」と言い、願成就の文（意）に「一念までも阿弥陀仏を念じて、まことの心で廻向すれば、たちまちかの国に生まれることができる」と言っています。もし「悪をなしたものは往生できない」と言われても、『観経』の文に、「五逆の罪人も往生する」と説かれています。もし「釈尊の時代から世も下り、人の心も愚かになった今の時は、信心も薄くなって、往生を得ることが難しい」と言われても、『大無量寿経』（巻下）の文に、「未来の世に、仏経も仏道も滅んでしまっても、私は慈悲と哀愍によって、特にこの経を百年の間、娑婆世界に留めておこう。衆生がこの経に遇えば、彼らの願いに応じて必ず阿弥陀仏の浄土に生まれるであろう」とあります。末法万年の後の法滅の時代になると、衆生は三宝という名前さえ聞かないでしょう。すべての聖教は龍宮に隠れて、一巻も世に留まることがありません。ただ邪悪で無信の者ばかりいる世になります。みな悪道に堕ちることになるでしょう。弥陀の本願を知らせるために、釈尊は深い大悲からこの教えを法滅の時代の始めから百年間留めてくださることになったのです。まして今の世は、まだ末法の時代が始まったばかりです。私たちが一万年後の法滅の時代の衆生よりも劣るということは、あり得るでしょうか。だから「往きやすい」というのです。とは言え、この教えには容易には遇えませんし、また教えを聞くようになっても、容易に信じることはできません。だから「往く人がいない」と言っているのです。まことに道理に適った言葉です。

『阿弥陀経』に「もし一日、二日、…七日、名号を固く持ち、一心不乱に称えれば、その人がいのち終わる時に、阿弥陀仏が多くの聖衆とともにその人の前に現れてくださる。その人は臨終の時になっても心が顛倒せず、阿弥陀仏の極楽浄土に往生することができる」とあります。このことを説かれた時に、釈尊一仏の教えを信じない者がいるかも知れないと恐れて、六方世界の如来たちがみな同じ心で同時にそれぞれ広く長い舌であまねく三千大千世界を覆い、「もしこのことがうそ偽りであれば、私の広く長い舌が破れ爛れて、口に戻ることはない」（観念法門）とお誓いになりました。このように経の文も善導の釈の文もはっきり言っています。このことをただよく心得てください。また釈尊が説法という大仕事をされた時は、いつでも諸仏による証明がありました。[26]『法華経』を説かれた時には、多宝仏が一人で証明され、『般若経』を説かれた時は、四方の四仏が証明されました。それでも、一日七日の念仏で往生できる、という教えに対する諸仏の証誠ほど盛んではありません。仏たちも、このことをとりわけ大切に考えられたからでしょう。

問、信心については承りました。修行についてはいかがでしょうか。

答、四修（四種類の修行のしかた）こそが根本です。一には長時修、二には慇重修、または恭敬修とも言います。三には無間修、四には無余修です。

一に長時修（長期にわたって修める）というのは、慈恩大師は『西方要決』（意）の中で「初めて仏道に志すときからずっと、決して退転することがない」と言い、善導は「命の終わるまで、誓って途中で止まらない」（往生礼讃）と言っています。

二に恭敬修（つつしみ敬って修める）というのは、極楽の仏・法・僧の三宝を常に心に念じて、敬い尊ぶことです。そのように『往生要集』に書いてあります。また『西方要決』には、次のように述べられています。

恭敬修については五点ある。㈠には有縁の聖人を敬う、㈡には有縁の仏像と教とを敬う、㈢には有縁の善知識を敬う、㈣には同縁の法友を敬う、㈤には三宝を敬う。

㈠に「有縁の聖人を敬う」とは、行住坐臥（ぎょうじゅうざが）に、西方に背を向けず、涙を流す時も唾を吐く時も、大小便をする時も、西に向かって行わない、ということである。

㈡に「有縁の像と教とを敬う」というのは、あまねく阿弥陀仏の像を造ったり描いたりすることである。もし広くそれができなければ、一仏・二菩薩の像を造れ。また教を敬うとは、『阿弥陀経』などを五色の袋に入れて、自らも読み、他人にも教えて読ませよ。また像と経とを部屋の内に安置して、六時[27]に礼拝・讃嘆して、香と華で供養すべきである。

㈢に「有縁の善知識を敬う」というのは、浄土の教えを説く者には、たとえ千由旬以上の道のりでも訪れて敬い、近くに座して教えを受け、食事や贈り物で供養することである。浄土以外の教えを学んでいる人にも、敬いの心を持つべきである。もしこれらの人々を軽んじ侮るような態度を取れば、限りない罪を得ることになる。さらには衆生のためによき師となり、西方浄土の阿弥陀仏に帰依することを勧めなさい。この火宅の娑婆に住んでいると、せっかく求道心が起こっても後戻りしたり、娑婆の世界にどっぷりつかってしまったりして、そこから出ることが困難であるからである。この娑婆で仏道を修めることは極めて困難であるから、人々に西方浄土に帰依するよう勧めるのである。ひとたび往生を得れば、戒・定・慧の三学(28)は自ずから体得される。それはあらゆる行の徳が具わるからである。阿弥陀仏の浄土には悪を起こす余地がない。

㈣に「同縁の法友を敬う」というのは、「同縁の法友」とは同じく往生のための行業を修する者である。自分では悟ったと思い、往生の業を成就したと思っていても、必ず良き法友の導きによって正しい行をなすことが大切である。危うい者を助け、危うい者を救うことは、法友の善き縁である。互いに深く頼りあって法縁を大切にしなければならない。

㈤に、傾いた木が倒れるのは、曲がっているからである(29)。もし何か都合が悪いことがあって、西に向くことができなければ、西を向いているという思いをなすに越したことはない。

三に無間修(絶え間なく連続して勤める)というのは、『西方要決』には次のように述べられています。常に念仏して往生を願う心を持て。いつも心に浄土を思い、往生浄土を念じなさい。たとえば、もし人が他人にさらわれて賤しい身分に落とされ、大変な苦難を受ける。すぐに父母を思って、本国に急ぎ戻ろうと思っても、行くための方法が分からないので他国に留まっている。日夜に父母のことを思い、苦しみは耐え忍ぶことができない。一時も本国を思わない時がない。帰国の方法を見出し、やっと本国に帰ることができて、父母に再会し大いに喜ぶようなものである。念仏の行者も同じである。煩悩のために往生の因となる善心を壊され乱されて、仏果を得るための福徳と智慧という最高の宝をすべて失って、永く生死の海に沈み、六道を駆け回り、心身ともに苦しみに責められて来た。今、善き縁に遇い、慈父である弥陀の声を聞いたからには、仏恩を念い、一生の間仏恩に報いることを常に思いなさい。絶え間なく心に仏を念じ、他の行を混ぜてはならない。

四に無余修（他の行業を混ぜない）というのは、『西方要決』には、「専ら極楽を求めて、阿弥陀仏を礼拝し念ずることである。他の様々な行業を混ぜてはならない。なすべき行は、毎日念仏することである」と述べられています。善導は『往生礼讃』に次のように仰っています。

専ら阿弥陀仏の名号を念じ、専ら阿弥陀仏を礼拝し、専ら阿弥陀仏および阿弥陀仏の浄土の一切の聖衆たちを讃め、他の行業を混ぜてはならない。専修念仏の者は、百人は百人ながら往生を遂げ、雑修の者は百人の中でわずかに一、二人しか往生できない。念仏以外の教えに縁を持って往生を願えば、自分の往生を妨げ、正しく念仏行に励んでいる他人の往生さえ妨げることになる。なぜかというと、私が自らあちこちの行者について見たり聞いたりしたが、出家にせよ在家にせよ、教えの理解と行がばらばらであり、専修念仏の者と雑修の者とがいる。ただ一心に念仏を称える者は十人は十人ながら往生する。雑修の者は一人も往生できない。

また善導はさらに釈して、「西方浄土に往生する行業を修めようと思う者は、四修をきっちりと修し、身口意の三業に念仏以外の行を交えることなく、往生浄土以外の一切の願いを捨てて、ただ西方に生まれるための一行（念仏）と、一願（十八願）を修しなさい」と仰っています。（群疑論巻四意）。

問、一切の善根は、魔王のために妨げられますが、これはどのように退けることができるでしょうか。
答、魔界というものは、衆生を惑わすものです。すべての行業は、自力をたのむからです。念仏の行者は、自分の身は罪悪生死の凡夫と思っているので、自力をたのむことがなく、ただ阿弥陀仏の願力に乗じて往生することを願うから、魔縁の入り込む余地がありません。観相念仏で智慧を得ようと心を凝らす人も、虚空で魔事（悪魔による誘惑）に遭遇すると言われています。阿弥陀仏の名一つを称える専修念仏には、始めから魔による誘惑はありません。仏を念ずる人は、その結果として、清浄であるからだと言われています。仏を惑わす魔縁はないから、念仏の者を妨げることができないのです。その人は他力をたのむからです。百丈の石でも船に乗せると、万里の大海をも渡るというのと同じです。または念仏の行者の前には、阿弥陀仏や観音菩薩が常に側に来て護ってくださいます。二十五の菩薩(30)が百重千重にも護念してくださるので、魔王から妨げられることはないのです。

問、阿弥陀仏を念ずると、どれほどの罪が滅せられるのでしょうか。
答、『観経』に「一回の念仏で、八十億劫のあいだ生死(しょうじ)の海に沈まなければならないほどの罪が滅せられる」とあり、また「ただ仏の名と二菩薩の名を聞くだけで、無量億劫の生死の罪が除かれる」などと言っています。

問、念仏と言えば、仏のお姿や光明を念ずるのは観仏三昧です。報身(ほうじん)（衆生を救おうという誓いを成就された仏）を念じ、同体の仏性（すべての仏に共通の悟り）を観ずるのは、智慧が浅く、心の弱い私たちにはとても及びません。

答、善導は「仏の姿を観じないで、ただ仏のお名前を称えなさい。衆生は障りが重く、観仏を成就することは難しい。このために大聖釈尊が哀れんでくださって、専ら称名をお勧めくださった。衆生の心は薄弱で、観仏をしようとしても心が十方に飛び散るからである」（往生礼讃）と仰っています。本願の文（第十八願）を善導が釈されて、

私が仏になる時、十方の衆生が私の国に生まれたいと願い、私の名号を十回までも称えて、私の願力に乗じるであろう。もし往生しなければ、私は最高の悟りを取ることはない。かの仏は今現在成仏されている。これによって、阿弥陀仏の本誓・重願(31)は空虚ではない、ということが知られる。衆生は念仏を称えれば必ず往生することができる。（礼讃）

と仰っています。速やかに安楽の浄土に往生されて、阿弥陀仏や観音菩薩を師として、『法華経』の真如実相などの平等の妙理、『般若経』の第一義空、真言の即身成仏などの一切の聖教を心のままにお悟りになってください。

（1）五衰。天人の臨終に顕れる五種の衰相。五種の内容は『往生要集』によれば、(1)頭上の花鬘がたちまち萎れる、(2)着ている衣が塵や垢で汚れる、(3)腋の下から汗が出る、(4)眼くらみをおこす、(5)自分のいる所を楽しまなくなる、とある。

（2）善根。よい報いを招く原因となるもの。

（3）三会得脱。弥勒菩薩が、成道の後に行う三回の説法によって、衆生を迷いから度脱させること。

(4) 諸法の実相。存在するものはすべて真実の姿である、という見方。

(5) 六根清浄。六つの認識器官（眼・耳・鼻・舌・身・意）の汚れがぬぐい払われて、身心ともに清らかになること、またその境地。（石田瑞麿、前掲書、一一三六頁）。

(6) 三密の行法。密教で言う身口意の三種の行法。手に契印を結び（身密）、口に真言を唱え（口密）、心に本尊を観ずる（意密）。

(7) 四道。(1)一般的に涅槃におもむく四種の道。(2)煩悩を断って悟りに至る過程を四種に分けたもの。煩悩を断つための予備的段階である加行道、直接煩悩を断つ無間道、真理を証して悟りを得る解脱道、さらに修行によって悟りの完成に進む勝進道の四つの総称。(3)声聞（小乗）の修行の階位である須陀洹・斯陀含・阿那含・阿羅漢の四つ。（石田瑞麿、前掲書、四六七頁。中村元、前掲書中巻、七〇八頁）。

(8) 三明。「明」は智の意。仏・阿羅漢が具えている三つの智慧。すなわち過去のことを明らかに知る宿命明、未来のことに通達する生死明、現在のことを明らかにして煩悩を断ずる漏尽明をいう。

(9) 六通。「六神通」と同じ。天眼通・天耳通・他心通・宿命通・身如意通（神足通）・漏尽通。

(10) 五濁。世の中の五つの汚濁。劫濁（天災・地変の起こること）、見濁（衆生が悪い見解を起こすこと）、命濁（衆生が短命になること）、煩悩濁（衆生の煩悩が盛んなこと）、衆生濁（衆生の果報が衰えること）の五種。（石田瑞麿、前掲書、三二四頁）。

(11) 事理。現象としての物事とその内部にある真理。

(12) 利智精進の人。智慧が勝れていて、多くの努力をする人。

(13) 即身得道の行。この世で生きたまま仏になるための行。

（14）真如実相。「真如」と「実相」は同体異名。ありのままのすがた。法性・法身・涅槃・仏性。

（15）五品弟子位。釈尊滅後の弟子が得る五種の功徳、また、その功徳を得た僧の位。随喜品・読誦品・説法品・兼行六度品・正行六度品の五つを言う。（石田瑞麿、前掲書、三二八頁）。

（16）六根清浄位。六根（六つの認識器官（眼・耳・鼻・舌・身・意））が清浄になった位。天台宗では五十二位に配当して十信位、内凡の位。（石田、同書、一一三六頁）。

（17）内外明闇。内心と外相、智明と愚闇。親鸞はさらに、「内」は出世、「外」は世間、「明」は出世、「闇」は世間のこととしている。

（18）羅漢。阿羅漢の略称。梵語 arhat の主格 arhan の音写。一切の煩悩を断ち尽くして、しなければならないことはすべてし尽くし、これ以上学ぶことがない、世の人から尊敬され、供養を受けるにふさわしい境地に至った人をいう。小乗仏教で最上の聖者。（石田瑞麿、前掲書、一一七頁）。

（19）辟支仏。梵語 pratyeka-buddha の音写。独覚を意味する。仏の教えに依らないで、自分で真理を悟り、その悟りの内容を人に説くことをしない聖者。（石田瑞麿、九〇二頁）。

（20）六根。六識のよりどころとなり、対象を認識するための六種の器官。眼根・耳根・鼻根・舌根・身根と意根。

（21）六識。色（形あるもの）・声・香・味・触・法（認識の対象となるすべてのもの）の六種の対象を知覚し認識する眼識・耳識・鼻識・舌識・身識・意識のこと。

（22）六塵。六識の知覚の対象となる六つの境界。色・声・香・味・触・法の六境。

（23）五陰。五蘊ともいう。五種類の要素の集まりを言う。すべての存在は、色（物質）・受（感受作用）・想（知覚表象作用）・行（意志その他の心作用）・識（識別作用）の五種の要素が因縁によって仮に和合したものであることを言う。特に我々個人の存在について言えば、肉体面（色陰）と精神面（受・想・行・識の四陰）とからなっているとされる。

(24) 四大。一切の物質を構成する四大要素。①地大。堅さを性質とし、ものを保持する作用のあるもの。②水大。潤いを性質とし、ものをおさめあつめる作用のあるもの。③火大。熱さを性質とし、ものを成熟させる作用のあるもの。④風大。動きを性質とし、ものを成長させる作用のあるもの。

(25) 五悪趣。衆生がさ迷う地獄・餓鬼・畜生・人・天の五悪道を言う。

(26) 四方の四仏。東の阿閦仏、南の宝相仏、西の無量寿仏、北の微妙声仏。

(27) 六時。晨朝（朝）・日中（昼）・日没（夕方）・初夜（夜）・中夜（真夜中）・後夜（明け方前）。

(28) 戒・定・慧の三学。仏道を構成する三分野。身心を浄め（戒）、心を統一し（禅定）、悟りを得る（慧）。

(29) 文脈に従うと、この部分は「㈤に三宝を敬うとは」で始まるべきであるが、原文は「五に木のかたぶきたるがたうるるには、まがれるによるがごとし」とあって、「三宝を敬う」との関係が明瞭でない。結局この部分の大意は、三宝を敬うとは、阿弥陀一仏に帰依することであるから、身で西方に向うことができないなら、心だけでも常に西に向う思いをなせ、ということであろう。

(30) 二十五の菩薩。阿弥陀仏を念じて極楽往生を願う者を守護し、その臨終の時には迎えに来るという、観音・勢至に始まる二十五人の菩薩。

(31) 重願。深重の誓願。第十八願のこと。

（二八）津戸三郎に答ふる書

【解説】この手紙は、本書第十二章（巻中末）の「二位の禅尼に答ふる書」の内容と呼応している。法然が熊谷入道と津戸三郎に専修念仏を教えたのは二人が智慧のない人物だからだ、という根拠のない批判に対して、その誤りを指摘し、念仏が他の諸行よりも勝れていることは、疑う余地がないことを説いている。さらに、念仏を非難する者には哀れみを持って対処し、少しでも念仏を受け容れる可能性があれば、急がずに念仏の道に導いてあげるよう諭している。なお、津戸三郎は武蔵国の住人、法然に帰依して尊願と号した。

お手紙詳しく拝読いたしました。おたずねのことについて、大体のことを書き付けることにいたします。「熊谷の入道と津戸の三郎は無智の者であるからこそ、法然は念仏を勧めたのだ、有智の人には必ずしも念仏に限るわけではない」と申す者がいると聞かれたとのことですが、これはとんでもない誤りです。そのわけは、念仏の行は、初めから有智・無智を差別せず、阿弥陀仏が昔お誓いになった本願も、あまねく一切衆生のためです。無智の者のためには念仏で往生させることを願い、有智の者のためには他の深い行で救うことを願われたわけではありません。十方衆生のために広く、有智・無智、罪ある者・罪なき者、善人・悪人、戒を持つ者・戒を破った者、身分の高いもの・低いもの、男・女、仏在世の時の衆生・仏滅後の今の衆生、さらには釈迦滅後の末法万年の後に三宝がすべてなくなった時の衆生まで、みな含まれているのです。また善導和尚が弥陀の化身として、専修念仏をお勧めくださったのも、広く一切衆生のためであって、無智の者に限ったことではありません。広大な弥陀の願をたのみ、すべての人のために説かれた善導のお勧めを広めようとする者が、どうして無智の人だけを選んで、有智の人を除外したりするでしょうか。もしそういうことをすれば、阿弥陀仏の本願にも背き、善導のお心にも適わないことになります。ですからこちらに来られて往生の道を問い尋ねる人には、その人の有智・無智を論ぜず、誰にでも念仏の行だけをお勧めしているのです。しかるに偽りを言って、そのように念仏を妨げようとする者は、前世では念仏三昧とも縁がなく、浄土の法門をも聞かず、後世にまた三悪道に還るべき者であり、当然の成り行きとしてそのようなことをたくらんで言っているのです。その様子が聖教（法事讃巻下）にみな見えております。

> 仏道を修行する者を見ては怒りの毒を起こし、様々な手段で修行を妨害し、競って怨みを持つ。このような者は生まれながらに目が見えず、仏縁の全くない者であり、頓教（速やかに成仏できる仏道）を滅ぼそうとして自ら悪道に沈んでしまう。長い長い時が過ぎても、決して三悪道を離れることができない。

この文の趣旨は――浄土を願い念仏を行ずるものを見ては、怒りを起こし毒を心に含み、はかりごとをめぐらし、様々な手段で念仏の行を破り、争って妨げようとして、念仏を止めさせようとする。このような人は、生まれた時から仏法の目が閉じていて、仏になる種のない闡提の輩である。この弥陀の名号を称えて、永い生死を直ちに切って常住の極楽に往生するという頓教の法を誹り、滅ぼそうとする。その罪によって永く三悪道に沈むことになる――という意味です。このような人は大地微塵劫を過ぎても、虚しく三悪道の身を離れることができない、と言っているのです。ですからそのような偽りの言葉をこね上げて言うような人は、かえって哀れむべき人たちです。そのような者の言葉によって念仏を疑い、不審に思うものは、語る価値もない人たちでしょう。だいたい弥陀に縁が浅く、往生すべき時に至っていないものは、教えを聞いても信ぜず、他人が念仏を称えているのを見ては腹を立て怒りを心に含んで、妨げようとするのです。このことをよく心得て、他人がいかに言おうとも、本願を信じる心だけは揺るがしてはなりません。どうしても信じようとしない者には、仏でもなお力の及ばないことです。まして凡夫である私たちの力の及ぶことではありません。このような不信の衆生のために慈悲を起こして、彼らを仏道に導いてあげたいと思うにつけても、速やかに極楽に往生して仏の悟りを開き、それから生死の世界に還って、念仏を誹謗し信じないものを往生させて、一切衆生を一人も漏らさず救おうと思うべきです。この趣旨をよく心得ておいてください。

一、善根を積む一家の人々と縁を結び、援助を与えることについては、あれこれ申しません。それは正しい姿です。念仏の行を妨げることこそ、専修念仏の行が抑止していることです。人々があるいは堂を造り、仏像をも造り、経をも写し、僧侶をも供養するのは、彼らの仏道修行に力を加え、仏道との縁を深めるでしょうが、念仏を妨げ、専修念仏の邪魔をするほどのことではないでしょう。

一、現世での幸福を願って仏や神に祈ることは、それほどいけないことではありません。後世の往生を願うには、念仏のほかに道はありません。自力の行をすることは念仏の妨げとなるので、悪いことです。この世での利益のためにお祈りをすることは、往生のためではありませんから、仏・神に祈るのは、とりたてて悪いことではないでしょう。

一、念仏を称えるに当たっては、心を常にかけ、忘れずに口で称えることが大切です。念仏の行は言うまでもなく、行住坐臥、時や場所や周囲の状況などに関わらずに行うことができますから、たとえ身も汚く口も汚くても、心を浄くして忘れずに称えることが何よりも大切なのです。途切れずそのようにお称えになることこそ、本当に有り難く、尊いことです。どのような時であっても、忘れずに念仏されれば、それは必ず往生の業になるでしょう。このことをよく心得て、同じ心の人にはお教えになってください。どのような時でも、念仏を申していない時に心を励まして念仏申そうと思うべきであるのに、念仏している時に心を励まして念仏しないようにするのは、どうしたものでしょうか。そのようなことは決してあってはなりません。ただどのような時にも嫌わずに念仏を申してください。あなかしこ、あなかしこ。

一、御仏像を仰せに従って、開眼供養をしてお返し申し上げます。阿弥陀三尊像をお造りになったこと、実に御奇特なことです。何はともあれ、仏像を造られたことは、すばらしい功徳になります。

一、もう一つ言うべきことがあると、仰ったのは何事でしょうか。何の遠慮がいるでしょうか。どうぞ仰ってください。

一、念仏の行を全く信じない人と論争をしたり、また異なった行の人や、異なった理解を持つ人に向かって、強く無理に念仏を押しつけたりしてはなりません。異った学問の人や異なった理解の人に対しては、その人を恭み敬い、大切に思って接することが大切であり、軽んじた態度を取ってはならない、と以前にも申しました。ですから同じく極楽を願い念仏を申す人であれば、たとえ遠くの異国の人であっても、同じく浄土への旅をする人という思いを持って、ともに阿弥陀一仏の浄土に生まれようと思うことが大切です。阿弥陀仏に縁がなく、浄土との因縁のない人で、信心も起こらず、浄土に往生することも願わない人には、私たちの力は及びません。ただ心のおもむくままに、どのような行をすれば後生に救われて三悪道に落ちなくてすむかということを、その人の心に応じてお勧めになってください。またそうであっても、塵ほどでも心が通じる可能性のある人には阿弥陀仏を勧め、その人が極楽に往生することを願うべきです。何と言っても、この世の人が極楽に生まれないことはあってはならないことです。このようなことは人の心にしたがってご判断ください。何があっても、人と争うことは決してあってはなりません。念仏を謗ったり、信じなかったりする者は、久しく地獄にあったのがまた地獄に戻る者であると、よくよく心得て、無理強いしないでゆっくりと導いてあげるべきでしょう。また、よもやとは思いますが、どのような人が念仏を悪く言おうとも、念仏の心がたじろぐようなことがあってはなりません。たとえ千人の仏が現れて、念仏では往生できない、と目の前で教えられても、念仏の教えは釈迦・弥陀に始まり、ガンジス川の砂ほどもある無数の仏が証誠されていることであるから、と心得られて、往生浄土の志を金剛石よりも固く持って、この度は必ず阿弥陀仏の御前に参るのだ、とお思いになるべきです。このようなことをほんの少しばかり申しましたが、よくよくお心得くださって、ご自分のため、他の人々のためにお念仏にお励みになってください。あなかしこ、あなかしこ。

九月十八日　源空

つのとの三郎殿への御返事

つのとの三郎は、武蔵国の住人である。おおご・しのや・つのと、の三人は源空聖人の本(もと)からの弟子である。つのとの三郎は八十一歳で、自害してめでたく往生を遂げた。故聖人の御往生の年齢であるから、と言って、自ら死を選んだのである。あるいは聖人の命日の正月二十五日あたりであったのかも知れない。詳しく聞いて書き付けようと思う。

愚禿親鸞八十四歳　これを書く。

康元元年丙辰十一月八日

補注

補注⑴「劫（こう）」。サンスクリット語の kalpa の音写。仏典にしばしば現れる時間の単位であり、想像を絶する長い時間を表す。『大智度論』には、四十里四方の大石を、百年に一度ずつ薄い衣で払って、その石が摩滅しても劫は尽きない、と説明している（盤石劫）。また四十里四方の城に芥子を満たし、百年ごとに一粒ずつ取り出し、すべての芥子がなくなっても劫は尽きない（芥子劫）、とも説明される。（以上、『浄土真宗聖典（註釈版）』から）。


補注⑵「五神通」。禅定をおさめることによって得る五種の不思議な超人的な能力。

㈠神足通（じんそくつう）。思い通りの所に行ったり、心のままに境界を変えたりできる能力。

㈡天眼通（てんげんつう）。遠近粗細の境を見分けることができる能力。

㈢天耳通（てんにつう）。三界の一切の声を聞くことができる能力。

㈣他心通（たしんつう）。他人の心を知ることができる能力。

㈤宿命通（しゅくみょうつう）。過去の一切を知ることができる能力。

以上は、菩薩の位にある者が具えられる不可思議な能力であるが、第㈥漏神通（ろじんつう）（一切の煩悩が滅せられて、迷いの世界に再び戻ることのない智慧）を得ると仏の位を得る。

補注(3)「三千大千世界」。古代インドの宇宙観。世界は須弥山を中心に、九山八海、四州（四天下）、日月などから構成されるとして、これを一世界という。一世界が千個集まったのを小千世界、小千世界が千個集まったのを中千世界、中千世界が千個集まったのを大千世界とする。このように大千世界は小中大の三種の千世界を含むので、大千世界のことを三千大千世界、もしくは三千世界と呼ぶ。一仏の教化の範囲（すなわち仏土）は一世界とも、一三千大千世界とも言われる。（『浄土真宗聖典』（註釈版）一九一頁参照）。

補注(4)「三時」。釈尊滅後の仏法のたどる道を、釈尊自身の予言の形で表したもの。様々な時代区分があるが、最も普通に使われているのは、正法・像法・末法の三時である。正法は仏滅後五百年で、教（仏の教え、法）と行（修行、実践）と証（悟り）の三つがすべてそろっている時代。像法は正法のあと一千年で、正法の形（像）だけが残っており、法が説かれ修行も行われるが、悟りを得る者がいない時代である。末法は像法のあと一万年続くと言われ、教（経）は残っているが、その心を知るものがなく、教えを正しく行ずるものもなく、従って悟りを得る者もいない時代である。末法一万年が終わると、経もなくなり、仏法は滅んでしまう。その時代を法滅というが、『大無量寿経』の最後の部分（流通分）で釈尊が、その時代の衆生を哀れんで、念仏の教えを百年間、特に残しておく、と言っている。『観経』ではこれを受けて、流通分で釈尊の阿難に対する言葉として、「汝よくこの語を持（たも）て。この語を持てといふは、すなはちこれ無量寿仏の名を持てとなり」と説いている。

補注⑸異訳の『無量寿経』。『無量寿経』は中国で十二回翻訳されたと伝わるが、現存のものは次の五訳である。

㈠ 仏説無量清浄平等覚経（略して平等覚経）二巻　後漢　支婁迦讖訳。
㈡ 仏説阿弥陀三耶三仏薩楼仏檀過度人道経（略して大阿弥陀経）二巻　呉　支謙訳。
㈢ 仏説無量寿経（または大無量寿経、略して大経）二巻　曹魏　康僧鎧訳。
㈣ 無量寿如来会二巻　唐　菩提流支訳。
㈤ 仏説大乗無量寿荘厳経三巻　宋　法賢訳。

このうち、浄土真宗が正依の経と見なすのは、㈢『仏説無量寿経』（『大無量寿経』）である。㈤仏説大乗無量寿荘厳経については、親鸞は全く参照していない。訳者については異説がある。

補注⑹「第十八願成就文」。伝統的な読み方に従えば、原文は、「あらゆる衆生、その名号を聞きて、信心歓喜して乃至一念せん。至心に回向してかの国に生まれんと願ずれば、すなはち往生を得、不退転に住せん」となる。法然は「乃至一念」を「一回までの念仏」とし、その功徳を回向して往生を願えば、ただちに往生を得て二度と迷いの世に戻らない状態となる、と理解した。法然はたびたび「一回の念仏をしたからといって、その後全く念仏をしない生活をするのは、本当に本願を理解していない者だ」と言っているが、この「一念で往生する」とは、『観経』（下品上生）で述べられた極悪人が、命尽きる真際に善知識に促されて、一回の念仏をして往生する、というぎりぎりの状態をいっている。法然も親鸞も、命の続く限り、本願を信じて念仏することの大切さを強調している。

一方、親鸞はこの成就文を「あらゆる衆生、その名号を聞きて、信心歓喜せんこと乃至一念せん。至心に回向したまへり。かの国に生まれんと願ずれば、……」と読んで、「乃至一念」を「信心歓喜せんこと」に結びつけている。すなわち、「一念」は信心の一念だと理解したわけである。そして「至心に回向したまへり」で、名号の功徳を授けてくださったのは阿弥陀仏だとしている。

両者の理解は相違しているようであっても、心は同じだと考える。それは「信心歓喜」した後の一念の念仏は信心と表裏一体しているからである。また念仏の功徳が仏から与えられたことを考え合わせると、行者が回向しているようでも、本当は仏の回向であることが分かる。

補注(7)「菩薩・声聞・縁覚」。「菩薩」は bodhisattva の音写。「悟りを本質として持つ者」の意。もともとは成道前の釈尊を指した。伝統的な大乗仏教では、様々な修行段階にあってまだ仏果に至っていない仏道修行者を菩薩という。浄土真宗では、阿弥陀仏の本願によって浄土に往生した念仏行者が、仏の智慧と慈悲を体して穢土に戻り、人々と苦しみをともにしながら、彼らを本願の教えに導く者を「還相の菩薩」と呼ぶ。親鸞は「四乗といふは、一には仏乗、二には菩薩乗、三には縁覚乗、四には声聞乗なり。いまこの浄土宗は菩薩乗なり」（末燈鈔(8)）と言い、法然・親鸞に始まる浄土真宗を菩薩乗（菩薩のための教え）と言っている。

「声聞」は śrāvaka の訳。「声を聞く者」の意。釈尊の直弟子として、釈尊の説法を聞いて悟り（阿羅漢の位）に至った聖者を指す。大乗仏教では、自分だけの悟りを求める狭い心の者として、「小乗の聖者」とされている。

「縁覚」はpratyeka-buddhaの訳。「単独に悟った者」の意。独覚とも辟支仏(びゃくしぶつ)とも呼ぶ。仏の教えによらずに、様々な縁によって無常の理を悟った聖者を指す。大乗仏教では、悟りを得た後もただ静寂を好み、悟りの内容を他に伝えようとしない者、ということで、「声聞」と並んで「二乗」と呼ばれ、小乗の聖者とされる。

完全な悟りに至っていない者、という意味で、菩薩・声聞・縁覚をまとめて「三乗」と呼ぶ。

補注(8)「六道・四生」。仏教に出遇わないで迷い続ける者が、際限なく生死を繰り返す六つの世界を六道と呼ぶ。苦しみが最も厳しく長い世界を地獄、この世で自分の損得ばかりを考えて他を助けなかった者が堕ちる世界を餓鬼道、弱い者を迫害し殺傷して後悔しなかった者が落ちる世界を畜生道、いつも怒りと憎しみに満ちて争いの絶えない人生を送った者が堕ちる世界を阿修羅道、前世で多少の善も行い、過ちも犯した者が生まれる世界を人道、前世で善を多く行った者が生まれる世界を天道(もしくは天界)という。地獄・餓鬼道・畜生道を「三悪道」と呼び、最も生まれたくない世界とされる。天道の住民(天人)は、姿も美しく数々の超能力を持っていて、寿命もこの世の人間に比べものにならないくらい長いが、苦を経験しないから、仏の教えの必要も感じない。突然に死が迫ると、その苦悩は地獄の苦しみにも勝るとされる。人道だけが、適当な楽しみと苦しみがあり、生老病死という形で無常を感じることもできるので、仏の教えを最も受けやすい世界とされている。

四生は、この世の生物の生まれ方を表す言葉で、胎生・卵生・湿生・化生の四種類。胎生は、人間や獣のように、母胎から生まれる者。卵生は、鳥や魚や爬虫類のように、卵から生まれる者。湿生は、虫のように湿ったところから生まれる者。化生は業因によって、何もないところに突然生まれる者〈天や地獄などの衆生〉。極楽往生も化生の一つと考えられるが、普通は迷いの世界で様々な形で生まれて六道を輪廻する者を指す。

補注(9)「称名念仏」と「観相念仏」。「念仏」とは「仏を念ず」という意味であり、もともとは仏や浄土の風光を心に想い浮かべる〈観察する〉瞑想行であった。これを観相念仏と呼ぶ。善導・法然・親鸞は、末世の衆生にはこのような高度の瞑想行は実行不可能であるとして、口で仏の名号〈南無阿弥陀仏〉を称える称名念仏を勧め、他の行に依らず、専ら称名念仏に依って浄土を願うことを専修念仏と言った。称名は行じやすく万民に平等に開かれており、仏の本願に随順し、六方の諸仏から証誠されている、というのがその理由である。

『観経』では観相念仏を「定善十三観」にまとめている。浄土の周縁の観察から始まり、次第に浄土の中心に向かい、阿弥陀仏の姿を観るところで最高潮に達する。それらを簡単に言うと次の通りである。

①日想観。西に沈む太陽を想い浮かべる。
②水想観。静寂な水を想い浮かべる。それが終わると氷を想い、さらに瑠璃地を観る。
③地想観。浄土の大地を想い浮かべる。
④宝樹観。七宝でできた浄土の樹木を想い浮かべる。
⑤宝池観。八種の功徳を持つ水〈八功徳水〉をたたえた浄土の宝池を観ずる。

⑥宝楼観。諸々の宝でできた浄土の楼閣を観ずる。
⑦華座観。阿弥陀仏・観世音菩薩・勢至菩薩の座る蓮華の座を想念する。
⑧像観。阿弥陀仏の姿を観る前の段階として、仏像を心に想い浮かべる。
⑨真身観。六十万億那由他恒河沙由旬の背丈を持つ阿弥陀仏の姿を観る。
⑩観音観。阿弥陀仏の慈悲を体現する観世音菩薩を観る。
⑪勢至観。阿弥陀仏の智慧を体現する大勢至菩薩を観る。
⑫普観。浄土に生まれた自分が浄土の風光を観ている状態を想い浮かべる。
⑬雑想観。一丈六尺の仏像に始まり、身量の変化自由の阿弥陀仏・観音・勢至を観ずる。

補注⑽散善。『観経』で、「定善」が高度な瞑想行であるのに対して、そのような精神集中をできない凡夫が、普段の散漫な心のまま行ずることのできる往生行として「散善」がある。行者の資質と能力によって行者を上・中・下の三品(さんぼん)に分類し、それぞれをさらに細かく上・中・下の三生(さんしょう)に分類する。大きく言って、上品(じょうぼん)とは大乗を信じる凡夫、中品上生と中品中生は小乗の戒を持(たも)つ凡夫、中品下生は世間の善を行う凡夫、そして下品は一生の間仏道とは縁を持たず、悪ばかり犯してきた者を言う。『観経』は、阿弥陀仏の来迎によるこれらの凡夫の往生を語っている。概要は次の通り。

①上品上生。三心(至誠心・深心・回向発願心)を具足して往生する。また慈心にして殺さず、戒行を具え、大乗経典を読誦し、六念を修する。臨終の時に、阿弥陀如来・観世音菩薩・大勢至菩薩、そして無数の化仏や浄土の聖衆の来迎を受ける。

②上品中生。必ずしも大乗経典を読誦しないけれども、その意味内容を理解し、深く因果を信じて大乗を謗らない。臨終の時に阿弥陀如来・観世音・大勢至、それに千人の化仏と無量の大衆の来迎を受ける。

③上品下生。因果を信じ大乗を謗らず、無上道心を発す。命が終わろうとする時に、阿弥陀仏・観世音・大勢至、五百の化仏と諸々の浄土の眷属の来迎を受ける。

④中品上生。五戒を受持し、八斎戒をたもち、五逆を造らず、諸々の罪・咎を造らない。臨終の時に、阿弥陀仏が多くの比丘・眷属に囲まれて、金色の光を放って来迎する。八斎戒とは、在家信者が六斎日に守る出家の戒。不殺生・不偸盗・不婬・不妄語・不飲酒・化粧や歌舞に接しない・高くゆったりした床で寝ない・昼過ぎに食事しない、の八戒。

⑤中品中生。一日一夜に八斎戒を受持し、または一日一夜に沙弥戒を持ち、または一日一夜に具足戒を持って、威儀を欠かさない。臨終の時に、阿弥陀仏が諸々の眷属とともに金色の光を放って来迎する。沙弥戒とは、七歳以上二十歳未満の出家の男子が持つべき十戒を言う。また具足戒とは、比丘・比丘尼が受持する戒律。比丘は二百五十戒、比丘尼は三百四十八戒を受ける。

⑥中品下生。父母に孝養を尽し、世の仁慈を行ずる。臨終の時に、善知識が現れ、広く阿弥陀仏の国土の楽事を説き、法蔵比丘の四十八願を説く。これを聞きおわって西方極楽世界に往生する。

⑦下品上生。大乗経典を誹謗しないけれども、一生の間多くの悪を造って慚愧することがなかった者である。臨終にあたって善知識に遇い、諸経の名を聞いて悪業を除かれ、善知識の教えに従って、合掌して南無阿弥陀仏を称える。その功徳によって、化仏・化観音・化大勢至が現れ、その悪人を往生

させる。
⑧下本中生。五戒・八戒および具足戒を破り、僧祇物を盗み、現前僧物を盗み、不浄説法をして自腹を肥やした者。命の終わりになって地獄に落ちようとする時、善知識の説法に遇って、八十億劫の生死の罪を除かれる。化仏・菩薩が来迎して往生させる。浄土の蓮華の内に生まれ、六劫の後、蓮華が開く。不浄説法とは、言葉は正しいことを言っているかも知れないが、本心は名誉欲や物欲で満たされている者の説法を言う。
⑨下品下生。一生の間、五逆・十悪を作り、諸々の不善をなす。死後地獄に落ちて多劫の苦しみを受けるべきはずであるが、臨終の時に善知識の導きによって、南無阿弥陀仏を十回称えることにより、金蓮華の迎えを受けて浄土に往生する。蓮華の中で十二大劫を過ごした後、華が開いて仏・菩薩に見(まみ)える。

本書を執筆するに当たって参照した主要図書

真宗聖教全書編纂所編『真宗聖教全書』第四巻（昭和五十五年再版）
大橋俊雄訳註『法然全集』全三巻（春秋社・一九九二年、第二刷）
石井教道編『昭和新修法然上人全集』（平楽寺書店・平成三年、第四刷）
浄土真宗聖典編纂委員会編『浄土真宗聖典―註釈版―』（本願寺出版社・平成七年、第十四刷）
浄土真宗聖典編纂委員会編『浄土真宗聖典―七祖篇（註釈版）―』（本願寺出版社・一九九九年、第三刷）
The Collected Works of Shinran, Kyoto:Jodo Shinshu Hongwanji-ha, 1997
浅野教信著『親鸞聖人編【西方指南抄】の研究』上巻（永田文昌堂・一九八七年）
佛教大学総合研究所編『【シンポジウム】法然と親鸞』（法藏館・一九九七年）
宮崎市定著『現代語訳　論語』岩波現代文庫（岩波書店・二〇〇〇年、第二刷）

石田瑞麿著『例文　仏教語大辞典』（小学館・一九九七年）
岩本裕著『日本仏教語辞典』（平凡社・一九九三年、第三刷）
中村　元著『広説仏教語大辞典』全四冊（東京書籍・平成十三年）
真宗新辞典編纂会編『真宗新辞典』（法藏館・昭和五十九年、第二刷）
中村元・福永光司・田村芳朗・今野達編『岩波　仏教辞典』（岩波書店・一九八九年）

簡野道明著『増補　字源』（角川書店・昭和三十年増補初版）
久松潜一・佐藤謙三編『角川新版　古語辞典』（昭和六十二年、新版一九四版）
宮腰賢・石井正己・小田勝編『旺文社　全訳古語辞典』（二〇一一年、第四版）

著者紹介

新井　俊一（あらい・としかず）

1941年、大阪に生まれる。大阪外国語大学インド語学科卒業。インド・バローダ大学 Master of Arts（文学修士・考古学古代史学）。アメリカ・ハワイ大学 Ph.D.（博士・歴史学）。龍谷大学 文学修士（真宗学）。1989年、相愛女子短期大学教授。2002年、相愛大学人文学部教授。1988－2011年、龍谷大学非常勤講師（真宗学）。現在、相愛大学名誉教授。

著書　*Bodhisattvas Everywhere*, Buddhist Study Center, Honolulu, 1983. *Buddha & Man*, Buddhist Study Center, Honolulu, 1989.*Grasped by the Buddha's Vow—a translation of and commentary on Tannisho,* Buddhist Churches of America, Center for Buddhist Education, Berkeley, 2008. *Hearing the Buddha's Call—the life, works, and words of Shinran,* Buddhist Study Center, Honolulu, 2012. *The Path to the Pure Land—A Translation of and Commentary on Shinran's Saihō-Shinan-shō*. New York: American Buddhist Study Center, 2021.『講読歎異抄』永田文昌堂（京都）2002年。その他、日英両語での真宗学関係の論文多数。

親鸞『西方指南抄』現代語訳

2016年７月20日　第１刷発行
2023年２月20日　第４刷発行

著者Ⓒ＝新井　俊一
発行者＝神田　明
発行所＝株式会社春秋社
〒101-0021　東京都千代田区外神田2-18-6
電話　(03) 3255-9611（営業）(03) 3255-9614（編集）
振替　00180-6-24861
https://www.shunjusha.co.jp/
印刷所＝信毎書籍印刷株式会社
製本所＝ナショナル製本協同組合
装　幀＝鈴木　伸弘

ISBN 978-4-393-16144-9　C0015　　Printed in Japan
定価はカバー等に表示してあります